인물로 보는
여성독립운동사

이윤옥 지음

도서출판 **얼레빗**

책을 펴내며…

《인물로 보는 여성독립운동사》를 펴내야겠다는 생각을 한 것은 꽤 오래된 일이다. 독립운동사에서 구태여 '여성독립운동사'를 구분할 필요가 있냐고 누군가가 묻는다면 나는 단호히 '그렇다'고 말하고 싶다. 왜냐하면, 그동안 여성독립운동사 전반을 다룬 책자가 거의 없을뿐더러 있다 하더라도 논문 형식으로 되어 있어 일반인이 보기에는 내용이 다소 어려운 점이 있었기 때문이다. 또 하나, 그간 나온 '한국독립운동사'를 아우르는 책에는 같은 사건이라도 여성의 활약상이나 이름 등이 거의 등장하지 않고 있다는 점이 《인물로 보는 여성독립운동사》를 쓰게 된 계기다.

주지하는 바와 같이 독립운동이 남녀노소, 빈부귀천, 학식의 높고 낮음과는 무관하게 펼쳐졌음에도 항상 '독립운동사'에는 '남성 위주, 학식이 있는 사람, 직업을 가진 사람들'이 주축을 이루고 있는 것에 적잖은 불만이 있었다. 물론 이러한 구도로 기술된 독립운동사도 나름의 의미가 있겠지만 역사의 조명을 받지 못했던 여성독립운동가들을 '독립운동사 속으로 불러내는 작업'이야말로 이 시대에 꼭 필요한 일이라고 생각하여 이번에 《인물로 보는 여성독립운동사》 책을 세상에 내놓는다.

그동안 글쓴이는 여성독립운동가와 관련된 책을 스무 권 가까이 썼다. 이 가운데 한분 한분의 이름을 불러가며 헌시(獻詩)를 쓴 인물이 200분이고, 공적(功績)만을 간략히 정리하여 사전으로 다룬 분이 300분이다. 또한 후손들과의 인터뷰와 현장 취재 등을 묶어 다룬 것까지 헤아린다면 꽤나 많은 여성독립운동가의 삶을 추적했다고 자신한다. 밝혀두지만 《인물로 보는 여성독립운동사》는 몇몇 단체나, 역사적 사건을 알리기 위해 쓴 책은 아니다. 오히려 이 책은 한국독립운동사의 도도한 물줄기 속에서 여성들이 어떠한 역할을 했는지, 더 나아가 일가(一家)를 건사하면서 조국의 독립을 위해 여성들이 어떻게 질곡의 세월을 견뎌왔는지를 소개하는 데 초점을 맞췄다고 하는 편이 더 정확한 표현일 것이다. 한국인들이 이 책을 통해 '여성독립운동가의 존재를 확실히 기억'해 주는 것만으로도 책을 쓴 보람은 충분하다.

광복 76주년을 앞둔 2021년 8월 5일
한뫼골에서 이윤옥

일러두기

1. 《인물로 보는 여성독립운동사》에서 다루고 있는 여성독립운동가들은 국가보훈처
   로부터 독립유공자로 서훈(2021년 3월 31일 기준)을 받은 분들 위주로 소개하였
   다. 그러나 우리나라 최초의 사립여학교를 세운 '김양현당'이나 조선불교여자청
   년회에서 활약한 '우봉운', 사회주의 계열에서 활약한 박진홍과 같은 분들은 미서
   훈 상태라도 다뤘음을 밝힌다.

2. 여성독립운동가들의 활동은 국가보훈처 공훈전자사료관의 '운동계열'을 참조하
   여 다음과 같이 분류했다.
   3·1만세운동, 학생운동, 국내항일, 광복군, 미주방면, 중국방면, 임시정부, 만주
   방면, 노령(러시아)방면, 의열투쟁 등

3. 지명은 한자 발음으로 하고, 인명의 경우 원어 발음으로 표기하되 한자를 괄호
   속에 넣었다.
   상하이 → 상해, 도쿄 → 동경, 남차랑 → 미나미 지로(南次郎)

4. 판결문 등에서 '대정 8년'처럼 일본의 연호 표기가 나오는 경우는 다음과 같이
   표기했다.
   대정 8년 → 1919년(대정 8년), 또는 1919년처럼 서기로만 표기했다.

5. 경성, 간호부, 산파 등의 용어는 다음과 같이 표기했다. 단, 인용문의 경우에는
   그대로 표기했다.
   경성 → 서울, 간호부 → 간호사, 산파 → 조산원

이 책에 나오는 사진, 판결문 등의 자료는 국가보훈처 공훈전자사료관, 국가기록원
등 국가기관의 자료 및 독립운동가 후손 또는 필자가 현장 취재로 얻은 자료임을
밝혀둔다.

차 례

제2장 ## 신분별로 본 여성독립운동

제3장 ## 해외에서 활약한 여성독립운동

〈부 록〉

제1장

시대별로 본
여성독립운동

제1절

1910년대
여성독립운동

1. 근대교육과 여성의 사회인식

1) 여권신장과 여성교육

"우리도 비록 규중에서 생활하며 지식이 적고 신체가 연약한 아녀자의 무리이나 다 같은 국민이요, 양심은 한가지다. 용기가 월등하고 지식이 높은 영웅 도사도 뜻을 이루지 못하고 억울하게 세상을 마친 사람이 허다하건만, 비록 지극히 어리석은 아녀자라도 정성이 극도에 달하면 반드시 원하는 것을 이루는 것은 소소한 하늘의 이치이다."

이는 대한독립여자선언서 내용 가운데 일부다. 1919년 2월, 중국 길림에서 발표된 대한독립여자선언서는 남성이 아닌 여성의 손으로 만든 독립선언서로 1,290자의 순 한글로 작성되었으며 김인종·김숙경·김옥경·고순경·김숙원·최영자·박봉희·이정숙 등 대표자 8명의 이름이 또렷이 새겨진 독립선언서다.[1] 당시 여성들은 '비록 아는 것이 적고 몸이 약하지만 여자들도 다 같은 국민이고 양심을 가졌기에 의리의 갑옷

---

1) 김소진, 《한국독립선언서연구》, 국학자료원, 1999, 210쪽.

과 투구를 입고 믿음의 방패와 열성의 비수를 잡고 진격의 신발을 신고 한마음으로 일어서서 독립운동에 참여하자'라고 호소하고 있다.

이처럼 일제침략기에 여성들의 활약은 활달하고 적극적이었다. 전국적으로 들불처럼 번진 3·1만세운동 때에도 여성들이 적극적으로 참여하여 일제에 저항한 일은 한국독립운동사에 찬란하게 기록해야 할 것이다. 그렇다면 언제부터 여성들이 사회 전반에 나서서 자신들의 목소리를 내게 된 것일까? 여성들의 사회활동에 대한 움직임을 엿볼 수 있는 좋은 자료가 〈여권통문〉이다. 〈여권통문〉은 1898년 9월 1일, 북촌에 살던 양반집 여성들이 만든 여학교설시통문(女學校設始通文)을 말하며 우리나라 최초의 여성 인권선언서라고 할 수 있다. 〈여권통문〉의 주요 내용을 요약하면 첫째 교육권 둘째 직업권 셋째 참정권을 들 수 있다. 여성들의 권리와 참정권을 주장하는 〈여권통문〉은, 〈황성신문,1898.9.8.〉2), 〈독립신문 1898.9.9.〉, 〈독립신문 영자신문. 1898.9.10.〉, 〈제국신문 1898.9.13.〉3) 등에 실려 당시 사회의 뜨거운 주목을 받았다.

이에 앞서 조선은 1876년 개항 이후 개화의 물결이 일었으며 여성역시 개화에 동참해야 한다는 분위기였다. 이는 전통적인 여성관의 변화를 뜻하며 유길준, 박영효 등 당시 개화사상가들 역시 여성 교육의

---

2) 〈황성신문〉 "하도 놀랍고 신기하여 우리 논설을 제각하고 이를 기재한다." : 1898년 9월 8일, 논설 '오백년유(五百年有)'.
3) 〈제국신문〉 "우리 나라 부인네들이 이런 말을 하며 이런 사업을 창설할 생각이 날 줄을 어찌 뜻하였으리오. 진실로 희한한 바로다." : 1898년 9월 13일, 논설 '기망녀교(冀望女校)'.

중요성을 강조하던 때였다. 〈독립신문〉은 여성 권리 찾기, 남녀평등 실현을 위한 방법으로 여성 교육을 꼽았다. 이런 사회적 분위기는 1886년부터 서양 선교사들에 의한 여학교 설립으로 여성 교육이 실현되기에 이르렀다.

▲ '여권통문'이 실린 〈황성신문〉 1898.9.8.

【여권통문】4)

　　대개 사물이 극에 달하면 반드시 변하고, 법이 극에 달하면 반드시 고치는 것은 고금에 당연한 이치라. 우리 동방 삼천리 강토와 열성조(列聖朝) 500여 년의 사업으로 태평성대한 세월에 취해 무사히 지내더니, 우리 황제 폐하가 높고도 넓은 덕으로 왕위에 오르신 후에 국운이 더욱 왕성하여 이미 대황제의 지위에 오르셨도다. 그리하여 문명 개화할 정치로 만기(萬機)를 모두 살피시니, 이제 우리 이천만 동포 형제가 성스러운 뜻을 본받아 과거 나태하던 습관은 영구히 버리고 각각 개명한 새로운 방식을 따라 행할 때, 시작하는 일마다 일신우일신(日新又日新)함을 사람마다 힘써야 함에도 불구하고, 어찌하여 한결 같이 귀먹고 눈먼 병신처럼 옛 관습에만 빠져 있는가. 이것은 한심한 일이로다. 혹 이목구비와 사지오관(四肢五官)의 육체에 남녀가 다름이 있는가. 어찌하여 병신처럼 사나이가 벌어 주는 것만 앉아서 먹고 평생을 깊은 집에 있으면서 남의 제어만 받으리오. 이왕에 우리보다 먼저 문명 개화한 나라들을 보면 남녀 평등권이 있는지라. 어려서부터 각각 학교에 다니며, 각종 학문을 다 배워 이목을 넓히고, 장성한 후에 사나이와 부부의 의를 맺어 평생을 살더라도 그 사나이에게 조금도 압제를 받지 아니한다. 이처럼 후대를 받는 것은 다름 아니라 그 학문과 지식이 사나이 못지않은 까닭에 그 권리도 일반과 같으니 이

---

4) 이 사료는 1899년(대한제국 광무 3년) 2월, 순성여학교(順成女學校)를 설립한 양성당(養成堂) 이씨와 양현당(養賢堂) 김씨가 1898년 9월 〈황성신문〉과 〈독립신문〉에 기고한 글로, 여성들이 교육을 통해 남성과 동일한 지식을 습득하여 동일한 권리를 행사할 수 있음을 강조하는 한국 최초의 여권(女權) 선언문으로 평가받고 있다. 전문의 내용이 길어 일부만 싣는다.

어찌 아름답지 않으리오. ……(가운데 줄임)…… 슬프도다. 과거를 생각해 보면 사나이가 힘으로 여편네를 압제하려고, 한갓 옛말을 빙자하여 "여자는 안에서 있어 바깥 일을 말하지 말며, 오로지 술과 밥을 짓는 것이 마땅하다(居內而不言外, 唯酒食施衣)."고 하는지라. 어찌하여 사지 육체가 사나이와 같거늘, 이 같은 억압을 받아 세상 형편을 알지 못하고 죽은 사람의 모양이 되리오. 이제는 옛 풍속을 모두 폐지하고 개명 진보하여 우리나라도 다른 나라와 같이 여학교를 설립하고, 각기 여자 아이들을 보내어 각종 재주를 배워 이후에 여성 군자들이 되게 할 목적으로 지금 여학교를 창설하오니, 뜻을 가진 우리 동포 형제, 여러 여성 영웅 호걸님들은 각기 분발하는 마음으로 귀한 여자 아이들을 우리 여학교에 들여 보내시려 하시거든, 바로 이름을 적어내시기 바라나이다.

> 1898년 9월 1일 여학교 통문 발기인 이소사(李召史)
> 김소사(金召史)[5]

---

5) 소사(召史)란 남편을 사별한 과부를 가리키며 여기서는 찬양회를 조직한 회장 이양성당(李養成堂), 부회장 김양현당(金養賢堂)을 가리킨다.

2) 최초의 여성단체 찬양회(1898)와 민립학교 순성여학교(1899)

선교사들이 세운 학교가 아닌 한국인의 손으로 세운 최초의 여성교육기관은 1899년 2월 26일에 개교한 순성여학교(順成女學校)다. 이보다 앞서 서울 북촌에 사는 이른바 양반가의 여성들은 회원 300여 명을 모아서 '여학교설시통문(女學校設始通文)'을 발표했다. 때마침 독립협회와 〈독립신문〉은 국력 양성 차원에서 여성교육과 여성의 사회참여를 주장하였는데 〈독립신문〉이 주장하는 남녀평등은 첫째 지혜있는 부인들도 국사를 의논하는 데 참여할 수 있어 정치를 진보케 할 수 있고, 둘째 부부간에 가사를 서로 의논하여 집안을 번성하게 할 수 있으며 셋째 열 살 이하의 자녀교육은 어머니의 담당이므로 학문으로 자녀를 가르치는 자녀의 좋은 스승이 될 수 있다는 내용으로 되어 있다. 이러한 여성들의 꿈을 실현하기 위해 생긴 것이 1898년 9월 12일, 우리나라 최초의 여성운동 단체인 찬양회(贊襄會)다. 찬양회는 여학교 설립 운동을 주요 사업으로 삼았으며 회장은 이양성당(李養成堂), 부회장은 김양현당(金養賢堂), 총무에 이창길당(李昌吉堂) 등이다. 이들은 찬양회를 조직한 다섯 달 후인 1899년 2월 26일, 우리나라 최초의 민립여학교인 순성여학교(順成女學校)를 세웠다. 순성여학교는 관립여학교가 설립될 때까지 과도기적인 성격의 여학교 역할을 하였다. 요즘의 사립(私立)과 견줄 수 있는 것으로 순성여학교는 찬양회가 적극적으로 후원하였다. 그러나 찬양회 활동이 위축되어 가자 순성여학교 운영이 재정상 어려움을 겪게 된다. 그뿐만 아니라 고종황제가 약속한 관립여학교 설립도의정부 회의에서 기각되어 학교 설립의 꿈이 무산되고 말았다. 하지만 이러한 어려움 속에서도 순성여학교는 김양현당(金養賢堂)이 교장이 되어 개인재산을 털어 학교를 이끌어 갔다. 김양현당은 1903년, 숨을 거두면서 '저 어린 여학생 교육을 누가 맡을 것인가?' 걱정하면서 숨져갔다는 일화가 전할 정도로 초기 여성 교육에 헌신했던 분이다.

● 개인재산을 털어 최초의 사립여학교를 세운 '김양현당'

김양현당(金養賢堂, 모름~1903)은 우리나라 최초의 사립 여학교인 순성여학교 교장으로 여성 교육을 적극적으로 실천한 개화기의 여성 교육자였다. 김양현당은 온유하고 정직하며 예절 바른 여성으로 평양 출신이다. 그는 자녀도 없이 남편과 일찍 사별하여 혼자 살다가 1898년 이전에 서울 북촌 양반층 부인들과 교류를 하며 학문적 소양을 갖춘 개화 지식을 지닌 여성이라는 것 외에 안타깝게도 그 일생은 더 알려진 것이 없다. 김양현당은 1898년 9월, 서울 북촌 양반 부인들과 남녀평등권을 주장하는 '여권통문'을 발표[6]하고 우리나라 최초의 여성단체인 찬양회를 조직하였다. 찬양(贊襄)이란 도와서 길러준다는 뜻으로 후원과 양성을 뜻한다. 김양현당은 찬양회 (회장 이양성당) 부회장으로 400

---

6) 우리나라 최초의 여성 권리선언문인 '여권통문'을 발표하고 찬양회 및 순성여학교가 세워졌던 곳은 어디일까? 먼저 '여권통문'과 관련된 역사적 장소는 홍문동사립소학교 이시선 집, 승동 수사 홍건조 집, 경운궁 인화문 앞 장례원 주사 김용규 집, 경운궁 인화문 앞, 창선방 느릿골, 계동 전화선 주사 마희룔 집, 돈화문 앞 사헌부 조방 등이 거론되고 있는데 이 가운데 홍문동사립소학교 이시선 집이 '여권통문'의 결의 장소이자 찬양회와 순성여학교가 들어섰던 곳으로 윤정란은 밝히고 있다. 현재 신한은행 백년관이 자리하고 있는 중구 삼각동 117로 보고 있다. 윤정란, 「한국근대여성운동의 역사적 기원지 - '여권통문' 결의 장소 발굴 -」, 한국사연구휘보 제186호 2019년 제3호.

명 여명의 회원을 관리하며 순성여학교 태동에 산파 역할을 하였다. 순성여학교 설립 이전에 김양현당은 국가가 관리하는 관립여학교 설립의 필요성을 깨닫고 고종황제에게 여학교 설립의 중요성을 강조하였으나 뜻을 이루지 못하자 찬양회를 중심으로 서울 느릿골에서 여학생 30명으로 순성여학교를 개교하였다. 입학생의 나이는 7~13살 정도였으며 교육 정도는 초급과정이었다. 학습 내용은 수신, 독서, 습자, 산술, 재봉을 가르쳤으며 향후 중등 과정이 생기면 수신, 독서, 습자, 산술, 작문, 재봉, 지지, 역사, 이과, 국어를 가르칠 예정이었다. 순성여학교 교장인 김양현당은 국가적인 지원이 없는 상태에서 개인재산을 털어 여성 교육을 도맡아 하다가 1903년 3월 그 뜻을 다 펴지 못한 채 세상을 떠났다. 1899년 2월 순성여학교 개교 이래 온 힘을 쏟아 5년 동안 여성들의 교육에 힘쓴 노력은 500년간 이어져 온 유교적 사상의 틀을 깬 근대 교육의 선구자로 영원히 기억될 것이다.

3) 구한말 선교사들이 세운 여학교들(1886년~ 1907년)

우리나라의 여학교는 주로 개신교가 주관하여 설립한 교육기관으로 1886년 개교한 서울의 이화학당을 시작으로 정신여학교(1887), 부산 일신여학교(1895), 인천 영화여학교(1896), 평양 정진여학교(1896), 서울 배화여학교(1897), 평양 여자맹아학교(1898), 정의여학교(1899), 서울 공옥여학교(1900), 전주 기전여학교(1902), 군산 멜분딘여학교(1902), 평양 숭의여학교(1903), 목포 정명여학교(1903), 강계 광신여학교(1903), 원산 루씨여학교(1903), 수원 삼일여학교(1903), 개성 호수돈여학교(1904), 원산 진성여학교(1904), 광주 수피아여학교(1908) 등이 있다.

우리나라의 첫 여교사는 이화학당을 나온 이경숙과 연동학당(정신여학교 전신) 출신 신마실라 선생을 들 수 있다. 이화학당의 경우 1888년 무렵, 학생이 18명으로 늘어나자 선교사만으로는 교사 충당이 어려워 이경숙 선생이 한글, 한문 및 학생 생활지도 교사로 활동하였다. 한편 신마실라 선생은 1893년 연동학교에서 3년간 공부한 뒤 1896년부터 연동학당 교사로 활약하였다.

● 첫 여학사 출신 독립운동가 '신마실라'

신마실라(申麻實羅, 1892.2.18.~1965.4.1.) 지사는 경기도 가평군 읍내리 출신으로 이화학당 대학과를 1회로 졸업한 우리나라 최초의 여학사 출신 독립운동가다. 1914년 4월 1일 신마실라 지사가 22살 되던 해에 이화학당에서는 한국 최초의 여자대학 졸업식이 열렸다. 이날 졸업장을 받아든 여성은 김앨리스(김애식), 신마실라(신마숙), 이도리티(이화숙) 이렇게 세 명이었다. 이 세 여성의 졸업이 뜻깊은 것은 이들이 입학할 무렵인 1910년대만 하더라도 여성 교육의 무용론이 대세를 이룰 시기였기 때문이다. 신마실라 지사는 이화학당 재학 중 애국여성동지회를 결성하여 독립운동에 앞장섰으며, 1919년 파리강화회의에 한국의 사정을 호소하고자 대표로 선발되었으나 자금 부족으로 계획이

▲ 최초의 여학사 (1914), 신마실라·이화숙·김애식(왼쪽부터)

무산되자 미국으로 건너가 펜실베이니아 대학을 졸업하고 독립운동에
힘을 쏟았다.

　미국으로 건너간 신마실라 지사는 1919~1921년까지 워싱턴에서
한인구제회(韓人救濟會) 서기로 한국독립을 촉구하는 순회 강연을 여러
차례 했으며, 이에 앞서 1920년 4월에는 학생연합회 발기인으로 한국
친우회(韓國親友會)를 돕기 위해 모금 활동을 벌였다. 1921년 5월, 펜
실베이니아주 감리교 외국선교사회 통상회의에서 한국의 참상을 연설
하는 한편 1923년 뉴욕지방회에서 열린 3·1절 기념식에서 서재필 선
생과 함께 연설했고, 1931년 필라델피아에서 열린 3·1절 기념식에서
는 친목회 조직 등을 제의하여 조국 독립을 위한 적극적인 방법을 모색
하였다.　　　　　　　　　　　※ 신마실라 지사 2015년 대통령표창 추서

4) 국채보상운동과 47곳의 여성단체들(1907~1908)

이른바 '1997년 IMF 사태'[7]가 일어났을 때 전 국민이 한마음으로 '금 모으기 운동'을 벌이던 기억이 생생하다. 당시 국민들은 장롱 속에 있던 아기들의 돌 반지며, 노모의 금가락지 등을 내놓아 국가의 부채를 갚는 데 앞장섰다. 전국 누계 약 351만 명이 참여한 이 운동으로 18억 달러어치의 약 227톤의 금이 모였지만 더 중요한 것은 국민들이 국가 위기에 좌시하지 않고 솔선수범하여 기꺼이 동참했다는 사실이다. 이와 같은 국가 부채 사태는 1907년에도 있었다. 일본의 노골적인 경제 침탈은 1906년 3월부터 통감 정치가 본격적으로 시작되면서 나타났는데 1906년 말 1,300만 원이던 대일본 국채는 1907년 6월 말 현재 1,840만 원으로 늘어났다. 이때도 전 국민이 한마음이 되어 담배와 술을 끊고 부녀자들은 갖고 있던 패물까지 팔아 국채보상운동을 벌였다. 대구에서 비롯된 국채보상운동은 1907년 2월 21일 대구 국민대회에서 서상돈[8], 김광제 등에 의해 석 달 동안 담배를 피우지 않은 대금으로 일본의 국채를 갚자는 취지서가 발표되자 전국적으로 파급되었다. 국채보상운동에 대한 첫 반향은 여성계에서 가장 신속하게 나타났다. 전국으로 급속히 확산해 각계각층의 국민이 자발적으로 참여한 가운데

---

7) 대한민국의 IMF 구제금융 요청(1997년 12월 3일~2001년 8월 23일)은 국가부도 위기에 처한 대한민국이 IMF으로부터 자금을 지원받는 양해각서를 체결한 사건이다. 이때 기업이 연쇄적으로 도산하면서 외화보유액이 급감했고 정부는 IMF에 20억 달러 긴급 융자를 요청하였다.

8) 서상돈(1850~1913, 1999년 애족장)은 1898년 독립협회의 회원으로 만민공동회 운동 당시 재무 부문의 간부급으로 활동하였고, 1907년 1월 대구 광문사의 부사장으로 재직 중 담배끊기를 통한 국민 의연금으로 국채 1,300만 원을 갚자는 국채보상운동을 제창하여 광문사 사장 김광제와 함께 단연회(斷煙會)를 조직하고 '국채보상취지서'를 대한매일신보에 게재하여 전국적인 호응을 얻었다. 또한 이들은 국채지원금 모금사무소를 설치하여 1910년까지 국채보상운동을 펼쳤다.

1년 정도 지속됐다. 일본이 한국을 경제적으로 예속시키기 위해 강압적으로 떠안긴 차관 1,300만 원을 온 국민의 힘을 모아 청산함으로써 경제 자립을 실현하고 나아가 국권을 회복하자는 뜻에서 진행된 국가적 차원의 운동이었다.

일제는 통감부 설치 후 한국 정부에 강요하여 교육제도의 개선, 금융기관의 확장정리, 도로, 항만시설의 개수확충 등 각종 명목 아래 일본 은행으로부터 고리의 차관을 끌어들이게 하였다. 그리고 일본에서 차관해 들인 돈을 한국민의 부채로 떠넘기고 자신들은 그 돈으로 식민지건설 기반에 쓴 것이다. 당시 빈약한 국고로는 도저히 이 거액의 국채를 상환할 수 없는 지경이었고 만일 상환하지 못할 경우, 한국의 강토는 일본의 영유가 되고 말 것이라는 국운의 절박함을 통감하고, 1907년, 거국적인 국채보상운동이 펼쳐졌다. 이러한 가운데 여성들의 국채보상운동은 특히 눈부셨다. 여성들의 국채보상운동 역시 전국적으로 이뤄졌는데 서울의 대안동국채보상부인회[9], 부인감찬회를 비롯하여 경기도 국미적성회, 김포 검단면국채보상의무소, 안성 장터동 국채보상부인회, 충청도의 진천 국채보상부인회, 경상도 대구 남산국채보상부인회, 황해도 국채보상탈환회 등 정식 부인단체 30곳과 준단체 17곳을 합해 무려 47개의 부인국채보상단체가 활약했다. [10]

---

9) 대안동국채보상부인회는 서울 북촌의 상류 양반가 부인들이 대안동 고판서 김규홍의 집을 중심으로 하여 1907년 3월 초에 발기, 조직하였다. 발기인은 김규홍의 부인 신소당 등 11명이며 신소당은 대안동부인회 회장직을 맡고 진주, 강화 등 지방의 국채보상부인회와 연대하며 국채보상운동을 지방으로 확산시켰다.
박용옥, 〈국채보상운동의 발단배경과 여성참여〉, 한국민족운동사연구 제8집, 1993. 12, 148쪽~149쪽
10) 박용옥, 위 논문 182쪽~183쪽

● 안중근 어머니 조마리아 지사와 국채보상운동

조마리아(1862.4.8.~1927.7.15.) 지사는 안중근 의사 어머니로 1907년 5월 평안남도 삼화항 은금폐지부인회를 통해 국채보상의연금을 내고 1926년 7월 19일에 조직된 상해재류동포정부경제후원회 위원을 역임하는 등 독립운동에 뛰어들었다. 조마리아 지사는 황해도 해주 출신으로 같은 고향의 안태훈과 혼인하였으며 슬하에 안중근, 안성녀, 안정근, 안공근 등 3남 1녀를 낳았다. 1897년 천주교에 입문한 조마리아 지사는 남편의 권유에 따라 뮈텔주교로부터 영세를 받고, 평생 독실한 천주교 신자로 삶을 살아갔다.

▲ 조마리아 지사

그러나 남편이 1905년 병으로 숨을 거두자 1907년 진남포로 이사하였는데 마침 이곳에서는 국채보상운동이 확대되고 있어 안중근은 국채보상운동을 주관하던 서상돈 회장에게 자청하여 관서지부를 개설하였고, 조마리아 지사 역시 자진하여 국채보상 의연금을 냈다. 1907년 5월 조마리아 지사는 '삼화항패물폐지부인회'의 제2차 의연활동에서 은장도, 은가

락지, 귀걸이 등 20원 상당의 은제품을 납부하였다. 1910년 3월 26일 아들 안중근이 여순감옥에서 사형을 당하자 일제의 탄압을 피해 러시아 연해주로 건너갔다. 그곳에서 아들 안정근이 최초로 벼농사에 성공하여 대규모 농장을 건설하였으며 여기서 나온 돈은 독립운동 기지건설에 필요한 항구적인 재원으로 쓰였다. 1922년 상해로 이주하여 임시정부를 재정적으로 후원하기 위한 '임시정부경제후원회' 를 창립하는 등 조국광복을 위해 헌신하였다. ※ 조마리아 지사 2008년 애족장 추서

5) 1910년 경술국치 후 일제의 민족교육 탄압

"조선인의 여자 교육은 남자 교육에 비해 보다 중요한 의의가 있다. 식민지 정책의 근본인 경제적 사회적 융합을 위해서는 무엇보다도 부인층의 감화(感化)문제를 생각해야한다. (가운데 줄임) 조선인들의 가정을 교화시키는 일이 곧 전 사회를 교화시키는 일이 되므로 그렇게 되어야 비로소 우리(일본)와 그들(조선)의 감정상의 융화가 영원히 지속될 수 있는 것이다. 따라서 되도록 교사도 일본 여인을 많이 채용하여 여학생들이 졸업한 뒤에도 그녀들의 가정을 자유스럽게 방문하도록 하여 영원히 교화의 원천이 될 수 있도록 하지 않으면 안된다. 이와 같은 의미에서 조선 여성의 교육은 실로 중요한 과제라 하겠다. " 11)

1907년 통감부의 초대 통감인 이토 히로부미는 한국 여성의 교육을

---

11) 임종국, ≪정신대실록≫, 일월서각, 1981, 13쪽.

중시했는데 이는 여성들을 충량한 황국신민화함으로써 자녀들을 저절로 관리할 수 있다는 계략에서 나온 발상이었다. 그러나 이토 히로부미의 계략 이전에 조선 전국에는 크고 작은 200여 개의 사립 여학교가 설립되어 있었고 수십 개의 여성 교육단체가 설립되어 여성의 의식 개혁을 부르짖고 있었다. 이러한 교육적 자산은 1919년 3·1만세운동의 원동력이 되었음은 두말할 나위가 없는 소중한 자원이었다.

이에 앞서 일제는 1904년(광무8년) 한일협약에 따라 학부(學部)에 일본인 고문을 두고 이른바 교육개혁을 서두르기 시작했다. 1906년에는 통감부를 설치하고 직접 교육 행정을 담당하였다. 1908년 칙령 62호로 사립학교령을 만들어 민족주의적 색채가 짙은 사립학교를 통제하기 시작했다. 또한 조선총독부는 1911년 제1차 〈조선교육령〉을 통해서 '충량한 국민의 육성과 시세(時勢)와 민도에 맞는 교육' 방침을 내세우고 이러한 이념의 지향과 더불어 실용적인 도구로서 일본어 보급을 교육방침으로 내세웠다. 그러나 이것은 조선인들을 자기들에게 순종하는 식민지 노예로 만들겠다는 뜻이며 사실상 일제가 조선에서 실시할 식민지 노예교육의 근본 방향을 밝힌 것이다.[12] 조선총독부의 제2차 〈조선교육령〉은 1922년 2월에 발표했는데 3·1만세운동 이후 일제의 식민지 통치 정책은 외견상 문화정치를 표방하였으나 본질적인 변화는 없었다. 제2차 〈조선교육령〉의 식민지 교육의 기본방침을 밝힌 제1장의 강령을 보면 다음과 같다.

---

12) 박득준, ≪조선근대교육사≫ 한마당, 1989, 203쪽.

【조선교육령】<제1장 강령>

제1조 조선에서 조선의 교육은 본령에 따른다.

제2조 교육은 교육에 관한 칙어(勅語, 천황의 명령)의 취지를 바탕
으로 충량(忠良)한 국민을 육성하는 것을 본의로 한다.

제3조 교육은 시세(時勢)와 민도(民度)에 적합하게 한다.

제4조 교육은 크게 나누어 보통교육, 실업교육 및 전문교육으로 한다.

제5조 보통교육은 보통의 지식과 기능을 배우고 특히 국민다운 성
격을 함양하며 국어(일본어)를 보급함을 목적으로 한다.

제6조 실업교육은 농업, 상업, 공업에 관한 지식과 기능을 배우는
것을 목적으로 한다.

제7조 전문교육은 고등의 학술과 기예를 배우는 것을 목적으로 한다.

일제의 이러한 강령은 표면적일 것일 뿐 실제로 조선인에게는 가장
기초적인 보통교육마저도 근근이 시행했을 뿐이다. 더 중요한 것은 일
제의 교육목표 핵심이 '일본의 충량한 조선인 만들기'에 있었으며 일시
동인(一視同仁)13), 내선일체(內鮮一體)14), 내지연장주의(內地延長主

---

13) 3·1만세운동 후인 1919년 8월 19일, 일본의 다이쇼(大正天皇)왕이 조선인과 일본인을 '천황
의 적자(赤子)'로서 전혀 차별하지 않고 일시동인(一視同仁)의 입장에서 통치하겠다는 요지의
조서를 발표하면서 이후 조선 통치의 기본입장으로 간주했다.

14) '내선일체론'은 1936년 8월 제7대 조선 총독으로 부임한 미나미 지로(南次郎)에 의해 조선에
서의 통치이념으로 내세워진 것이었다. 내선일체론에서는 조선인들이 완전한 일본인이 되어 진
정한 황국신민(皇國臣民)이 되면, 더 나아가 대동아공영권(大東亞共榮圈)의 추진력이 될 수 있
음을 강조하고 있는데 여기에는 대륙 전진 병참기지라는 조선에 대한 군사적·경제적 요구를 이
념적으로 뒷받침하려는 의도가 내포되어 있었다. 이는 조선인들에게 일본인과 같은 운명공동체
라는 인식을 갖게 하여 저항 없이 전쟁에 참여하도록 하기 위한 목적을 깔고 있다.

義)15) 등이 그러한 사실을 입증한다. 더 가증스러운 것은 이른바 내선일체의 전제 조건이라는 사항이다.

"내선일체라고 하면 곧바로 권리·의무의 완전한 동일화를 상기(想起)·요망(要望)하는 사람이 없지 않다. 그렇지만 내선일체의 근본 전제

▲ '조선교육령, 칙령 제229호'를 공포한 조선총독부 관보
(제304호, 1911.8.23.)

---

15) 1920년, 하라 다카시 (原敬) 수상이 <조선문제사견(朝鮮問題私見)>을 통해 조선에서의 식민지 통치의 원칙으로 동화주의, 곧 '내지연장주의(內地延長主義)'를 내세운 것에 기인한다.

는 황국신민화에 있으며 사심을 버리고 공(公)을 받들며 진정으로 폐하의 민(民)이라는 자각에 철저한 것이 모든 제도상의 일체화의 선결 문제이다. 이 근본 전제를 궁행(躬行) 실천하지 않고 도리어 제도상의 평등을 구하여 그것이 빨리 이루어지지 않는 것을 보고 궁극의 이념을 비방하는 것과 같은 것은 정말로 비황국신민적인 태도이다."16)

혹시 조선인들이 황국신민의 의무를 다 안 하고 권리만을 주장할까봐 단서를 달고 있는 것을 보면 황당하기조차 하다. 일제강점기 조선인의 교육은 '황국신민화' 그 이상도 이하도 아니었음을 알 수 있다.

2. 3·1만세운동과 여성의 활약

"약탈의 원흉인 이토 히로부미의 물고기 밥이 된 삼천리에는 백골을 뜯는 송장 까마귀 떼가 허우적거리며 날고 있고 무덤을 파헤치는 여우와 독수리 무리가 날뛰며 춤을 추고 있다. 이 참담한 조국의 거리에서 동포여! 길 잃은 양떼여! 한 칸 오두막집도 한 뼘의 논밭도 내 것이 못 되고 심지어 제 한 몸 묻힐 땅마저도 가지고 있지 않은 우리 형제여! 보고도 못본 체, 듣고도 못들은 체 말 못하는 벙어리 신세로 삼천리가 동굴과도 같았던 10년 동안의 밤이 지나 이제야 비로소 동트는 아침이 찾아왔도다. 어둡고 차갑던 깊숙한 방의 문이 열리고 봄의 수레들이 찾아왔구나."

---

16) 朝鮮總督府, <極祕 內鮮一體ノ理念及其ノ具現方策要綱>, ≪大野文書≫1260, 1941, 6쪽.

이는 경남 통영의 3·1만세운동 격문 가운데 일부다. 1919년 3월 1일, 이 땅에서 일어난 3·1만세운동은 독립운동사 가운데 가장 위대하고 중요한 겨레의 외침이었다. 민족의 사활을 걸고 들불처럼 일었던 3·1만세운동은 3월 상순까지 서울을 비롯하여 경기도·황해도·평안도·함경남도 등에서 종교인·청년·학생·시민이 중심이 되어 펼쳐졌다. 중순부터는 남부지방으로 확산하면서 농민·노동자 등이 광범위하게 참가하였으며 3월 하순에서 4월 상순까지 더욱 확대되어 최고조에 달하였다. 3·1만세운동이 위대한 것은 일부 특수계층만의 참여가 아닌 조선 민중 전체의 참여라는 점을 꼽을 수 있다. 그 가운데 여성들의 참여 또한 눈부셨다. 3·1만세운동에 참여한 여학생은 약 1만여 명이며, 총 기소인 9,411명 중 여자가 587명이고, 제1심 유죄 판결자 8,471명 중 여자는 153명, 제3심 유죄 판결자 7,816명 중 여자가 129명이었다.[17] 일제는 체포된 여학생이나 젊은 여자의 경우는 으레 나체고문을 자행[18]하는 등 악행을 저질러 여성들의 독립운동을 억눌렀으나 만행이 심하면 심할수록 여성들의 저항은 거세었다. 이처럼 여성들의 활동이 두드러졌지만, 독립운동사에서 여성들의 활약은 크게 다뤄지지 않았다. 그나마 위안이 되는 부분은 국민의 관심을 독차지한 여성으로 유관순 열사를 꼽을 수 있다. 그러나 같은 시기에 만세시위로 잡혀들어간 여학생은 유관순 열사 말고도 헤아릴 수 없이 많았다. 유관순 열사가 잡혀들어간 서대문형무소의 경우만 하더라도 10대 소녀들의 구속 상황은

---

17) 《신편한국사》 49, 민족운동의 분화와 대중운동 '국내항일여성운동' 264쪽
18) "분하다. 옷을 입고 고문을 당해도 분한데 갓 스물이 조금 넘은 박 속 같은 알몸을 불구 대천지 놈들 앞에서 드러낸 자체만도 입술을 깨물고 죽고 싶은 치욕이었다" 조애실, 《차라리 통곡 이기를》(1977) '나의 옥중기' 가운데, 38쪽

59명에 이른다. 필자는 국사편찬위원회 소장 일제감시대상인물카드(서대문형무소카드) 6,264장을 일일이 조사하여 이러한 사실을 확인했다. 10대 수감자 59명 가운데 정부로부터 독립유공자로 포상을 받은 사람은 유관순, 노순경, 동풍신 등 29명에 불과하고 나머지 30명은 아직도 미포상 상태다. (2021년 3월 31일 현재)

〈표1〉【서대문형무소 수감자 가운데 10대 소녀 명단】[19]

연번	이름	생년월일	본적	선고일	포상년도
1	김순호	1902.7.23~모름	황해도 재령	1919.12.19	미포상
2	김의순	1903.12.7~모름	경기도 경성	1920.4.5	미포상
3	김진현	1911~모름	전남 제주도	1930.1.15	2019
4	남의현	1914.7.7~모름	경기도 경성	1933.2.27	미포상
5	노숙인	1915~모름	경기도 시흥	1934.6.17	미포상
6	노순경	1902.11.25~모름	황해도 송화	1919.12.19	1995
7	동풍신	1904~1921	함북 명천	1919.3.15	1991
8	문상옥	1903.2.12.~모름	경북 김천	1920.4.5	미포상
9	민금봉	1913.1.4~모름	충북 청주	1930.2.20	2019
10	민인숙	1919.11.14~모름	경기도 가평	1930.1.20	2019
11	박경자	1903.11.17~모름	강원도 김화	1920.4.5	미포상
12	박성녀	1911.10.16~모름	강원도 양양	1930.12.1	미포상
13	박소순	1915~모름	충북 청주	1934.5.25	미포상
14	박신삼	1903.6.28~모름	충북 충주	1920.4.5	미포상
15	박양순	1903.4.18~모름	경기도 시흥	1920.4.5	2018
16	박진홍	1915~모름	강원도 철원	1936.7.30	미포상

19) 국사편찬위원회 한국사데이터베이스 일제감시대상인물카드 6,264장(http://db.history.go.kr/)을 필자가 일일이 조사하여 서대문형무소에 수감되었던 10대 소녀 59명을 확인하였다.

연번	이름	생년월일	본적	선고일	포상년도
17	박하경	1904.12.2~모름	경기도 경성	1920.4.5	2018
18	석경덕	1916.12.2~모름	평남 성천	1934.6.27	미포상
19	성혜자	1904.8.27~모름	경기도 경성	1920.4.5	2018
20	소은명	1905.6.12~모름	경기도 연천	1920.4.5	2018
21	소은숙	1903.11.7~모름	경기도 연천	1920.4.5	2018
22	손영희	1902.3.3.~모름	황해도 장연	1920.4.5	미포상
23	송계월	1913~모름	함남 북청	1930.1.29	2019
24	송봉우	1910.8.12.~모름	경남 하동	1926.1.27	미포상
25	신명례	1915~모름	충남 예산	1934.5.25	미포상
26	심계월	1916.1.6.~모름	함남 갑산	1929.9	2010
27	안옥자	1902.10.26~모름	경기도 포천	1920.4.5	2018
28	안임순	1912~모름	함남 함흥	1930.1.29	미포상
29	안희경	1902.8.10~모름	경기 포천	1920.4.5	2018
30	왕종순	1905.11.18~모름	강원도 철원	1920.4.5	2019
31	유관순	1902.12.17~모름	충남 천안	1919.5.9	1962
32	윤경옥	1902.11.27.~모름	강원도 춘천	1920.4.5	2019
33	윤옥분	1913~모름	함북 경성	1930.1.31	2019
34	이남규	1903.2.15.~모름	강원도 통천	1920.4.5	2019
35	이병희	1918.1.14.~모름	경기도 경성	1937.5.14	1996
36	이수희	1904.10.21.~모름	경기도 경성	1920.4.5	2018
37	이순옥	1913~모름	함북 경성	1930.1.29	2019
38	이신도	1902.2.21.~모름	평북 강계	1919.12.19	2015
39	이신천	1903.9.24.~모름	황해도 장연	1920.3.1	2019
40	이영자	1912.11.12.~모름	황해도 은율	1930.1.20	2021
41	이예분	1915.7.20.~모름	함남 원산	1934.5.25	미포상
42	이용녀	1904.12.28.~모름	황해도 장연	1920.4.5	2019

연번	이름	생년월일	본적	선고일	포상년도
43	임순득	1916.2.11.~모름	전북 금산	1931.8.30	미포상
44	임춘자	1915.5.20.~모름	강원도 강릉	1934.4.5	미포상
45	전숙희	1915~모름	강원도 통천	1931.9.26	미포상
46	정갑복	1922.8.14.~모름	충남 홍성	1941.6.24	미포상
47	정형길	1911.4.23.~모름	경남 마산	1930.9.15	미포상
48	조금옥	1912~모름	경기도 개성	1930.1.29	미포상
49	조숙현	1914.7.5.~모름	황해도 서흥	1931.8.30	미포상
50	지은원	1904.8.9.~모름	강원도 춘천	1920.4.5	2019
51	최경창	1918~모름	경기도 수원	1937.3.29	2020
52	최난씨	1903.1.5.~모름	경기도 가평	1920.4.5	미포상
53	최승원	1917~모름	함흥 원산	1934.6.16	미포상
54	최윤숙	1912~모름	강원도 이천	1930.1.29	2017
55	최정옥	1919.11.28.~모름	함북 경원	1930.3.1	미포상
56	최화순	1915~모름	경기도 개성	1934.5.28	미포상
57	한수자	1903.8.20.~모름	강원도 양구	1920.3.1	미포상
58	허분적	1923.4.28.~모름	함북 길주	1942.6.30	미포상
59	허연죽	1923.3.15.~모름	함북 길주	1942.8.28	미포상

〈국사편찬위원회 소장 일제감시대상인물카드(서대문형무소카드), 필자 조사(2021.3.31. 현재)〉

〈표1〉에서 알 수 있듯이 올해(2021)로 3·1만세운동이 일어난 지 102돌이 되었지만 명확한 수형자카드가 있음에도 아직도 상당수가 미 포상 상태다. 물론 이 표는 10대 소녀에 국한되며 여성에 한정된 조사 다. 덧붙여 말한다면 일제감시대상인물카드 6,264장 속의 상당수 남성 과 여성독립운동가들은 여전히 독립유공자 포상에서 제외되어 있다는 사실을 밝혀두고 싶다. 이 가운데 1919년 3·1만세운동 이듬해인 1920

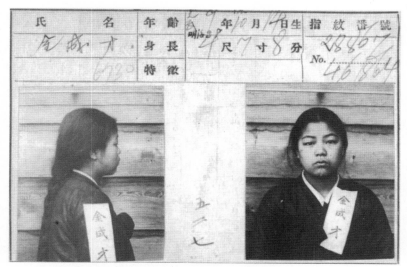

氏		名	年　齢	明治 年 10 月 日生	指　紋　番　號
金 咸 才			身　長	尺 7 寸 8 分	No.
			特　徵		

▲ 만 14살의 김성재 지사 서대문형무소 수형자카드(1920. 앞면)

項　　事　　刑　　受						身　分	住　所	出生地	本　籍
出獄年月日及其事由	執行監獄	言渡裁判所	刑ノ始期	言渡年月日	刑名	罪名			
滿期假出獄	監獄	法院	大 年 月 日	大九年 月 日	刑期 年 月 日 禁錮懲役科			職業	
考		備		科 前 犯					

▲ 김성재 지사 서대문형무소 수형자카드(1920. 뒷면)

년에 동참한 소녀들이 있다. 바로 배화여학교 학생들로 김성재 지사도 그 가운데 한 분이다. 검정 치마저고리에 길게 땋아 내린 머리, 두려움이 가득한 표정의 김성재(金成才, 1905.10.14. ~ 모름) 지사는 서대문형무소에 수감될 때 나이가 만 열네 살이었다. 황해도 장연군 설산면 읍서리 17번지가 고향인 김성재 지사는 1920년 3월 1일 경성(서울) 배화여학교 재학 중 만세시위에 참여했다가 수감되었다.

김성재 지사를 포함한 배화여학교 학생들은 전국적으로 일어났던 1919년 3·1만세운동에 참여하지 못하고 이듬해 1주년이 되는 해인 1920년에서야 참여하였다. 이들이 3·1만세운동 1주년 때에서야 참여하게 된 까닭은 1919년 3·1만세운동 당시 스미스 교장 선생의 철저한 감시 때문이었다. 거족적인 1919년 3·1만세운동을 앞두고 배화여학교 학생들은 서울 시내 학생들과 연대하여 만세시위를 주도하기로 작정하고 비밀리에 착착 준비하고 있었다. 그러나 이들의 행동을 눈치챈 스미스 교장 선생은 학생들이 3·1만세운동에 참여하여 모두 잡혀갈 것을 염려하여 당일 아침, 기숙사 문을 봉쇄해버리고 말았다. 오도 가도 못하게 된 학생들은 발만 동동 구르다가 안타깝게도 그만 1919년 3·1만세운동에 참석할 수 없었다. 그러나 1920년, 3·1만세운동 1주년 때는 상황이 달랐다. 이들은 1919년 만세시위에 참여 못 한 것을 만회하기 위해 대대적으로 참여했으며 이 일로 24명의 여학생이 잡혀 들어가는 초유의 사태가 일어났다.

1919년대 여성이 지방에서 서울로 올라와 여학교에 다닌다는 것은

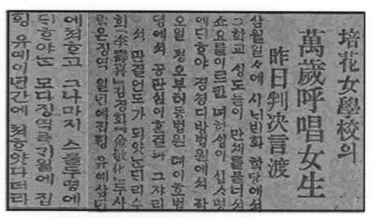
▲ 배화여학교 여학생 판결 선고 기사(매일신보.1920.4.6.)

쉬운 일이 아니었다. 이 무렵 여학생들은 김성재 지사처럼 대개가 기숙
사 생활을 하고 있었다. 당시 기독교 계통의 여학교에서는 학생들의 의
복·침식·학비가 보장된 장학제도를 내세웠기에 지방에서 올라와 학업을
지속할 수 있었다. 배화여학교는 1898년 10월 미국 남감리교 여선교사
캠벨(J. P. Campbell)에 의해 설립된 여학교로 선교사 캠벨을 파견한
미국 남감리교회는 학교에서 정한 엄격한 규율 아래 학생들이 기숙사에
서 공동생활을 통해 학교생활을 효과적으로 할 수 있도록 지원했다.

  김성재 지사처럼 황해도가 고향인 학생은 손영선, 이신천, 이용녀
지사 등이 있었고 강원도 출신으로는 김경화, 박경자, 왕종순, 윤경옥,
이남규, 한수자 지사 등이 있었다. 그뿐만아니라 소은숙 지사를 비롯하
여 김마리아, 김의순, 박양순, 박하향, 성혜자, 안옥자, 안희경, 이수희,
최난씨 지사 등은 경기도 출신이며, 경북 출신으로는 문상옥, 충북 출
신은 박신삼 지사 등이 있으며 이들은 모두 기숙사에서 지냈다. 3·1만

세운동 1주년을 맞아 서울의 여러 학생들과 함께 만세시위에 참여했던 배화여학교 학생들은 일경의 삼엄한 경계 속에서 급우들과 함께 서대문형무소로 잡혀 들어갔다. 김성재 지사는 이날 시위로 경성지방법원에서 징역 6월, 집행유예 2년을 선고받았다. 한 학교에서 이렇게 많은 학생들이 무더기로 만세시위에 참여하다 잡혀간 경우는 흔치 않다. 당시 배화여학교 학생들의 재판 소식은 장안의 화제가 되어 〈매일신보〉 등 언론에서 대서특필했을 뿐 아니라 멀리 미주지역 신문인 〈신한민보〉 1920년 4월 20일 치에도 '배화여학교 여학생들의 만세 사건'에 관련한 기사를 써서 보도하고 있다.

당시 배화여학교 만세시위 관련하여 여학생들이 받은 형량을 보면 다음과 같다.

* 이수희, 김경화 : 징역 1년, 집행유예 3년
* 김성재, 손영희, 한수자, 이신천, 안희경, 안옥자, 윤경옥, 박하경, 문상옥, 김의순, 이용녀, 소은숙, 박신삼, 지은원, 소은명, 최난씨, 박양순, 박경자, 성혜자, 왕종순, 이남규, 김마리아 : 징역 6개월, 집행유예 2년

이들은 황해도, 경상도, 충청도, 강원도, 경기도 등에서 청운의 꿈을 간직한 채 올라와 학업에 정진하다가 만세시위에 참여하여 길게는 1년, 짧게는 6개월의 선고를 받았다. 이들이 만세시위에 참여한 나이를 보면 〈표2〉와 같다.

〈표2〉【3·1만세운동 1주년에 참여한 배화여학교 학생, 24명 명단】

연번	이름	생년월일	본적	훈격	포상년도
1	김성재(金成才)	1905~모름	황해도 장연	대통령표창	2019
2	김경화(金敬和)	1901~모름	강원도 양양	〃	2018
3	손영선(孫永善)	1902~모름	황해도 장연	〃	2019
4	한수자(韓壽子)	1903~모름	강원도 양구	미포상	·
5	이신천(李信天)	1903~모름	황해도 장연	대통령표창	2019
6	김마리아(金瑪利亞)	1903~모름	경기도 포천	〃	2018
7	안희경(安喜敬)	1902~모름	경기도 포천	〃	2018
8	안옥자(安玉子)	1902~모름	경기도 포천	〃	2018
9	윤경옥(尹璟玉)	1902~모름	강원도 춘천	〃	2018
10	박하경(朴夏卿)	1904~모름	경기도 경성	〃	2018
11	문상옥(文相玉)	1903~모름	경기도 금곡	미포상	·
12	이수희(李壽喜)	1904~모름	경기도 경성	대통령표창	2018
13	김의순(金義順)	1903~모름	경기도 경성	미포상	·
14	이용녀(李龍女)	1904~모름	황해도 장연	대통령표창	2019
15	소은숙(邵恩淑)	1903~모름	경기도 연천	〃	2018
16	소은명(邵恩明)	1905~모름	경기도 연천	〃	2018
17	박신삼(朴信三)	1903~모름	충청북도 충주	미포상	·
18	최난씨(崔蘭氏)	1903~모름	경기도 가평	미포상	·
19	지은원(池恩院)	1904~모름	강원도 춘천	대통령표창	2019
20	박양순(朴良順)	1903~모름	경기도 시흥	〃	2018
21	박경자(朴景子)	1903~모름	강원도 김화	미포상	·
22	성혜자(成惠子)	1904~모름	경기도 경성	대통령표창	2018
23	왕종순(王宗順)	1905~1994	강원도 철원	〃	2019
24	이남규(李南奎)	1903~모름	강원도 김화	〃	2019

〈국가보훈처 공훈전자사료관을 참조로 필자 정리, 2021.3.31. 현재〉

〈표3〉【서대문형무소에 수감되었던 배화여학교 학생 24명】[20]

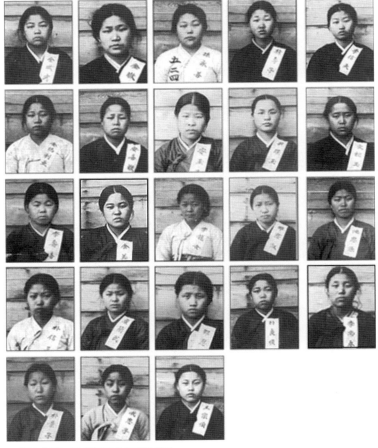

▲ 이름 순서는 맨 윗줄부터 다음과 같다.

- 맨 윗줄: 김성재, 김경화, 손영선, 한수자, 이신천
- 둘째 줄: 김마리아, 안희경, 안옥자, 윤경옥, 문상옥
- 셋째 줄: 이수희, 김의순, 이용녀, 소은숙, 지은원
- 넷째 줄: 박신삼, 최난씨, 소은명, 박양순, 이남규
- 맨 밑줄: 박경자, 성혜자, 왕종순

20) 국사편찬위원회 소장 일제감시대상인물카드(서대문형무소카드)를 참조하여 필자가 작성 (2021.3.31. 현재)〉단, 박하경 지사는 일제감시대상인물카드가 존재하지 않아 배화여학교 24 명 가운데 사진이 남아 있는 사람은 23명임

● 3·1만세운동의 영원한 횃불 '유관순'

유관순(柳寬順, 1902.12.16.~1920.9.28.)열사는 1919년 4월 1일 천안 아우내 장터의 독립만세운동을 이끌었다. 1916년 이화학당에 입학하여 고등과 1학년 때에 3·1만세운동을 맞이하였다. 유관순 열사는 3월 5일 남대문 독립만세운동에 참여하였다가 조선총독부에 의해 이화학당이 휴교되자 독립선언서를 감추어 가지고 귀향하였다. 고향 아우내로 돌아 온 유관순 열사는 당시 고향 유지였던 기독교 전도사 조인원(1990년 애족장)과 한학은 물론 신학문을 겸비한 진명학교 교사 김구응(1991년 애국장)선생 등과 함께 4월 1일 아우내 만세시위를 결의하였다.

4월 1일, 이른 아침부터 아우내 장터에는 천원군 일대뿐만 아니라 청주·진천 방면에서도 시위군중이 모여들기 시작하였다. 오전 9시가 되어 3천여 명의 시위군중이 모이자 아우내 장터는 삽시간에 시위군중의 만세소리로 진동하였다. 이때 유관순 열사는 미리 만들어 온 태극기를 시위군중에게 나누어주고, 시위대열의 맨 앞에 서서 독립만세를 외치며 장터를 시위 행진하였다. 그러나 출동한 일본 헌병의 무차별 학살로 아버지 유중권과 어머니 이소제 등 시위 참석자 19명이 현장에서 순국하고 30여명이 부상당하는 참상을 당했다. 그뿐만 아니라 자신도 독립만세운동 주모자로 잡혀 경성복심법원에서 징역 3년형이 확정되어 서대문형무소에서 옥고를 겪다가 모진 고문으로 1920년 9월 28일 열여덟살 꽃다운 나이에 옥중 순국하였다.

※유관순 열사 1962년 독립장 추서(2019년 대한민국장 추서)

▲ 유관순 열사 서대문형무소 수형자카드(1919. 앞면)

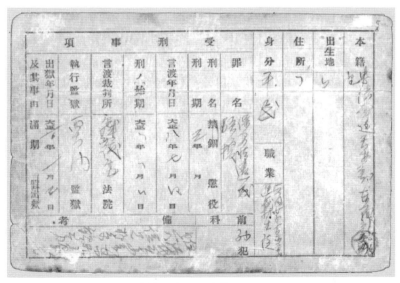

▲ 유관순 열사 서대문형무소 수형자카드(1919.뒷면)

● 아우내장터 만세시위의 주모자 '최정철'

최정철(崔貞徹,1853.6.26 - 1919.4.1.) 지사는 1919년 4월 1일, 천안 아우내장터 만세시위 주모자인 아들 김구응 의사(義士)와 함께 독립만세를 부르다가 현장에서 일경의 총칼에 모자(母子)가 함께 순국의 길을 걸었다. 흔히 천안 아우내 만세 운동의 주모자는 서울에서 이화학당을 다니던 유관순으로 알려졌지만 만세운동이 일어난 바로 이듬해인 1920년 6월에 김병조 선생이 지은 《한국독립운동사략(韓國獨立運動史略)》에는 천안 만세시위 주동자로 '최정철 지사와 아들 김구응' 이름만 적혀있다.

▲ 천안 아우내장터의 시위 주모자였으나 역사의 조명에서 비껴갔던 최정철·김구응 모자의 3·1혁명 100주년 문화제 전단(2019.3.31. 충남 천안역사문화연구회 주최)

최정철 지사의 아들인 김구응 의사는 3·1 만세운동 때 32살로 당시 성공회에서 운영하는 진명학교 교사였다. 오랫동안 지역에서 많은 제자와 지역 유지들과 친분을 맺고 있으면서 1919년 4월 1일 아우내장터의 만세운동을 주도했다. 그 무렵 유관순 열사는 16살의 나이로 이화학당의 휴교령으로 고향에 돌아와 지역 유지들과 함께 만세운동에 참여했다.

최정철 지사의 아들 김구응 의사는 아우내시장에서 남녀 6,400명의 시위군중21)을 이끌며 주재소, 면사무소, 소방서, 우편소 등의 일제 기관을 점거하고 시위를 주도했다. 그러나 시위의 선두에 섰던 아들 김구응이 일본군의 총에 맞아 쓰러졌으며 이러한 비보를 들은 김구응의 어머니 최정철 지사는 아들의 주검을 끌어안고 일본군의 만행에 저항하다가 현장에서 아들과 함께 순국하였다.※ 최정철 지사 1995년 애국장 추서

3. 임시정부와 여성의 활약

1919년 3월 1일, 거족적인 3·1만세운동은 대한민국임시정부라는 민족의 구심점이자 독립운동의 최고 지휘 기관을 탄생케 한 역사적인 사건이었다. 대한민국임시정부의 주석이었던 백범 김구 선생은 3·1만세운동이 독립운동의 정신적 기초임을 강조하면서 그 의의를 다음과

---

21) 김병조, 《한국독립운동사략(韓國獨立運動史略)》(1920.상해) 및 박은식, 《한국독립운동지혈사(韓國獨立運動之血史)》(1920.상해) 책에는 아우내 만세운동에 참여한 인원이 6,400명이며 주모자는 최정철·김구응 모자(母子)라고 뚜렷하게 기록되어있다.

같이 말했다.

"3·1 대혁명은 한국민족의 부흥과 재생의 운동이었다. 바꾸어 말하면 이 운동은 단순한 반일복국운동(反日復國運動)이 아니라 우리 한민족이 오천 년 이래로 연마하고 양성해 온 민족정기와 민족의식이 이 운동을 통하여 다시 한번 발양됨으로서 민족부흥과 국가재생의 정신적 기초가 정립되는 운동이었다. 따라서 우리가 3·1절을 기념함에 있어서는 반드시 3·1대혁명 정신이 천명되고 고양되어야 할 것이다. 3·1대혁명의 가장 기본적인 정신은 물론 반일독립(反日獨立)과 민주자주(民主自由)라 하겠지만 여기에는 다음과 같은 네 가지 내용이 포괄되어 있는 것으로 해석하여야 할 것이다. 그 첫째는 자존(自存)과 공존정신(共存精神)이요, 둘째는 민주(民主)와 단결정신(團結精神)이요, 세째는 기절(氣節)과 도의정신(道義精神)이요, 넷째는 자신(自信)과 자존정신(自尊精神)이다. 이러한 네 가지 요점이 바로 3·1대혁명 정신의 내용이며 이것이 바로 우리 민족 고유의 우수한 문화 전통이기도 하다."

3·1만세운동은 백범의 말처럼 '민족정기를 잇는 국가 재생의 정신적 기초'였으며 이를 계기로 나라 안팎에서는 6개 지역 이상의 임시정부 조직이 생겨났다. 그 면면을 보면, 대한민국임시정부(1919. 4. 11. 상해), 대한국민의회정부(1919. 3. 17, 러시아령), 천도교 중심의 대한민간정부(1919. 4. 1, 서울), 조선민국임시정부(1919. 4. 9, 서울), 신한민국임시정부(1919. 4. 17, 평안도), 한성임시정부(1919. 4. 23, 서울·인천), 동삼성(東三省 : 만주일대)의 고려임시공화국 등이 임시정부

의 깃발을 내걸고 제각기 조국 독립을 위한 초석을 다지고 있었다. 이 가운데 상해 임시정부, 러시아령 대한국민의회정부, 서울의 한성임시정부 등 3개 지역에서 성립된 임시정부가 헌법·의회·서고문(誓告文)·정강·강령 등을 갖추었고 나머지 정부는 전단적(傳單的)인 범주에서 벗어나지 못했다. 이 3개의 실질적인 정부는 상해에 모여 1919년 9월 15일 통합 임시정부를 구성하고 1945년까지 각종 광복 정책을 펴나갔다.

한편, 대한민국임시정부의 탄생과정에서부터 조국광복의 그 날까지 여성들의 활약도 눈부셨다. 이를 가능하게 한 것이 임시정부의 헌법이다. 대한민국 임시의정원법(1919.4.25.) 제2조에서는 의원의 자격을 "중등교육을 수(受)한 만 23세 이상의 남녀"라고만 규정하고 있으며 대한민국임시헌장(1919) 제5조에서는 선거권·피선거권 규정, 그리고 제5조의 교육·납세·병역의무 규정도 모두 남녀평등을 바탕으로 하는 등 임시정부의 탄생은 일찍부터 '남녀평등'을 헌법에 규정해 놓았다. 대한민국임시정부의 입법부, 곧 오늘날 국회에 해당하는 임시의정원은 1919년 4월 10일 첫 회의를 열고 개원했는데 당시 의원은 전원 남성이었다. 임시의정원에 여성의원이 처음으로 뽑힌 것은 1922년 2월 8일, 제10회 임시의정원 회의에서였다. 이때 김마리아 지사가 황해도 대의원으로 뽑힌 이래 1945년 8월 17일 마지막 회의를 폐회할 때까지 김마리아 지사를 포함해 양한나·최혜순·방순희·김효숙·지경희·신정완 등 모두 7명의 여성의원이 활약했다.

임시의정원뿐만 아니라 상해대한인거류민단(上海大韓人居留民團)의

의원선거에서는 김순애, 이화숙 지사 등이 의원으로 뽑혔다. 대한민국 임시헌장에서 '대한민국의 인민은 남녀 귀천 및 빈부의 계급이 없고 일체 평등'이라고 규정하고 있듯이 당시 임시정부 내에서 여성들의 활약은 돋보였다. 임시정부 수립 직후 1919년 4월, 상해에 있던 한인 여성들은 대한애국부인회를 결성하였는데 김순애 지사가 초대 회장을 맡아 조직을 이끌었다. 대한애국부인회의 주요 사업으로 독립운동 자금 모금, 적십자회 활동과 간호법 연습, 국내외 애국부인회와의 통신과 연대, 대한민국임시정부 지지와 후원, 중국인에게 한국인의 독립운동과 한중관계 연설, 3·1만세운동 기념식과 국치기념일에 전단을 배포하고 홍보를 맡는 등 다양한 활동을 펼쳤다. 김순애, 이화숙, 김원경, 오의순, 최혜순 지사들이 대한애국부인회의 중심인물이었다. 또한 1919년 7월, 상해 대한적십자회가 재건되는 과정에도 여성들은 적극적으로 참여하여 회원 모집 및 회비 모금에 힘을 쏟았다. 1920년 초 상해 대한적십자회는 독립전쟁에 대비하여 간호훈련과 의료 인력 양성을 위해 간호부양성소를 부설하였는데 적십자회 조직과 간호훈련은 상해 대한애국부인회의 주요 활동 내용이었다. 김연실, 김원경, 이화숙, 김순애, 오남희, 이봉순 지사 등이 대한적십자회 간호부양성소 훈련과정을 수료하였다. 임시정부에서 활약한 이들 가운데 김순애, 김마리아, 차경신 지사는 정신여학교, 이화숙 지사는 이화학당 대학과 출신이고, 정애경 지사는 숭의여학교, 김연실 지사는 간호학교 출신으로 신교육을 받은 여성들이 3·1만세운동 이후 상해로 대거 건너가 임시정부의 초석을 다지는 일에 커다란 디딤돌 역할을 했다.

● 상해 임시정부에서 활약한 여성들

가. 대한민국 임시의정원의 최초 여성의원 '김마리아'

김마리아((1892.6.18.~1944.3.13.) 지사는 황해도 장연에서 교육열이 높은 아버지 김윤방과 어머니 김몽은 사이에서 아들 없이 딸 세명 가운데 막내로 태어났다. 아버지 김윤방은 일찍이 기독교에 입문하여 고향 마을에 소래보통학교를 세울 만큼 깨어 있는 분이었으나 김마리아 지사가 어릴 때 숨지고 어머니 역시 열네 살 되던 해에 숨을 거두었다. 그러나 김마리아는 소래보통학교에 입학한 지 여섯 달 만에 상급생을 통틀어 전교에서 1등으로 뽑힐 만큼 총명했다. 김마리아 집안은 민족의식이 투철한 명문가였다. 안창호와 의형제를 맺고 세브란스 의전을 나와 만주에서 독립운동을 펼쳤던 김필순(1997년 애족장)은 김마리아 지사의 삼촌이고, 고모 김순애(1977년 독립장)는 임시정부 부주석을 지낸 김규식(1989년 대한민국장)의 부인으로 상해애국부인회 회장 등 여성단체 간부로 활약했다. 김마리아 지사는 정신여학교를 나와 광주의 수피아여학교에서 교사로 있다가 1915년 동경으로 건너가 1918년 동경유학생 독립단에 참여했고 1919년 2·8독립운동에 가담했다. 그 뒤 2·8독립선언서를 가지고 귀국하여 각지를 돌아다니며 독립사상을 전하다가 일경에 잡혀 서대문형무소에서 5개월간의 옥고를 겪었다. 석방 뒤 모교에서 교사로 일하면서 대한민국애국부인회를 조직하고 회장에 추대되어 임시정부 군자금 지원 등에 힘쓰던 중 비밀조직이 탄로 나, 또다시 3년 형 선고를 받고 복역 중 고문으로 인한 병보석

▲ 일본 유학시절 기모노 속에 당당하게 한복을 입은 김마리아 지사(동그라미 속)

으로 풀려나자 1921년 비밀리에 상해로 망명했다.

상해로 건너간 김마리아 지사는 대한민국 임시의정원에서 황해도 대의원으로 뽑혀 활약하였다. 1923년, 국민대표회의가 열렸을 때는 대한애국부인회 대표로 참가하여 "국내의 일반 인민은 상해에서 임시정부가 설립되었다는 말을 듣고 소수인의 조직이거나 인물의 좋고 나쁨을 불문하고 다 기뻐하여 금전도 아끼지 않고 적(敵)의 악형도 무서워하지 않았다. 설혹 외지에서 임시정부를 반대하던 자라도 국내에 들어와서 금전을 모집할 때는 다 임시정부의 이름을 파는 것을 보아도 국내 동포가 임시정부를 믿는 증거이다. 임시정부를 안 팔면 밥도 못 얻어먹는다. 적은 가끔 임시정부의 몰락을 선전하여도 인민은 안 믿는다. 소수로 됨은 혁명시에 피할 수 없는 일이요 인물은 변경할 수도 있다. 그렇지만 수만의 유혈로 성립되어 다수 인민이 복종하고 5년의 역사를 가진 정부를 만일 말살하면 소수는 만족할지 모르나 대다수는 슬퍼하고 외인(外人)은 의혹을 가질지 모른다. 잘못된 것이 있으면 개조하자."라는 연설로 임시정부 법통성의 고수와 유지를 강력하게 주장했다. 그 뒤 미국으로 건너가 파크대학과 시카고대학교 등에서 공부했으며 이때 근화회(槿花會)를 조직하여 재미한국인의 애국정신을 드높이고, 일제의 식민정책을 서방국가에 알리는 데 노력했다. 1935년 귀국하여 원산에 있는 마르타 윌슨신학교에서 교수로 재직하면서 기독교 전도사업과 신학발전에 이바지하였다. 그러나 안타깝게도 광복 1년을 앞두고 고문 후유증으로 52세를 일기로 독신의 삶을 마쳤다.

※ 김마리아 지사 1962년 독립장 추서

---

* 김마리아라는 이름으로 국가보훈처로부터 서훈을 받은 이는 모두 세 분이다. 한 분은 정신여학교 출신의 김마리아 (1892.6.18.~1944.3.13, 1962년. 독립장) 지사이고 또 한 분은 이범석 장군의 부인인 김마리아 (1903.9.5.~1970.12.25. 1990년. 애국장) 지사, 그리고 나머지 한 분인 김마리아 (1903.3.1.~모름. 2018년. 대통령표창) 지사는 배화여학교 만세운동에 참여했던 분이다.

나. 함평천지의 딸 상해애국부인회 대표 '최혜순'

최혜순(崔惠淳, 1900.9.2.~1976.1.16.) 지사는 조산원 출신으로 일찍부터 상해 임시정부에서 조선의 독립을 위해 활동했다. 특히 임시정부 국무위원인 김철(1962년 독립장) 선생과 혼인하여 남편과 함께 상해지역의 독립운동가들과 교류하며 여성독립운동을 이끌었다. 1931년 9월, 임시정부에서는 만주사변에 대한 대책을 협의하기 위하여 상해에 있는 조선인 각 단체 대표회의를 소집하였다. 이때 최혜순 지사는 애국부인회 대표 자격으로 참여하였다. 이 회의에서 중국을 후원하고 일제를 무찔러 조선독립을 이룰 목적으로 이른바 상해한인각단체연합회를 결성하기로 하고 임원을 뽑았는데 이때 최혜순 지사는 회계책임자로 뽑혔다. 같은 해 12월 제23회 임시의정원에서 전라도 의원으로 뽑혀 1933년 2월까지 활동하였다. 최혜순 지사는 1933년 상해한인애국부인회의 집사장(執事長)으로 3·1만세운동기념일 등에 관한 인쇄물을 만들고 배포하는 일을 맡았다.

▲ 최혜순 지사

그러나 남편인 김철 선생이 1934년 5월 4일 상해에서 급성폐렴으로 쓰러져 항주 소재 광자병원에서 치료받던 중 1934년 6월 29일, 48세로 숨을 거두는 불행을 겪었다. 이후에도 상해에서 조산병원을 경영하며 1936년 3월 서판암의 남경군관학교(南京軍官學校) 입교를 주선하는 등 조국독립을 위한 국내와의 긴밀한 연락과 독립자금 마련 등 다양한 활동을 펼쳤다.　　　　　　　　　※ 최혜순 지사 2010년 애족장 추서

다. 임시의정원 전라도 대표로 활동한 '신정완'

신정완(申貞婉, 1916.4.8.~2001.4.29.) 지사는 1943년 10월, 임시의정원 전라도 대의원으로 뽑혀 활동했으며 독립운동가이자 광복 이후 제헌국회 부의장을 지낸 해공(海公) 신익희 (1962년 대한민국장) 선생의 따님이다. 신정완 지사는 1919년 3·1만세운동 후 아버지인 해공 신익희 선생을 따라 중국으로 건너갔다. 처음에 하남성 개봉에서 초등학교에 들어갔으나 형편이 여의치 않아 아버지만 남고 가족은 북경으로 떠났다. 그러나 그곳에서도 고구마로 끼니를 이을 정도로 어려운 생활이 이어졌다. 1937년 중일전쟁 기간에 아버지의 주선으로 청년 독립운동가 김재호(1990년 애국장)선생과 혼인하였다. 나라를 빼앗기고 남의 땅을 전전하는 터라 신혼생활을 할 겨를도 없이 곧바로 신정완 지사는 전장의 일선 지대인 산서성으로 출발했다.

▲ 신정완 지사

당시 광복군은 안휘, 하남, 서안 등지에 나뉘어 있었는데 신정완 지사는 남편과 함께 제2전구 염석산 부대의 대적(對敵) 선전공작원으로 산서성 호로촌(胡虜村)에 투입되었다. 남편은 일본어를 잘해 대적 공작 책임자로 소령급이었고 신정완 지사는 대위급이었다. 불과 1백 리 밖에서 일본군의 포성이 끊이지 않는 산골마을에서 신정완 지사 부부는 항일 계몽활동과 정치선전을 펴면서 도망가던 일본군 가운데 할복 자살자의 숫자와 소속을 파악해 보고하는 임무를 맡았다. 그 뒤 신정완 지사는 1937년 조선민족혁명당에 가입하였으며 1939년부터 1941년까지는 임시정부의 명령으로 산동성 제2전구 사령부에 공작원으로 파견되어 지하공작 첩보활동을 하였다.   ※ 신정완 지사 1990년 애국장 수여

4. 1910년대 항일여성구국단체

일제의 무자비한 조선 침략이 노골적으로 행해지자 경향 각지에서 비밀결사 조직을 만들어 일제에 저항하기 시작하였다. 1910년, 한일병탄 이후 1919년 3·1만세운동까지 일본 경찰에 발각된 국내의 주요 비밀결사(祕密結社)를 보면 다음과 같다. 1910년 안악사건, 1912년 105인사건, 1913년 독립의군부, 광복단, 이관구의 비밀결사(광복회), 1914년 대성학교 출신 학생의 비밀결사, 기성볼(야구)단, 1915년 선명단, 조선국권회복단, 광복회의 친일파사살, 영주대동상점사건, 1916년 한영서원창가집사건, 자립단, 홍천학교창가집사건, 1917년 이증연 등의 비밀결사, 조선산직장려계, 1918년 조선국민회, 민단조합, 자진회,

청림교 등을 들 수 있다.22) 이러한 결사조직이 남성 중심이었다면 여성의 경우, 근대적 여성 교육을 통해 배출한 지도층으로 부각됨과 동시에 교육을 받은 다수의 여성이 합세함으로써 국권 회복에 조직적으로 참여할 수 있는 길이 열렸다.

여성들의 비밀결사단체 1호는 1913년 평양에서 조직된 송죽회를 꼽을 수 있다. 이 밖에도 3·1만세운동 결과 수립된 상해 임시정부를 지원하기 위하여 나라안팎에는 많은 항일구국단체들이 조직되었는데 그 가운데 부녀들에 의하여 조직된 대표적인 단체가 서울 중심의 대한민국애국부인회와 평양 중심의 대한애국부인회다. 또한 평남 강서의 반석대한애국여자청년단, 평남 순천의 대한국민회부인향촌회, 평남 안주의 부인관찰단, 평남 대동군의 대한독립부인청년단, 평남 개천군의 여자복음회, 평양 숭의여학교 졸업생으로 조직된 결백단 등23)도 눈부신 활약을 이어갔다. 이들 항일구국여성단체들은 남자들이 조직한 항일단체들과 연대하거나 독립 전쟁을 대비하여 결백단과 같은 조직을 꾸리기도 하였다.

1) 최초의 여성독립운동단체 송죽결사대

송죽결사대(松竹決死隊)는 송죽회(松竹會)라고도 하며 1910년대에

---

22) 《한국사》 21권, 국사편찬위원회, 1973~1979, '1910년대 국내에서의 민족운동 '비밀 항일결사(抗日結社)' 116~117쪽.
23) 박용옥, 《한국근대여성운동사연구》, 한국정신문화연구원, 1984, 173~191쪽.

여성들이 조직한 최초의 여성독립운동단체다. 이 단체는 비밀결사조직으로 1913년, 평양에서 조직되었으며 1919년 3·1만세운동 이전에 조직한 항일결사 가운데 여성의 힘으로 만든 최초의 단체다. 송죽회는 평양 숭의여학교의 교사였던 김경희, 황애시덕, 안정석 등이 중심이 되어 애국심이 투철한 학생 박현숙, 황신덕, 채광덕, 이마대, 송복신, 김옥석, 최자혜, 서매물, 최의경, 이혜경 등 20명을 뽑아 숭의여학교 기숙사에서 조직한 것이 처음이다. 송죽회는 철저한 비밀을 유지하는 점조직으로 구성하였으며 안정적인 중년층과 활동적인 젊은 층을 조화롭게 조직하여 나이 든 회원을 송형제(松兄弟)라고 하여 핵심 위원으로 삼고 그 아래 젊은 층을 죽형제(竹兄弟)라고 하여 하부조직으로 삼았다. 이들은 조직을 확장하기 위해 창설자 세 사람이 각각 역할을 분담하여 김경희는 학교에서, 황애시덕은 서울에서, 안정석은 교회를 중심으로 활동하였다. 이 조직은 비밀 유지를 위해 회원명부도 만들지 않을 정도로 철저한 비밀결사 조직으로 운영되었다. 회원의 입회는 회원 1명의 추천으로 전원의 찬성이 있어야 가능하였다. 월회비는 30전이었고, 그밖에 특별회비제를 마련하여 독립자금을 모금하였다. 이를 위해 학생들은 성경책 주머니, 회중 시계집, 도장집, 베갯모 등 팔리기 쉬운 수예품을 만들었으며 겨울방학에는 털실로 토시, 어린이모자, 양말, 도시락 주머니, 어른용 목도리, 조끼, 스웨터 등을 만들어 팔아 회비와 특별회비를 충당하는 열의를 보였다. 이렇게 적립된 자금은 나라밖에서 활동하는 독립운동가의 활동자금과 국내에 잠입하여 활동하는 독립운동가들을 위한 숙식비와 여비 마련에 쓰였다.

3·1만세운동 이후 임시정부 요원으로 활약하다가 1919년 9월 19일, 31세로 숨진 초대 회장 김경희 지사에 대한 임시정부의 추도사에 따르면, 송죽회에서 독립운동자금으로 저축한 돈이 600여 원에 달했다고 한 것만 봐도 송죽회 회원들의 독립을 향한 열정을 느낄 수 있다. 한편, 1916년, 재학 중이던 회원들이 졸업하게 되자 송죽회 활동은 새로운 전기를 맞이한다. 이들은 졸업 후 각 지방학교의 교사로 부임하여 재직 학교를 중심으로 송죽회의 활동을 확산시켜 나갔는데 1916년 당시 지방조직의 책임자를 살펴보면 〈표4〉와 같다.

〈표4〉【송죽회 전국 조직 대표자】[24]

	지역	이름	포상여부[25]
1	전주	박현숙(1896~1980)	1990년 애국장
2	목포	최자혜	미포상
3	부산	서매물	미포상
4	제주	서매물(부산 겸임)	미포상
5	선천	김옥석	미포상
6	평양	황신덕	미포상
7	한천	최의경	미포상
8	황주	채광덕	미포상
9	남포	최매지(1896~1983)	1990년 애국장
10	강서	이마대	미포상
11	해주	정애경	미포상
12	사리원	박경애	미포상

24) 신재홍,《항일독립운동연구》신서원, 1999, 29쪽. '송죽회' 자료를 참고로 필자 정리
25) 국가보훈처 공훈전자사료관 독립유공자 공훈록에서 필자 확인 (2021.3.31. 현재)

유감스러운 것은 〈표4〉의 송죽회 전국 조직 대표자 12명 가운데 전주 대표였던 박현숙 지사와 남포 대표였던 최매지(다른이름 최금봉) 지사만 포상을 받았고 나머지 10명은 2021년 3월 31일 현재 미포상 상태라는 점이다.

송죽회는 본부를 평양에 두고 1명(초대회장 김경희)의 회장이 전조직을 관장하였다. 지방조직책인 송형제는 매달 정기적으로 평양에 모여 회비납부·사업보고·계획수립에 대해 토의하였다. 이들의 활동은 회원들이 일본·미국 등지로 유학을 가면서 국내뿐만 아니라 국외에까지 확산하였다. 3·1만세운동 당시 지방에서 여성들이 많이 참여할 수 있었던 것은 송죽회의 조직이 크게 작용한 것으로 보인다. 이처럼 송죽회는 불굴의 애국심을 바탕으로 수많은 여성 지도자를 배출했으며, 회원들의 철두철미한 기밀 유지로 일본 경찰의 수사망에도 발각되지 않고 일본, 중국, 미국, 하와이 등지까지 조직을 확대해 나갔다. 이 단체는 1919년 3·1만세운동 직후 평양을 중심으로 조직된 애국부인회 활동의 기초가 되었다.

● 송죽결사대에서 활약한 여성들

가. 송죽결사대 초대 회장 '김경희'

김경희(金慶喜, 1888~1919)지사는 송죽회의 초대 회장으로 활약하다가 31살의 나이로 숨을 거두며 늙으신 어머니와 동지들에게 "나는 독립을 못 보고 죽으니 후일 독립이 완성되는 날 내 무덤에 독립의 뜻을 전해주시오. 나는 죽어서도 대한 독립의 만세를 부르리라."는 유언26)을 남겼다. 무엇이 그 짧은 삶을 마감하는 순간에도 독립의 끈을 놓지 않게 한 것일까? 김경희 지사는 평양 출신으로 일찍부터 기독교를 받아들인 집안에서 태어났다. 그는 동생 애희와 함께 1897년, 선교사들이 교인 자녀들을 가르치기 위해 만든 초급과정 학교인 '야소교 소학교'에 다녔다. 그 뒤 숭의여학교로 진학하였는데 숭의여학교는 장로교 선교부에서 1903년 10월에 설립한 중등 교육기관이었다. 이곳을 졸업한 김경희 지사는 모교에서 교편을 잡았고 1913년, 스물다섯 살 무렵에는 황애시덕 등과 함께 비밀결사 단체인 송죽회를 조직하여 항일 투쟁을 펼쳤다. 송죽결사대(松竹決死隊)라는 이름에서 알 수 있듯이 송죽회 회원들은 죽음을 불사하겠다는 결의로 이 조직을 만들어 절대 비밀을 중시하며 활동을 했다. 이들은 애국정신이 확고하고 총명한 학생들을 뽑아 회원으로 삼고 독립운동에 동참시켰는데 처음에 4~5명으로 출발한 송죽회는 3·1만세운동까지 계속 활약하면서 수십여 명의 동지를 모아 활동하였다. 김경희 지사의 투철한 독립정신은 제자의 증언에서도 엿볼 수 있다. "한번은 지리 시간에 하얼빈이라는 지명이 나오자 이곳이 바로 안 의사(안중근)가 우리나라의 원수 이토 히로부미를 쾌살(快殺)한 곳이라고 설명하고는 우리나라가 독립한 후에는 이곳에다가 안 의사의 동상을 건립하자는 말을 했다" 라고 전한다. 이처럼 철저한 비밀로 유지되던 송죽회였지만 일경의 끊임없는 감시로 일 년 만에 조직이 발각되었고 김경희 지사는 독립운동 혐의로 일경에 끌려가 심한 고

---

26) 김순애 지사의 추모사 기사 '애국심의 화신 김경희 여사의 생애와 임종', 독립신문. 1920.2.14.

문을 받게 된다. 이 일로 1916년, 일경에 의해 김경희 지사는 학교에서 쫓겨나고 말았다.

▲ 김경희 지사 추모사가 실린 독립신문 1920.2.14.

1919년 3·1만세운동이 일어나자 김경희 지사는 평양에서 기독교회 여성들을 모아 만세시위를 펼쳤다. 그러나 여기서도 일경의 요주의 감시 인물이 되자 상해로 망명하게 된다. 상해에서 대한민국임시정부에 가담한 김경희 지사는 군자금 모집을 위해 1919년 7월에 비밀리에 귀국하여 평양에서 비밀결사 애국부인회를 조직하고 군자금 모집 활동을 했다. 이 부인회는 회원의 규모가 8백여 명에 이를 정도로 조직이 커졌다. 그러나 김경희 지사는 일경에 의해 받은 고문 등으로 병이 도져 모은 군자금을 상해의 동지에게 송금한 뒤 부회장에게 애국부인회의 일을 위임한 뒤 1919년 9월 19일 서른한 살의 나이로 안타깝게 생을 마쳤다.

※ 김경희 지사 1995년 애국장 추서

나. 숭의여학교 교사로 민족정신을 북돋운 '황애시덕'

황애시덕(黃愛施德, 1892.4.19.~1971.8.24.)지사는 이화학당을 나와 평양의 숭의여학교 교사로 있으면서 학생들에게 민족정신을 북돋우는 교육에 힘썼다. 동료 교사 김경희는 황애시덕에게 안정석과 이효덕을 소개했고, 이들은 황애시덕의 뜻에 공감하여 교사와 학생들을 더 모집한 뒤 1913년에 송죽결사대를 결성했다. 송죽결사대의 회장은 김경희가 맡았고, 초대 회원인 황애시덕, 안정석, 최의경, 박치은, 이효덕, 박효숙은 송형제라 불렸다. 그리고 나중에 가담한 최자혜, 박경애, 채광덕, 최순덕, 이마대, 서매물, 홍마태, 황신덕(황애시덕의 여동생), 김옥석 등은 죽형제라고 불렸다. 송죽결사대는 매월 회비 30전을 내고 매월 15일 자정에 열리는 회의에 참석해야 했다. 모임 장소는 학교 기숙사 지하실이었다. 대원은 다음 4가지 규칙을 반드시 지켜야 했다.

첫째, 절대로 남의 험담이나 비평을 하지 말 것.
둘째, 일본 물건을 쓰지 말고 국산품을 애용하여 국산 장려를 일삼을 것.
셋째, 옷고름을 달지 말고 단추를 달아 물자를 아낄 것.

넷째, 회원들은 명주나 무명, 모시옷만 입을 것.

황애시덕 지사는 3년 동안 숭의여학교 교사이자 송죽결사대 책임자로 활동했다. 그러던 중, 1918년 선교사 홀(Hall, R. S.)의 권유로 동경여자의학전문학교에 입학하였다. 마침 유학길에 남대문역에서 김마리아를 만나 평생 독립운동의 동지가 되었다. 김마리아와 의기투합이 된두 사람은 현덕신·송복신·정자영 등과 학흥회를 조직하여 유학생 사이에 배일사상을 북돋우고 애국심을 높이는 데 노력하였다. 또한 그는 김마리아와 더불어 잡지 〈여자계〉를 창간했고, 1917년 10월 17일 조선여자유학생친목회 임시총회를 열었다. 이후 〈여자계〉 3호부터 발행인이 되어 좀 더 폭넓은 여성 대중을 위한 잡지로 발전하도록 노력했다. 그러던 1919년 1월 6일 일본 유학생들이 가진 모임에 김마리아와 함께 참석한 그는 윌슨 미국 대통령이 주창한 '민족자결주의' 원칙에 따라 독립선언을 발표해 한국인의 독립의지를 전 세계에 보여야 한다는취지에 적극적으로 동의했다.

1919년 2월 8일 낮 2시, 동경의 조선기독교청년회관에 약 40명의학생들이 모여 2·8 독립선언을 발표했다. 이 자리에는 황애시덕을 비롯하여 김마리아, 노덕신, 유영준, 박정자, 최제숙 등 여학생들도 참가했다. 황애시덕은 이 자리에서 국내 여학생들을 단합시켜 운동을 일으키고, 김란사를 파리강화회의에 파견하기 위한 기금을 마련하는 임무를 맡았다. 황애시덕 지사는 1919년 2·8독립선언 이후 비밀리에 귀국하여 고국의 3·1만세운동에 적극적으로 가담하였다. 그는 "남자들이 독립운동을 적극적으로 하는데 여성들도 부인단체를 만들어 남자단체와 연락을 취하며, 남자단체에서 활동할 수 없을 때에는 여자단체가 이를 대신하여 운동하자."라고 제안했다. 그러나 이 과정에서 일경에 붙잡혀 서대문형무소에 구금되었다가 5개월 만에 내한선교사 빌링스의 주선으로 석방되었다. 출옥 후 일시적인 단체가 아닌 항일운동을 지속할 수 있는 단체를 만들기로 결심하고, 김마리아와 함께 정신여학교 교사인 이혜경, 장선희, 김영순, 신의경, 간호사 이정숙, 전도사 백신영 등과 1919년 10월 19일 대한민국애국부인회를 조직했다. 회장엔 김마리아, 부회장엔 이혜경, 총무에 황애시덕, 서기에 신의경, 김영순, 부서기에 황인덕, 교제원에 오현관, 적십자장에 이정숙, 윤진수, 결사장에 백신영, 이성완, 재무원에 장선희 등이 선정되었다. 지부는 서울, 부산, 대구, 원산 등 19군데에서 두었으며 가입 인원은 총 650여 명에 달했다. 그러나 2달 후 일경의 조직적인 검거가 시작되면서 황애시덕을 비롯한 회원 전원이 체포되어 1920년 6월 29일 대구지방법원에서 징역 3년을 선고받고 옥고를 겪었다. 그 뒤 1925년 미국으로 건너가 콜롬비아대학에서 교육학 석사를 받고 1928년 귀국한 뒤 농촌계몽운동에 종사하였다. 광복 후에는 여성단체협의회를 조직해 여성문제 타결에 노력하였다.

※ 황애시덕 지사 1990년 애국장 추서

다. 전주 기전여학교에서 공주회를 이끈 '박현숙'

박현숙(朴賢淑, 1896.10.17.~1980.12.31.)지사는 평양에서 아버지 박정규와 어머니 최광명의 8남매 가운데 둘째로 태어났다. 일찍부터 자녀교육에 힘쓴 부모덕에 숭의여학교에 입학한 박현숙 지사는 마침 이곳에서 투철한 민족교육에 힘쓰던 김경희 선생과 황애시덕 선생을 만나 항일의식을 싹틔웠다. 박현숙 지사는 전주 기전여학교에 교사로 부임하여 교내에 송죽결사대 지부인 공주회를 조직하고 황애시덕에 이어 제3대 회장에 뽑혀 이 모임을 이끌었다.

▲ 박현숙 지사

1919년 3·1만세운동 때에는 평양에서 여성만세운동을 주도하다가 일경에 잡혀 징역 1년을 선고받았다. 평양형무소에서 복역 중 병으로 출옥하자 다시 비밀결사인 대한애국부인회의 결성에 참가하여 독립운동자금을 임시정부에 송금하는 등 독립운동에 주력했다. 1927년 근우회(槿友會) 중앙집행위원, 1953년 대한부인회 최고위원을 지냈으며, 숭의여자중고등학교를 설립 이사장으로 여성운동과 교육사업에 헌신했다.

※ 박현숙 지사 1990년 애국장 추서

* 박현숙(朴賢淑)지사와 동명이인인 또 한 분의 여성독립운동가 박현숙(朴賢淑, 1914~1981, 애족장) 지사는 1929년 11월 3일, 광주학생운동에 관여한 분이다.

2) 대한민국애국부인회(서울 중심)

대한민국애국부인회의 전신인 혈성단애국부인회(血誠團愛國婦人會)는 1919년 3월 중순, 오현주(훗날 변절)·오현관·이정숙 등이 3·1만세운동 투옥지사에 대한 옥바라지를 목적으로 조직한 단체다. 같은 해 4월에는 최숙자·김희옥 등이 대조선독립애국부인회를 조직하였다. 두 부인회는 그해 6월 임시정부에 대한 군자금 지원을 위해 통합하였으나 활동이 부진해지자 정신여고 출신의 김마리아를 주축으로 재정비하였다. 종전의 애국부인회는 주로 군자금을 모금하여 임시정부에 보내는 일이 중심이었으나 새로 출발한 대한민국애국부인회는 서울에 본부를, 지방에 지부를 조직하고 본부 부서를 대폭 개편하였다. 대한민국애국부인회는 종래에 없던 적십자부장과 결사부장을 각 2명씩 두어 일본과의 독립전쟁에 철저히 대비하기 위한 전열을 가다듬었다.

새로 정비된 체제를 보면 본부에는 회장 김마리아, 부회장 이혜경, 총무 황애시덕, 재무장 장선희, 적십자부장 이정숙·윤진수, 결사부장 백신영·이성완, 교제부장 오현주(훗날 변절), 서기 신의경, 부서기 김영순 등이 배치되었다. 한편 지부는 서울·대구·부산·흥수원·재령·진남포·원산·기장·영천·진주·청주·전주·군산·황주·평양 등에 설치하고, 각 지부에도 결사대를 두었다. 대한민국애국부인회는 부인들을 각성시켜 국권과 인권의 회복을 목표로 하였으며, 국민 된 의무를 다하고 공화국 국헌을 확장하려고 하였다. 이처럼 대한민국애국부인회는 민주주의 이념의 확고한 기초 위에서 항일독립운동을 추진하였다. 그리고 활동한

▲ 애국부인회사건으로 옥고를 겪은 여성독립운동가들,
   1.김영순 2.황애시덕 3.이혜경 4.신의경 5.장선희 6.이정숙 7.백신영 8.김마리아 9.유인경

지 1~2개월에 약 6,000원이라는 거액의 군자금을 모아 상해 임시정부
로 보내는 성과를 거두었다. 또한 두 달 만에 백 수십 명의 회원을 모았
는데, 교회지도급 여성과 여교사·간호사 등이 주축을 이루었다. 그 가
운데 간호사가 가장 많았던 것은 일본과의 독립전쟁에서 부상자를 간
호하기 위한 의지의 발로였다고 볼 수 있다.

  3·1 만세운동 이후 조국광복과 민족의 영원한 자유를 얻기 위하여
일본과 독립전쟁을 쟁취하는 것은 당시 민족 지도자라면 누구나 품고
있는 꿈으로 대한민국애국부인회는 이러한 신념을 바탕으로 이 단체를
꾸려 나갔다. 그러나 불행하게도 대한민국애국부인회 활동이 활발하던
1919년 11월, 오현주 회원의 변절로 서울과 지방의 간부 및 회원들이
경상북도 고등계 형사들에 의해 일제히 체포되어 대구경찰로 잡혀갔다.
그러잖아도 여성들의 활동을 감시하며 호시탐탐 이들의 검거에 혈안이

되어 있던 일경에게 오현주의 밀고는 치명적인 결과를 초래했다. 대구 경찰서로 잡혀간 대한민국애국부인회 회원들은 무려 52명이었으며, 그 가운데 43명은 불기소로 풀려나고 김마리아 등 9명은 기소되어 김마리아, 황애시덕은 징역 3년, 이정숙·장선희·김영순은 징역 2년, 유인경·이혜경·신의경·백신영은 징역 1년을 선고받고 옥고를 겪었다.

변절자 오현주의 애국부인회 밀고[27]

오현주와 오현관은 자매로 처음에는 혈성단부인회를 만들어 독립운동의 선봉자로 앞 대열에 섰던 인물이다. 그러나 오현주가 결혼한 뒤, 체육인이었던 남편 강낙원이 상해, 만주, 연해주 등을 돌아보고 돌아와서는 오현주에게 독립될 가망이 없으므로 활동에서 손을 떼고 자신들의 안위를 위해 부인회를 밀고할 것을 지시했다. 또한 이 상황을 타계할 대구의 형사 유근수를 불러 조선총독부 경무국장 아카이케 아츠시를 만나게 했고 오현주는 애국부인회의 활동 방향을 바꿀 것을 지시받게 된다. 이로써 동료들을 밀고하는 대가로 오현주 자매와 강낙원은 안전을 보장받게 되었다. 1919년 11월 28일 김마리아와 정신여학교 11명을 비롯한 부인회 구성원 70명이 검거되었으며 비밀결사 청년외교단 구성원 10여 명도 체포되었다. 체포된 이들은 모두 대구경찰서로 압송되어 심한 고문을 당했고 특히 이때의 고문으로 김마리아는 코와 귀의 화농병을 입었을 뿐더러 고문 과정에서 머리를 심하게 다쳐 의식이 불분명한 상태에 놓이기도 했다. 한편, 결사부장이자 부산지부장인 백신영은 위장 손상으로 아무 것

27) '친일파되어 여생을 누리다' 임경석 성균관대 사학과 교수 글 참조 〈한겨레21〉, 2018.2.6.

도 먹지 못해 빈사 상태로 재판을 받았고 서울지부장 이정숙은 발의 동상으로 진물과 통증이 심해 제대로 걸을 수 없을 정도로 건강이 악화되었다. 이 상황에서 오현주도 조사를 받았으나 하루만에 풀려났고 남편 강낙원과 언니 오현관도 마찬가지였다. 이후 오현주 부부는 밀고의 댓가로 원서동 196번지에 크고 넓은 집을 사서 편한 여생을 보냈다.

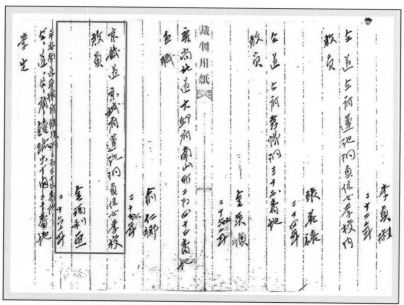

▲ 대한애국부인회 회장 김마리아의 판결문(대구지방법원.1920.6.29.),
   이정숙, 장선희, 유인경 등의 동료 이름도 보인다.

● 대한민국애국부인회에서 활약한 여성들

가. 피로써 대한의 독립을 맹세한 나이팅게일 '이정숙'

이정숙(李貞淑, 1896.3.9.~1950.7.22.)지사는 함경남도 북청에서 태어나 1919년 3·1만세운동 당시 스물세 살로 정신여학교를 졸업한 뒤 세브란스병원 간호사로 일했다. 이정숙 지사는 세브란스병원에 있으면서 3·1만세운동 당시 검거된 투옥 지사들의 옥바라지와 그 가족들을 후원할 목적으로 '혈성단'을 조직하였다. 이 단체는 혈성애국부인회(1919)로 확대되었다. 한편, 혈성애국부인회 외에 이정숙 지사가 참여한 독립운동 단체는 대한민국애국부인회(1919), 대한적십자회(1919), 조선여성해방동맹(1925), 경성여자청년회(1925) 등으로 이들 단체의 핵심요원이 되어 독립운동 활동에 적극적으로 참여하였다. 이정숙 지사는 간호사 신분으로 옥중에서 고통 받는 독립운동가들의 건강을 지키기 위해 사식을 제공했을 뿐만 아니라 순국한 독립운동가의 유족을 돌보는 일에도 발 벗고 나섰다. 이정숙 지사는 애국부인단 사건으로 대구 감옥에서 3여 년간 옥고를 겪었다.※ 이정숙 지사 1990년 애족장 추서

나. 수예품 만들어 군자금 마련한 '유인경'

유인경(兪仁卿, 1896.10.20.~1944.3.2.)지사는 경상북도 성주 출신으로 1919년 비밀결사 조직인 대한민국애국부인회에 가입하여 거창·밀양·통영을 맡는 대구지부장으로 활동하였다. 대한민국애국부인회

는 대한민국청년외교단과 함께 임시정부 국내 연통부(聯通府)의 역할을 대행하였으며 본부와 지부를 통해 대한적십자회(大韓赤十字會) 대한총지부(大韓總支部)의 활동을 수행하였다. 유인경 지사는 독립운동자금 모집에 힘써 6천원의 군자금을 모아 임시정부에 송금하였다. 이와 같은 활동을 펴던 중 동지 오현주의 밀고로 1919년 11월 일경에 잡혀 1920년 12월 대구복심법원에서 징역 1년형을 선고받고 옥고를 겪었다. 유인경 지사는 조국 광복을 눈앞에 둔 1944년 3월 2일, 48세를 일기로 생을 마감했다.   ※ 유인경 지사 1990년 애족장 추서

다. 병약한 몸 이끌고 독립의 노래 부른 '신의경'

신의경 (辛義敬, 1898.2.21.~1997.8.11.)지사는 정신여학교 교사로 있던 1919년, 비밀결사 조직인 대한민국애국부인회에 가입하여 독립운동을 폈다. 신의경 지사는 일경에 잡혀가기 일주일 전에 어머니에게 "어머니 지금 우리는 세계열강에 독립을 호소하고 나라를 찾을 때입니다. 국민 모두 죽음을 두려워하지 말고 나서야 합니다."라고 말할 정도로 독립투쟁에 대한 신념이 투철했다. 어릴 적부터 유달리 병치레가 잦던 외동딸 신의경 지사가 애국부인회 일로 잡혀 들어가자 어머니와 할머니의 충격은 이루 말할 수 없이 컸다. 특히 정신여학교 교감이던 어머니 신마리아 여사는 금지옥엽으로 키운 외동딸 신의경 지사와 사랑하는 제자들이 당신이 보는 앞에서 잡혀가는 것을 보고 큰 충격을 받았다. 이 일 때문이었는지 아직 신의경 지사가 대구감옥소에 수감 중이던 1921년 6월 24일 어머니는 49세로 세상을 떴다. 신의경 지사는 1919

년 11월, 일경에 잡혀 1920년 6월 대구지방법원에서 징역 1년형을 선고받고 옥고를 겪은 뒤 출소하는 날 어머니가 숨진 것을 알고 실신하였다. 그러나 신의경 지사는 이러한 고난을 극복하고 굳은 신앙심으로 자신에게 주어진 길을 꿋꿋이 걸어 나갔다. 훗날 당시의 심정을 이렇게 말했다. "우리 어머니가 부유한 재산을 남겼더라면 다 방종했을 것이다. 일찍 어머니를 잃은 우리들은 갖가지 시련을 감내해야 했다. 어머니가 남기신 것은 자립심과 백절불굴의 정신이었다."

※ 신의경 지사 1990년 애족장 수여

라. 마전골 귀한 딸 고문 견디며 나라 지킨 '김영순'

김영순(金英順, 1892.12.17.~1986.3.17.)지사는 서울 종로구 마전골에서 아버지 김원근, 어머니 전준경의 3남매 가운데 외동딸로 태어났다. 정신여학교를 졸업한 김영순 지사는 군산의 멜본딘여학교에서 교편을 잡다가 1917년 스물다섯 살 때 모교인 정신여학교로 돌아와 기숙사 사감이 되었다. 고종황제의 국장일인 1919년 3월 3일을 앞둔 3월 1일 낮 1시, 학생들은 형겊 띠를 허리에 두르고 파고다 공원으로 몰려들었다. 이곳에는 정신여학교 학생을 비롯하여, 숙명, 이화, 진명 등 학생 4천여 명이 모였다. 학생들의 자발적인 만세시위에 기숙사 사감이던 김영순 지사도 격려하며 합세했다. 이날 만세시위로 정신여학교 학생 70여명이 잡혀 들어갔고 김영순 지사는 이들을 위해 사식을 날마다 넣어주며 뒷바라지를 했다. 1919년 9월 비밀결사 조직인 대한민국애국부인회가 결성되어 김마리아·황애시덕을 중심으로 결사부(決死部)·적십자부(赤十字部)를 신설하고 항일독립전쟁에 대비한 체제로 조직을 꾸렸는데 이때 김영순 지사는 서기로 활동하였다. 그러나 이 과정에서 일경에 잡혀 1920년 12월 대구복심법원에서 징역 2년형을 선고받고 옥고를 겪었다.

※ 김영순 지사 1990년 애족장 추서

3) 대한애국부인회(평양 중심)

대한애국부인회는 평양에서 장로교계 부인회와 감리교계 부인회 이름으로 각각 임시정부를 지원하는 활동을 하고 있었는데 임시정부의 권유에 따라 1919년 11월, 대한애국부인회로 통합되었다. 이에 앞서 장로교계 애국부인회는 1919년 6월 하순 한영순 지사를 중심으로 뭉쳐 부인들도 남자와 같이 독립을 위해 일어나야 한다고 선언하였다. 한영신 지사는 "금일의 시세는 남자에게만 독립운동을 맡기고 부인이라 해서 수수방관함은 동포 의무에 어긋날 뿐 아니라 남자에 대해서도 수치다. 그런고로 우리 부인은 애국부인회를 조직하여 조선독립을 위해 노력하여야 한다" 라는 내용으로 부인들의 궐기를 북돋웠다.

연합 과정에서 ① 본부는 평양에 두고 지회는 각지에 둔다. ② 본부의 임원은 양쪽 부인회에서 공평하게 선임한다. ③ 기존 각 부인회는 모두 지회로 한다. ④ 지방교회 부인 유지를 권유하여 지회를 설치한다. ⑤ 회비 외로 군자금을 모집한다. 등의 사항에 대해 협의하였다. 대한애국부인회 총재는 오신도, 회장은 안정석, 부회장은 한영신이었다.

이들은 동지를 모으고 지회를 증설하였으며, 군자금을 모아 임시정부에 송금하는 등 항일사상을 드높이는 일에 적극적으로 뛰어들었다. 그러던 중 1920년 10월 15일, 금산지회장 송성겸이 군자금 송금 중 붙잡혀 관련인 106명이 검거되고 말았다. 1921년 2월 24일 평양 복심법원은 박승일 징역 3년, 최매지·안애자·양진실·김성심·김용복·이겸량 등에게 각각 징역 2년 6월, 안정석에게 2년, 박현숙에게 1년 6월, 오신도에게 징역 1년을 선고하였다.

● 대한애국부인회(평양 중심)에서 활약한 여성들

가. 칠순 노구로 독립을 목청껏 외친 '오신도'

오신도(吳信道, 1852.4.18.~1933.9.5.)지사는 평안남도 평양 출신으로 3·1만세운동 직후 독립운동에 깊이 관여하였다. 오신도 지사는 대한애국부인회에서 68세라는 고령에 총재로 추대되어 평안남도 일대에서 조직을 확대하고 군자금을 모으는 일에 앞장섰다. 당시 대한애국부인회는 평양·진남포·강서·함종·증산 등에 7개 지회가 있었고, 회원은 모두 100여 명이었다. 오신도 지사는 이 일로 붙잡혀 1921년 2월 23일 평양지방법원에서 1919년 제7호(정치범처벌령) 위반으로 징역 1년을 선고받고 평양형무소에서 옥고를 겪었다. 이날 판결을 받은 사람가운데 가장 나이가 많은 이는 오신도 지사였다. 출옥 뒤 오신도 지사는 아들이 있는 중국 길림으로 망명하였는데 이때 아들 손정도(1962년 독립장) 목사는 임시정부를 떠나 길림에서 만주 각지에 흩어져 있는 무장 독립단체들과 긴밀한 연락을 하면서 독립운동을 하고 있을 때였다. 그러나 독립운동에 앞장서서 활약하던 아들 손정도 목사가 과로로 건강을 해쳐 50세로 숨을 거두자, 오신도 지사는 고향인 평양으로 돌아와 81세를 일기로 생을 마감했다.　　　　　※ 오신도 지사 2006년 애족장 추서

나. 군자금 모아 광복 꽃피운 '한영신'

한영신(韓永信, 1887.7.22.~1969.2.20.)지사는 평안북도 신의주 출신으로 1919년 6월 평양에서 김용복·김보원·김신희 등 장로파 부인 신도들과 함께 애국부인회를 조직하고 대한애국부인회 회장으로 활약하였다. 대한애국부인회는 8백 원의 군자금을 모금하여 임시정부에 보내는 등 활발한 활동을 폈으나 1920년 10월 단체가 일경에 들켜버리

▲ 한영신 등 평양애국부인회 세명의 판결 기사(동아일보.1921.4.7.)

는 바람에 한영신 지사도 잡혀 들어가 1심에서 징역 2년 6월을 받고 공소했다. 그러나 평양복심법원에서 오히려 6개월의 형량이 늘어난 징역 3년을 선고받았다. 한영신 지사는 출옥 뒤 평양여자신학원에서 교사로 근무하는 한편 전국기독교 부인전도회 회장을 맡아 전도사업을 벌이다가 일제의 탄압 때문에 회장직을 사임하였다. 이후 일제의 주요 감시대상으로 평생 어려움을 겪었다.　　※ 한영신 지사 1995년 애족장 추서

다. 비밀결사대 송죽회를 이끈 치과의사 '최매지'

최매지(崔梅智, 1896.5.6.~ 1983.11.7.)지사는 최금봉(崔錦鳳)이 본명이지만 매지(梅智)라는 이름으로 더 알려졌다. 또한 독립운동가보다는 최초의 여자 치과의사로 알려져 있다. 최매지 지사는 교육열이 높은 가정에서 자랐으며 1916년 일본 히로시마고등학교를 졸업하고 스물두 살 때인 1918년 삼숭소학교 교사로 부임했다. 그곳에서 비밀결사대인 송죽회에 가입하여 황애시덕, 김경희 등과 함께 항일독립운동에 적극적으로 참여하였다. 송죽회는 1913년에 결성된 철저한 여성 항일 비밀결사조직으로 망명지사의 가족을 돕고 독립군의 자금 지원과 실력 함양을 장려하기 위한 목적으로 설립된 단체로 1916년 송죽회가 지방조직을 결성할 때 진남포지역 책임자로 뽑혀 조직 확대에 힘썼다. 한편, 최매지 지사는 치과병원을 운영하면서 주민들을 위한 무료진료 활동을 펴는 등 독립운동과 함께 의술을 베풀었다.

※ 최매지 지사 1990년 애국장 추서

4) 대한민국애국부인회(상해 중심)

대한민국애국부인회는 1919년 10월 13일 중국 상해에서 조직된 단체로 상해애국부인회라고도 불렀다. 이들은 조국의 3·1만세운동에서 여성들의 눈부신 소식을 전해 듣고 독립문제를 함께 풀어나가야 한다는 생각에서 상해 교민여성들을 중심으로 이 단체를 조직했다. 회장에 이화숙, 부회장 김원경, 총무 이선실, 서기 이봉순·강현석, 회계 이메리·이교신 등이 맡았으며 임시정부의 측면 지원 활동에 앞장섰다. 그러나 1920년대 후반 일제의 감시와 탄압으로 임시정부의 활동이 위축되자 상해애국부인회의 활동도 미약해졌다. 그러다가 1943년 2월 23일, 중경에서 각계 여성 50여 명이 애국부인회 재건대회를 열었고 이때 주석에 김순애, 부주석에 방순희, 그 밖에 조직·선전·사교·훈련·서무·재무 부서를 만들어 활동하였다. 이들은 정치·경제·사회·문화 여러 분야에서 남녀 간에 실질적으로 동등한 권리와 지위를 누리는 민주주의공화국 건설에 적극 참가하여 공동 분투하겠다는 7개 항의 남녀동권향유강령을 반포하여 활동하였다.

【남녀동권향유강령 7개항】

1. 국내외 부녀를 총 단결하여 전민족해방운동 및 남자와 일률 평등한 권리와 지위를 향유하는 민주주의 신공화국 건설에 적극 참가하여 공동 분투하기로 함.

2. 혁명적 애국 부녀를 조직 동원하여 국내외 전체 부녀동포의 각성

과 단결을 촉성하며, 나아가 전민족의 총단결과 총동원을 실시하기 위하여 노력하기로 함.

3. 전민족해방운동을 총 영도하는 혁명적 권력 구조인 대한민국임시정부를 적극 옹호함.

4. 부녀의 정치·경제·교육·사회상 권리 및 지위 평등을 획득하기에 적극 분투하기로 함.

5. 부인의 정치·경제·지식의 보급 향상과 문맹퇴치 및 문화수준의 제고와 특히 아동 보육사업에 노력함.

6. 직업상 부녀의 권리 및 지위의 남녀평등과 특별 대우 향유의 획득에 노력함.

7. 전세계 반파시스트 부녀의 국제적 단결을 공고히하여 전세계 부녀의 해방과 전인류의 영원한 평화와 행복을 쟁취하기 위하여 공동 분투하기로 함.

● 상해애국부인회에서 활약한 여성독립운동가들

가. 최후 1인까지 불사하자 외친 '이화숙'

이화숙(李華淑, 1893~1978)지사는 1919년 10월에 상해에서 조직된 상해애국부인회에서 회장을 맡아 활약했다. 서울이 고향인 이화숙 지사는 신마실라, 김앨리스와 함께 1914년 제1회 이화학당 대학과 졸업식을 마친 한국 여성 최초의 학사 출신이다. 이후 3·1만세운동이 일어날 때까지 이화에서 교편을 잡고 있었다.

3·1만세운동 뒤 이화숙 지사는 조선독립운동을 위해 한성정부 발기인 30명에 참여했다. 그 뒤 상해로 망명하여 임시정부에서 활동했다. 1919년 7월, 임시정부의 후원단체인 대한적십자회의 상의원(常議員)으로 뽑혔으며, 9월에는 임시정부 국무원 참사(參事)로 임명되어 활동하였다. 그 뒤 상해에서 동료의 소개로 미시건주 디트로이트에서 사업을 하는 독립운동가 정양필(1995년 애족장) 선생과 사진 신부로 혼인한 뒤 1920년 9월 미국으로 건너갔다. 한편 시아버지 정순만(1986년 독립장) 선생은 한국독립운동사에서 '삼만(정순만, 박용만, 이승만의 끝 자인 만을 따서)'의 한 사람으로 불릴 정도로 독립운동에 큰 공을 세운 분이다.

이화숙 지사는 미국 디트로이트에서 조국의 독립을 돕기 위한 한인 여성클럽을 조직했다. 남편 정양필 선생은 1942년 12월, 북미 대한인 국민회 디트로이트 지방 총회 회원으로 활동했으며 1942년 1월부터 6월까지 여러 차례에 걸쳐 군자금을 제공하는 등 부인 이화숙 지사와 함께 평생을 조국의 국권 회복 운동을 위해 헌신했다.

※ 이화숙 지사 1995년 애족장 추서

나. 희망의 조선 혼을 심어준 애국 교육자 '김순애'

김순애(金淳愛, 1889.5.12.~1976.5.17.)지사는 임시정부의 외교무대에서 활약한 김규식(1989년 대한민국장) 선생의 부인으로 1943년 2월 23일, 중경에서 재건한 애국부인회 회장을 맡아 활약했다. 본적이 황해도 장연인 김순애 지사는 고향에서 송천소학교를 마치고 1909년

6월 정신여학교에 진학하였다. 학업을 마친 뒤에는 부산의 초량소학교에서 교편을 잡고 학생들에게 조선의 역사와 지리를 몰래 가르치다가 일경의 감시를 받게 되자 오라버니 김필순과 함께 1912년에 만주 통화현으로 망명하였다.

▲ 김순애 지사

이후 상해로 옮겨 대한애국부인회(1919년 6월)를 조직하여 나라 안팎의 여성단체와 연계하면서 부녀자 계몽, 태극기 제작, 보급 등 애국심을 드높이는 데 앞장섰다. 또한, 이듬해 1월에는 한인 동포들의 자치와 친목 단체인 대한인거류민단(大韓人居留民團)의 간부를 맡아 독립운동을 비밀리에 후원하였다. 또 손정도·김구·윤현진 등과 함께 임시정부의 외곽단체인 의용단(義勇團)을 조직하고 〈독립신문〉의 보급, 독립사상 심기, 임시정부의 독립공채 모집, 독립운동 자금을 모금하는 등 임시정부를 적극적으로 도왔다. 1940년 임시정부가 중국 국민정부를 따라 중경으로 옮겨가자 중경에 있던 각계 한인 여성 50여 명을 모아 애국부인회 재건대회를 열고 1945년 광복까지 임시정부 회계검사원으로 활약했다. 1945년 11월 23일 김구·김규식 등 임시정부 요인들과 함께 귀국한 이래 일제의 탄압으로 폐교된 정신여중·고의 재건을 위해 힘썼으며, 1956년에는 정신여중·고 재단이사로 취임하는 등 교육운동에 이바지했다.

※ 김순애 지사 1977년 독립장 추서

5) 대한국민회부인향촌회(평남 순천)

대한국민회부인향촌회는 상해 임시정부를 지원할 목적으로 1919년 10월 9일, 평안남도 순천군 제현면 문창리에서 예수교 장년부인 중심으로 조직되었다. 예수교 전도사 윤찬복·최복길이 1919년 8월, 평양 경창리 예수교신학교 기숙사에서 대한국민회 총무 박승명으로부터 대한국민회의 향촌회 조직 권유를 받고, 이에 찬동하여 중견 기독교 여성 14명이 창립한 것이다. 이에 앞서 대한국민회의 결성은 3·1만세운동 이후 독립운동계의 관심이 전반적으로 파리 강화회의 등과 같은 국제외교에 집중되고 있던 1919년 7월 무렵, 기독교 장로인 박승명과 김흥건 등에 의해 계획되었다. 이들은 외세에 의존하여 독립이 실현된다면 그것은 결국 또 다른 외세의 지배를 초래하게 되는 것임을 인식하고 독립은 오직 자력에 의한 길만이 진정한 독립이라는 인식 아래 대한국민회를 창립하였다. 평남지역에 뿌리를 내린 대한국민회는 같은 해 9월 중순 평양신학교 지하실에서 평안남도대회를 열고 상해의 임시정부에 대한 지원을 목적으로 하고 조직을 정비해 갔다. 대한국민회의 '규칙'에 따르면, 대한국민회는 본부인 국민총회 아래 군(郡) 단위에 설치하는 군회(郡會)와 리(里)단위의 향촌회(鄕村會) 등 크게 세 단계로 구분했다.

향촌회는 1백호 이상의 구역에서 20인 이상의 회원 가입이면 성립할 수 있게 되었고, 군회는 향촌회에서 선출된 총대(總代)가 모여 성립하고 이러한 전국의 군회를 국민총회가 통괄하는 형식을 취하였다.[28] 대한국민회부인향촌회는 대한국민회 순천군회(順天郡會)[29] 하부조직으로 회장 윤찬복, 회계 최복길·정찬성·김화자가 선임되었다. 회원은 각기 4원의 회비를 납부하여 그중 1원은 향촌회 비용으로 충당하였으며, 나머지는 군자금으로 임시정부에 송금하였다. 이후 이 단체는 임시정부 요원 차경신을 통해 군자금 160원을 송금하는 등 활발한 활동을 이어가다가 1921년 2월 27일, 일경에 발각되어 회원 모두가 검거되었다. 검거 당시 회원의 평균연령은 45세이며, 가장 적은 나이는 25세, 가장 많은 나이는 66세였다.

● 대한국민회부인향촌회 회장으로 활약한 '윤찬복'

윤찬복(尹贊福, 1868.1.5.~1946.6.19.) 지사는 평안남도 순천 출신으로 대한국민회부인향촌회에서 회장으로 활약하였다. 기독교 전도사였던 윤찬복 지사는 대한국민회 총무 박승명으로부터 부인향촌회 조직을 권유받고 대한국민회부인향촌회를 조직하여 활동하던 중 1921년 1월 조직이 노출되어 회원 등과 함께 모두 구속되었다. 이와 관련하여 1921년 2월 28일, 조선총독부 경무국장은 '대한국민회부인향촌회검거

---

28) 張錫興 '大韓國民會 研究'《한국독립운동사연구》제4집 (1990. 11), 독립기념관한국독립운동사연구소, 170쪽

29) 순천군회(順天郡會)는 회장 정석종, 부회장 최봉환, 회계 이중철이 맡았다. 張錫興 '大韓國民會 研究' 위 책 176쪽

건(大韓國民會婦人鄉村會檢擧件)'이라는 이름으로 이 사건을 내각총리 대신을 비롯하여 경찰총감, 경시총감, 관동군사령관(關東軍司令官), 각 법원장, 봉천, 길림, 하얼빈, 천진, 상해는 물론이고 간도각영사(間島各 領事) 앞으로 타전했다. 이로써 조선총독부가 조선 내의 항일조직 단체 의 움직임에 촉각을 세우고 있음을 알 수 있으며 해당 독립투사들을 요 주의 인물로 별도로 관리하여 운신의 폭을 좁게 만들었음을 알 수 있 다. 조선총독부의 감시는 일본 쪽 기록인 고경 제5846호(高警第五八四 六號)[30] 등에 자세히 나와 있다. 이 일로 윤찬복 지사는 평양지방법원 에서 징역 3년을 선고받고 옥고를 겪었다.

※ 윤찬복 지사 1990년 애족장 추서

6) 대한부인청년단(평남 대동)

대한부인청년단은 1919년 8월, 평안남도 대동에서 조직되었던 여 성독립운동 단체로 대한독립부인청년단이라고도 하였다. 상해 임시정 부 요원 곽치문(1991년 애국장)지사의 부인 박치은 지사가 여자도 남 자와 동등하게 독립운동을 하여야 한다는 생각으로, 평안남도 대동군 임원면에 있는 북장로교 경영의 사립학당 교사 추도일과 의논한 끝에 찬동을 얻어 동지를 모아 조직하였다. 박치은 지사는 신앙이 독실하고 열성적이며 유망한 교육자인 추도일을 단장으로 추대하고 자신은 부단

---

30) 《한국독립운동사자료》 38권 종교운동편, 國內·中國東北地域 宗教運動, '大韓國民會婦人鄉 村會檢擧ノ件' 참조

장직을 맡았으며, 회원은 강희성 외 13명이었다. 이 단체는 군자금을 모금하여 상해 임시정부에 보내고 국외독립운동요원이 밀입국하여 활약하게 될 때 여비 및 숙식의 편의를 제공하고, 투옥된 애국지사와 그 가족들에 대한 구호사업 등을 펼쳤다. 그러나 1921년 4월 추도일의 집에서 동지들과 독립운동에 관한 비밀협의를 하다가 일경에 붙잡혀 단장인 추도일과 부단장인 박치은 지사는 각각 징역 2년형을 선고받았다.

● 핏덩이 남겨두고 독립의 깃발을 높이든 '박치은'

박치은(朴致恩, 1897.2.7.~1954.12.4.)지사는 평안남도 평양부 임원면 청호동(현 평양직할시 대성구역 청호동) 출신으로 대한부인청년단을 조직하고 부단장을 맡아 주도적으로 활동하다가 일경에 잡혀 1922년 4월, 평양복심법원에서 징역 2년형을 선고받고 옥고를 겪었다. 박치은 지사는 태어난 지 한달 밖에 안 된 핏덩이를 두고 잡혀왔는데 아기를 데리고 감옥 밖에 면회온 친척이 잠시 젖을 먹이게 해달라고 애원했지만 형사들은 "못된 짓만 하고 돌아다니는 년이 새끼 귀한 줄은 아느냐?"며 허락하지 않았다. 3일 동안 유치장 밖에서 애걸복걸해 보았지만 일경은 이들의 면회를 허락하지 않았다. 결국 핏덩이 아기는 어미젖도 먹지 못한 채 숨을 거두었다. 더욱 비극적인 것은 남편 곽치문 지사와 함께 감옥에서 옥고를 겪는 동안 집에 남은 어린 4형제 중 그만 두 자매가 병사하고 말았다. 이후 출옥하여 겨우 살아남은 어린 두 딸과 재회했지만, 불행은 이어져서 남편 곽치문 지사 역시 복역 중 고문으로 옥중 순국하는 비운을 온몸으로 겪어야 했다. ※ 박치은 지사 1990년 애족장 추서

1920년대
여성독립운동

1920년대의 여성독립운동은 크게 제3기 곧, 제1기 1920년~1923년, 제2기 1924년~1926년, 제3기 1927~1930년까지로 나눠볼 수 있다. 이 시기의 특징은 3·1만세운동 이후 대한민국임시정부를 세우고 만주와 연해주에서 독립전쟁이 전개되어 청산리전투를 비롯한 수많은 크고 작은 독립전쟁을 치르던 시기다. 1920년대 들어 여성들이 조직을 갖춘 본격적인 독립운동에 참여할 수 있었던 것은 이미 19세기에 선교사들이 세운 여학교에서 신학문을 통해 민족의식 역량 교육을 받았기에 가능한 일이었다. 1920년대 여성독립운동의 특징은 제1기인 1920년에서 1924년까지는 주로 교육을 통한 여성의 지위 향상을 꼽을 수 있는데 이는 기독교, 불교, 천주교 등 종교와 관련된 민족운동 시기이기도 하다. 제2기인 1924년에서 1926년까지는 사회주의 사상이 바탕을 이룬 시기였으며 제3기는 민족운동과 사회주의가 통합된 성격의 근우회 활동 시기로 꼽을 수 있다.

1927년에 창립한 근우회는 1927년 5월 27일, YMCA 강당에서 회원 150명, 방청객 1천여 명의 참석 아래 유각경의 사회로 창립선언을 하고 본격적인 활동에 들어갔다. 이에 앞서 1919년 3·1만세운동 직후에 조직되어 활약한 대부분의 여성독립운동 단체들은 일제의 탄압으로 상당수가 체포·구금되어 그 조직들이 와해 수준에 이르렀다. 그러나 여성들의 조국광복에 대한 투철한 정신은 꺾이지 않고 1920년대에도 다양한 형태로 이어졌다. 이 시기의 여성독립운동은 교육 운동, 민족경제 진흥 운동, 종교계 단체를 통한 신앙 운동, 생활 향상 계몽운동 등의 성격으로 각각 펼쳐졌다.

1. 1920~1923년대 여성독립운동

1) 서울의 독립운동 단체

가. 조선여자교육협회

1920년대 여성 계몽 교육운동을 선도한 서울의 대표적 여성단체로는 조선여자교육협회, 조선여자청년회, 반도여자청년회 등을 들 수 있다.[31] 먼저 조선여자교육협회는 차미리사 지사가 1920년 4월, 서울 종교예배당에 부녀자 야학회를 시작한 것에서 비롯된다.[32] 차미리사 지사는 중국을 거쳐 미국으로 유학한 뒤 귀국, 배화여학교 교사가 되었고 이후 조선여자교육협회를 세웠다. 당시 학생은 18명으로 이들은 두 반으로 나눠 날마다 2시간씩 주 4일간 조선어·산술·글씨·도화(그림)를 배웠다. 학생들은 주로 취학의 기회를 잃고 정규학교 교육을 받기 어려

---

31) 《신편한국사》 49권, '서울의 여성계몽교육운동', 국사편찬위원회, 1993~2002, 271쪽.
32) '여자교육회', 동아일보. 1920. 4. 23.

운 가정부인들이었다. 개강 초에 18명이던 학생 수가 1주일 후에 약 50명으로 늘어났고, 한 학기가 끝난 새 학기 초에는 150~160명으로 늘어났다. 이들 가운데 일부는 신학문을 익힌 남편에게서 무시를 당하거나 이혼당한 사람들도 꽤 많았다. 열악한 환경이지만 이들의 학업에 대한 욕구는 매우 컸다. 차미리사 지사는 여성 계몽교육을 실시하는 한편 김선·이은·백옥복·허정자·김순복·김은수 등 청년 여성들을 조직하여 전국 순회 강연을 시켰다. 84일 동안 전국을 돌며 부녀자들의 정서 함양과 의식 개혁을 목표로한 강연이었다. 안성여자교육회의 경우 1921년 10월, 차미리사 지사의 초청 강연회 때 남녀 방청객이 무려 500~600명이 넘었다고 한다.

▲ 안성여자교육회에서 주최한 강연이 성황리에 열렸다는 기사 (동아일보.1921.8.13.)

"과거에는 여자가 교육을 받을 기회가 남자만 못하여 이로 인하여 능력상의 차가 변하여 정치상의 불평등을 이루었으나 현대에 이르러서는 정치상의 불평등도 차차 변하였으며 교육상의 불평 등이 대부분 제거되었으니 이것이 곧 장차 사회의 만민평등을 실현할 기초이다. 이러한 의미에 있어서 조선여자의 운동이 교육회로 시작한 것은 참으로 그

건전한 발달이 있는 것을 믿고 축하해마지 않는다."[33]

　　이와같이 차미리사 지사의 부단한 노력으로 조선여자교육회는
1921년 5월에 청진동에 회관을 마련하고 본격적인 활동에 들어갔다.
조선여자교육회의 교육 목표는 여성들의 자립생활 교육에 있었다. 이
를 위해 1인 1기의 실용·실천교육에 힘썼다. 그 실천 방법으로는 조선
여자교육협회 안에 양복과와 여자상업과를 설립하였는데 이는 덕성여
대의 전신인 근화여학교였다.

● 살되 네 생명을 살라던 덕성여대 설립자 '차미리사'

　　차미리사(車美理士, 1880.8.21.~1955.6.1.) 지사는 가난한 양반 가
문의 딸로 태어나 열일곱 살에 집안의 뜻에 따라 혼인하였으나 혼인한
지 2년 만에 남편과 사별하였다. 이후 기독교에 귀의하여 미국인 여선
교사를 통해 여성의 사회활동에 관심을 갖게 되었고 미국 유학길에 올
라 대동교육회와 대동보국회 발기인으로 참여하였다. 대동교육회는
1905년 12월 미국 캘리포니아주에서 조직된 항일민족교육단체로 청년
을 대상으로 해외유학생 양성과 서적 출간 등에 힘을 기울였다. 후에
이 조직은 대동보국회로 발전하였다. 미국에서 활약하던 차미리사 지
사는 1917년 미국선교회에서 파견하는 선교사 자격으로 귀국한 뒤 배
화여학교 교사로 지내면서 학생들에게 민족의식을 드높이는 일에 힘을
쏟았다. 3·1만세운동 이후에는 조선여자교육회를 조직해 활동하였다.

---

33) 차미리사 지사 강연, 동아일보.1921.10.10.

조선여자교육회가 여성의 교육과 생활개선을 목적으로 조직되자, 차미리사 지사는 이때부터 예배당을 빌려 여자 야학을 실시해 여성들의 문맹 퇴치와 계몽에 몸을 바쳤다. 또한 근화학원(槿花學院) 설립에 참여하였으며, 《여자시론》이란 잡지를 발행하는 데 크게 이바지했다.

▲ 차미리사 지사

차미리사 지사는 무궁화를 사랑해서 자신이 근무하는 학교 교정에 무궁화를 심었을 뿐만 아니라 자수 시간에도 무궁화를 수놓도록 했다. 광복 후에는 여성 고등교육기관 설립을 추진해 1950년, 덕성여자초급대학(현 덕성여자대학교)을 설립하였다.

※ 차미리사 지사 2002년 애족장 추서

나. 조선여자기독교청년회(한국YWCA)

조선여자기독교청년회는 1922년에 조선여자기독교청년회연합회라는 이름으로 출범했다. 이 단체는 현재, 기독교 민간단체 기독교여자청년회를 포함한 청년운동 및 여성단체로 한국YWCA연합회(Young Women's Christian Association of Korea) 곧 줄여서 한국YWCA라고 부른다. 한국YWCA는 남녀평등과 여성의 기본권, 사회적으로 불평등한 관습의 인식 타파를 위해 활동하였으며 여성들의 사회적 활동의 장을 폭넓게 제공했다. 이 조직은 영국에서 19세기 중반 근대 복음주의 기독교인들에 의해 결성된 이후 세계 각 지역으로 확대되었다. 한국에서는 김필례, 최용신 등이 일제강점기에 이 단체를 통해 독립운동에 뛰어들었다.

● 피폐한 농촌에 희망을 심은 '최용신'

최용신(崔容信,1909.8.12.~1935.1.23.)지사는 함경남도 덕원 출신으로 심훈의 소설 〈상록수〉의 모델로 나오는 실제 인물이다. 최용신 지사는 식민지 수탈로 피폐해진 농촌사회의 부응을 위해 농촌계몽 운동으로 일생을 바친 독립운동가다. 최용신 지사가 농촌 계몽운동에 몸을 바치기로 한 것은 1928년 함경남도 원산의 루씨여고보를 졸업하고 협성여자신학교에 들어가면서부터였다. 최용신 지사는 1931년 10월 경기도 안산 샘골(당시는 경기도 화성군 반월면, 泉谷)에 온 뒤 이곳에서 예배당을 빌려 한글·산술·재봉·수예·가사·노래공부·성경공부 등을 가

▲ 최용신 지사

르치기 시작했다. 예배당 야학은 최용신 지사가 샘골에 발을 들여놓은 지 일곱 달 만인 1932년 5월 정식으로 강습소 인가를 받았다. 8월에는 천곡학원(泉谷學院) 건축 발기회를 조직하고 그곳 유지와 YWCA의 보조로 새로운 교실을 짓기 시작하여 1933년 1월 15일 완공, 새 보금자리에서 가르칠 수 있게 되었다. 그러나 1934년부터 YWCA의 보조금이 끊어지고 천곡학원의 운영이 극도로 어려운 상황에서 최용신 지사는 학원을 살리려고 다방면으로 노력을 하던 중 1935년 1월 23일 과로로 쓰러져 숨을 거두었다. 최용신 지사 나이 스물여섯 살 때였다. 그의 장례식은 사회장으로 치렀는데 이날 무려 500여 명이 그의 상여를 따랐을 정도로 젊은 농촌계몽가이자 독립운동가의 죽음을 슬퍼하였다.

※ 최용신 지사 1995년 애족장 추서

다. 반도여자청년회

반도여자청년회는 1923년 9월 25일에 신숙경·이명순 외 6명의 발기로 광진부인회를 발기, 조직하고 주된 사업으로 광진여자강습소를 개설하여 학령이 지난 가정부인들의 교육을 맡았다. 광진부인회는 1925년 1월에 조직 이름을 반도여자청년회로 바꾸고 20세부터 회원으로 받아들이되 60세 이상의 나이라도 청년의 마음을 가지고 있는 의욕적인 부인들은 누구라도 받아들였다. 반도여자청년회는 회원의 모집과 관리를 할 사교부와 학원을 발전시킬 교육부를 두고 사업을 확대했다. 교육을 맡았던 광진여자강습소는 반도여자학원으로 이름을 바꿔 고등과·보통과·영어반을 두고 야학으로 운영하였다. 1925년 여름 큰 홍수로 수많은 수재민이 생겼을 때 반도여자청년회 회원 12명이 조선일보사 사원을 도와 뚝섬 피난민수용소에서 밥을 해 주기도 했다. 반도여자청년회 운영은 회원의 회비와 각계의 후원금으로 충당했으나 턱없이 모자라는 부분은 광진부인회를 세운 신숙경의 개인재산으로 충당했다. 신숙경은 혼인한 뒤 자식 없이 과부가 되자 자신의 전 재산을 바쳐 여자교육사업을 이어나갔다.

라. 조선여자청년회

여성의 문화향상을 촉진하고 생활제도를 개선하기 위하여 1921년 4월 18일 조직된 여성단체다. 발기인은 신알배터(申謁琲攄)·손정규·성의경·임영신·방무길 등이며, 신알배터가 회장으로 추대되었다. 회원은 주로 30대와 40대의 가정부인들로 구성되었다. 부녀들의 실과교육을 위하여 양말 제작 기계를 사서 양말생산을 하였다.

특히, 소박맞은 부녀들에게 생활 방도를 열어주기 위하여 조선여자학원을 설립하여 운동복·와이셔츠 등의 재봉교육을 하였다. 또, 안방에 갇혀 평생 바깥출입을 못 하는 부인들에게 세상 견문을 넓혀주고 의식을 일깨워주기 위하여, 〈조선일보〉의 후원을 받아 1924년 가을부터 부인견학단을 조직하여 매년 봄·가을로 토요일마다 은행·신문사·전기회사·조폐국 등을 견학하게 하였다. 이 부인견학단은 5, 6년간 계속되었으며, 약 50회에 가까운 행사를 열었다. 처음에는 200~300명으로 시작하여 가장 많을 때는 2,500여명을 넘기도 하였다. 1926년에는 부인계몽 교육을 위하여 양현여학교(養賢女學校)를 설립하여 유지들의 도움을 받아 무료교육을 하였다.

▲ 조선여자청년회 기사 (동아일보.1924.4.8.)

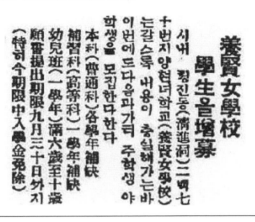

▲ 양현여학교 학생 추가 모집 기사(동아일보 1931.9.13.)

마. 대한기독교여자절제회연합회

대한기독교여자절제회연합회는 1923년 9월에 발족한 초교파적 기독교 여성단체다. 미국에서 윌라드(Willard, F. E.)를 중심으로 하여 조직된 세계기독교여자절제회(World Woman's Christian Temperance Union)의 협조로 유각경·최활란·홍에스더 등에 의하여 조선기독교여자절제회(대한기독교여자절제회연합회 전신)가 조직되었다. 설립 목적은 기독교 정신을 바탕으로 한 절제운동을 통하여 가정과 나라를 부유하게 하고, 사회악과 퇴폐풍조를 일소하여 새 나라와 새 사회를 건설하는 데 있다. 창립 직후 발기인을 중심으로 전국적으로 순회강연을 펼쳤고, 1924년 초대 회장에 홍에스더(1990. 애족장) 지사가 선출되었다. 1926년 전국 26개 지회를 조직하여 3,000여 명의 회원을 확보하고, 1930년 1월 기관지 《절제》를 창간하여 계몽 활동을 강화하였는데 이 일로 일제의 탄압을 받았다.

● 평양 양무학교 만세운동 홍일점 '이효덕'

이효덕(李孝德, 1895.1.24.~1978.9.15.)지사는 평안남도 용강군 삼화면 율하리 17번지에서 아버지 이인수와 어머니 박성일 사이의 6남 매 가운데 막내로 태어났다. 이효덕 지사 어머니는 어린 효덕에게 신학문을 가르치기 위해 아홉 살 되던 해 집에서 120리나 떨어진 평양으로 유학을 보내는 열성을 보였다. 어머니의 열성적인 교육열 덕에 이효덕 지사는 평양의 양무학교에서 교사생활을 시작하였는데 바로 이듬해에 3·1만세운동이 일어났다. 당시 교장 선생으로부터 이효덕 지사는 서울의 만세운동 소식을 듣게 되면서 양무학교의 만세운동에 앞장서게 된다. 양손에 태극기를 들고 제자들과 대한독립만세를 외치는 거리 행진은 3일 동안 이어졌다. 그러는 과정에서 교장과 교감 등 18명이 잡혀갔고 이효덕 지사 자신은 스스로 중화읍 경찰서로 가서 자수했다. 이날 만세운동으로 잡힌 18명 가운데 여자는 이효덕 지사 혼자였다. 이 일로 1919년 9월 27일 평양복심법원에서 징역 6월형을 선고받고 옥고를 겪던 중 딸의 출소를 보지 못하고 어머니가 숨을 거두는 불행을 겪어야 했다. 출소 뒤 이효덕 지사는 대한기독교여자절제회연합회(WCTU)총무 일을 보면서 10년 동안 전국을 돌며 기독교 신앙을 바탕으로 한 민족교육과 독립운동에 앞장섰다.

※ 이효덕 지사 1992 대통령표창 추서

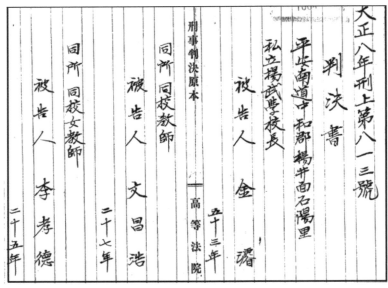
▲ 이효덕 지사 판결문 (고등법원 형사부. 1919.9.27.)

바. 조선불교여자청년회

1920년대 여성독립운동을 이야기할 때 빼놓을 수 없는 단체가 '조선불교여자청년회'다. 조선불교여자청년회는 불교계 여성들의 의식 계몽과 교육을 위해 1923년 3월 설립된 단체로 회장은 우봉운(1889~ 모름) 지사가 맡았다. 조선불교여자청년회의 사회참여는 조선불교청년회와 함께 1923년 3월 24일부터 1주일간 사회주의 계열의 단체인 서울청년회가 중심이 된 전조선청년당대회에 참가하면서부터다. 이에 앞서 우봉운 지사는 정신여학교를 졸업하고 대구의 기독교 장로교계 학교인 계성학교 교사로 3년간 재직하였다. 여기서 교사인 기태진과 결혼한 뒤 1910년대 초 북간도로 망명하여 간도와 블라디보스톡의 동포학교 등지에서 교사 생활을 하는 한편, 간도애국부인회 회장, 간도와 연해주 지역의 독립운동 비밀단체인 철혈광복단 여자 단원, 블라디보스톡의 부인독립의 단원으로 활동하다 고국으로 돌아와 1923년에 창립된 조선불교여자청년회 회장을 맡았다.

▲ 일본어로 간행된 〈조선불교〉 제23호 표지

우봉운 지사는 1920~1930년대 불교여성운동의 선구자로 활약했지만 정작 그 이름은 널리 알려지지 않았다. 당시 기독교계 신여성 중심으로 움직이던 여성 운동계에서 우봉운 지사는 불교 여성의 존재감

▲ 우봉운 지사

을 당당히 드러냈던 인물이다. 조선불교여자청년회는 불교여성운동의
시작이자 최초의 재가 여성조직이라는 점에서 중요한 의미를 지닌다.
우봉운 지사는 이후 부인선우회를 이끌면서 당시에 기복 신앙 위주로
이어지던 여성들의 신앙생활에 '교리교육'과 '선수행'을 도입했다. 〈조
선불교〉 12호에 실린 조선불교여자청년회 관련 기사에 이 당시 우봉운
기사에 대한 기록이 전해진다.

"우리 여자사회의 선진인 우봉운 여사는 자애롭게 감동하고 분투하
여 부처님의 진정성으로 동지를 규합시켜 여성의 덕성을 함양시키는
지식계발을 위해 조선불교여자청년회라는 단체를 조직했다. 회장 우봉
운 여사의 열성과 노력은 일시도 그치지 않아 백여 명의 회원을 가진
우리 불교여자계의 유일무이한 기관이 되었다."[34]

---

34) 조선불교여자청년회 회장 우봉운 지사 기사. 동아일보 1932. 1. 2.

그러나 조선불교여자청년회는 1925년 무렵, 어려움에 직면했다. 조선불교여자청년회에서 운영하던 능인여자학원(교장 우봉운)의 경영권을 상실하게 된 것이다. 우봉운 지사는 능인여자학원을 되살리기 위해 중앙교무회 평의원회의에 진정서를 제출했으나 성과는 없었고, 이후 조선불교여자청년회 활동은 급격히 침체 길로 접어든다. 그러나 우봉운 지사의 활동은 여기서 멈추지 않았다. 우봉운 지사는 이후 1924년 5월 창립된 조선여성동우회에 발기 단계부터 참여하여 사회주의 여성운동가로 활동하였으며 1925년 1월 21일 발기총회를 개최한 경성여자청년동맹의 창립 발기인으로 활동하였다. 또한 1927년 2월에 창립된 신간회 및 5월에 창립된 근우회에도 참여하여 활동하였다. 1927년 4월 26일, 근우회 발기 당시 우봉운 지사는 중앙집행위원과 중앙검사위원, 전국대회 접대부 책임자로 활동했으며 1929년 8월에는 경성여자소비조합에도 관여하는 등 불교인으로서 1920년대의 다양한 여성독립운동 단체에서 눈부신 존재감을 과시했다. 1930년대 후반에는 주로 신문, 잡지 등 언론활동을 통해 여성운동을 전개하였으며 광복후에는 조선건국준비위원회 경성시 인민위원, 1948년 1월 9일에는 민족자주연맹 제2차 상무위원회에서 부녀부장, 같은 해 8월에는 황해도 해주에서 열린 남조선인민대표자대회에 참가한 대표 30여 명 가운데 한 사람이었으며, 제1기 최고인민회의 대의원으로 선출되었다. 그러나 이후 활동에 대해서는 안타깝게도 알려지지 않고 있다.

2) 지방의 독립운동 단체

서울의 조선여자교육협회를 비롯한 여성 교육 계몽운동 단체의 활동은 지방에 적지 않은 영향을 주어 1921~1922년에 지방 각지에서 여성 계몽교육 단체가 생겨났다. 지방에서의 여성 교육 운동은 각 지방의 교회와 청년회를 중심으로 부녀들을 위한 강연회나 토론회를 열었는데 이 운동은 겉으로는 조용한 듯하였으나, 내면에 있어서는 지방 사회를 변혁시키는 중요한 기틀이 되었다. 교회 중심으로 1920년 5~7월에 걸쳐 여성 계몽교육 실시의 활동 사례를 들면 다음과 같다.

> 가. 1920년 5월 22일, 함흥의 기독교청년회·청년구락부·자선금주회·학생청년회 연합으로 함흥기독교청년회관에서 '사회발전은 여자 교육이 남자 교육에 앞서야'란 제목으로 연합토론회 개최[35]
>
> 나. 1920년 5월 28일 개성 동부예배당에서 '외국여자와 비교', '조선여자의 희망'이란 제목으로 여자강연회 개최[36]
>
> 다. 1920년 5월 30일 평남 평원군 숙천장로교당에서 '개조', '진취', '자조', '세무불능(世無不能)', '여자활동' 등의 연제로 숭현여학생에 대한 전도강연 개최[37]
>
> 라. 1920년 6월 19일 원산 신창리교회에서 '현대에 처한 우리는

---

35) 동아일보 1920. 5. 26.
36) 동아일보 1920. 6. 1.
37) 동아일보 1920. 6. 6.

울까 웃을까', '시기를 아는가' 연제로 악습타파와 여성해방을 주장한 여자청년강연회 개최38)

마. 1920년 7월 1일 여자강습회를 안동예배당에 설치39)

이와 같이 지방에서는 교회를 중심으로 여성계몽적 강연회를 통해서 교인들과 일반인들의 의식을 변화시키고자 하였다. 1921년 이후부터 여성운동은 여성 단체운동으로 발전되었는데 1921년대 각 지방의 여성단체들을 간추리면 다음과 같다.40)

① 서울 : 태화여자관

② 경기 : 인천여자엡윗청년회·개성여자교육회·안성여자교육회

③ 충청도 : 청주여자기독교청년회·청양군여자강습소후원회

④ 강원도 : 원주여자강습회

⑤ 전라도 : 군산구암리기독여자청년회·전주여자수양회·전주야소교성경학원내 야소부여자성경회·목포기독교여자청년수양회

⑥ 경상도 : 부산여자청년회·대구남성정예수교회부인전도회·밀양여자청년회·마산여자청년회·진주부인회·합천야소교부인회·창령부인회

⑦ 평안도 : 평양여자기독교청년회·평양결백회·천도교평양여자청년

---

38) 동아일보 1920. 6. 25.
39) 동아일보 1920. 7. 1.
40) 《신편한국사》 49권, '지방의 여성계몽교육운동', 국사편찬위원회, 1993~2002, 275~277쪽.

회·강서여자청년회·안주군기독청년여자무흠회·의주여자기독청년회·진남포장로교당기독여자청년회·정주읍기독청년여자교육회

⑧ 함경도 : 성진여자청년회·함흥여자청년회·원산천도교청년회·정평여자청년회

▲ 평양여자기독교청년회 주최 여자웅변대회 기사(동아일보 1925.5.10.)

이상 30개 단체 중 90%가 기독교계 및 기독교 관련 단체다. 이처럼 1920~1923년 지방 여성운동이 기독교계 중심으로 추진되고 있었던 것은 기독교 여성운동 세력을 결집하는 사회적 배경이 있었기에 가능한 것으로 보인다.

2. 1924~1926년대 여성독립운동

1) 조선여성동우회

조선여성동우회는 1924년 5월 창립된 한국 최초의 사회주의 여성 단체로 1920년대부터 유입된 사회주의의 영향을 받아, 경성고무·인천 정미소 여성노동자 파업 등으로 이어졌다. 조선동우회는 박원희·정종 명·김필애·정칠성·김현제·홍순경·오수덕·고원섭·우봉운·지정신·주세 죽·김성삼·허정숙·이춘수 등을 중심으로 조직되었다. 이들은 "여자는 가정과 임금과 성의 노예가 될 뿐이오, 생활에 필요한 각 방면의 일을 힘껏 하여 사회에 공헌하였으나 횡포한 남성들이 여성에게 주는 보수 는 교육을 거절하고 모성을 파괴할 뿐이다. 더욱이, 조선 여성은 그 위 에 동양적 도덕의 질곡에서 울고 있다. 비인간적 생활에서 분기하여 굳 세게 굳세게 결속하자"라는 취지를 내세워 종래의 계몽적 여성교육론 을 비판, 지양하고 사회주의적인 여성해방론을 주장하였다.

조선여성동우회 강령은 ① 사회진화 법칙에 의한 신사회의 건설과 신여성운동에 설 일꾼의 훈련과 교양을 기함 ② 여성해방운동에 참가할 여성의 단결을 기함 등이다. 창립 초기에는 사회주의여성운동에 대한 사회적 호응이 극히 미약하여 발대식에는 발기인 외의 여성참석자는 거의 없었다. 그러다가 창립 2년여 만에 회원이 70여 명으로 늘었다. 조선여성동우회는 무산계급 의식을 드높이는 강연회를 여는 등 활발한 활동을 펼쳐나갔다. 그러나 1925년 사회주의계의 파벌분쟁과 연결되어 경성여자청년동맹과 경성여자청년회로 분파되어 활동이 약간 주춤했으나 1926년 민족유일당운동이 추진되는 가운데 동경유학생 황신덕·이현경·정칠성 등이 귀국하여 여성동우회를 중심으로 사회주의 여성운동을 통합하여 점차 활성화되어 갔다.

▲ 조선여성동우회 정기총회를 보도한 동아일보(1926.3.6.)

1926년 3월 3일 저녁 7시 반부터 조선교육협의회에서 열린 정기총회에는 출석 회원이 50명이고 이를 보러온 방청객 수백명이 몰려왔으나 경찰의 방청 금지로 저지되었다는 동아일보 3월 6일치 기사가 눈에 띈다. 이날 정기총회에서 다룬 결의사항을 보면, 여자 사상운동에 관한 건, 노동 부인에 관한 건, 여자 청년운동에 관한 건, 농촌 부인에 관한 건, 직업 부인에 관한 건, 가정부인에 관한 건, 여학생 운동에 관한 건, 형평(衡平) 여성에 관한 건, 지방 여성에 관한 건, 무산(無産) 여성에 관한 건, 공창(公娼) 여성에 관한 건, 여성 운동 통일에 관한 건, 조선여성운동자대회 개최에 관한 건, 지방 순회 강연의 건, 부인주간에 관한 건, 노동 부인 위안 음악회 건 등이 결의되었다. 이 내용으로 볼 때 여성동우회는 농촌여성, 노동여성, 여학생, 무산자, 형평운동(衡平運動: 천민 신분 해방운동), 공창(公娼) 문제 등 여성을 둘러싼 사회 전반의 문제를 폭넓게 다루고 있음을 알 수 있다. 그러나 조선여성동우회는 1927년 근우회(槿友會)가 결성됨으로써 해체의 길로 들어섰다.

● 사회주의 운동을 통한 독립의 선봉장 '정종명'

정종명(鄭鍾鳴, 1896.3.5.~모름) 지사는 서울 연지동 출신으로 1917년 스물한 살의 나이로 세브란스병원의 간호부양성소에 입학해 1921년 정식 간호사가 되었다. 이듬해에는 조산원 자격증도 땄다. 이보다 앞서 재학 중인 1919년 3·1만세운동 때에는 만세운동에 참여하여 투옥되기도 하였으며 이후 1922년 4월, 서울에서 고학생들을 보살피기 위한 여자고학생상조회(女子苦學生相助會)를 최성삼 등 20여 명과 조직하여 집행위원장이 되었다. 1923년을 전후하여 사회주의 사상이 급속히 유입되자 공산청년회에 유일한 여성회원으로 가담하였다. 이후 1924년 5월 정칠성·허정숙 등 사회주의 여성운동가들과 함께 여성동우회 결성에 힘을 모았다. 한편, 같은해 11월에는 북풍회(北風會)에 참가하고 사상잡지인 〈해방운동〉의 기자로 활약했다. 북풍회는 '북풍이 한번 불게 되면 빈대나 모든 기생충이 날아가버린다.'는 뜻으로 여기서 북풍은 마르크스주의 또는 사회주의 이념을 가리키는 것으로 당시 국내에 난립해 있던 단체를 북풍회의 위력으로 통일한다는 뜻으로 붙인 이름이다. 이 단체는 재일 한국인 사회주의 단체인 북성회(北星會)의 국내지부로서 1924년 11월 25일에 서울에서 조직되었다. 1926년 4월에는 서울에서 정우회 창립에 참여하여 검사위원 등 간부를 역임하고,

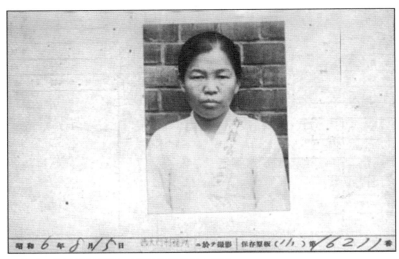

▲ 정종명 지사 서대문형무소 수형자 카드 (1931.앞면)

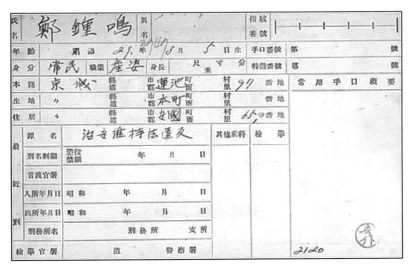

▲ 정종명 지사 서대문형무소 수형자 카드 (1931. 뒷면)
(직업은 산파, 죄명은 치안유지법위반으로 적혀있다)

1927년 5월, 서울에서 근우회를 창립하여 중앙집행위원장 등으로 활동하였다. 1929년 7월에는 신간회 중앙집행위원 등을 맡아 활동하면서 여성독립운동가로서 괄목한 업적을 보였다. 특히 1931년 5월, 서울에서 조선공산당 재건운동을 하다가 일경에 잡혀 서대문형무소에서 3년 징역형을 선고 받고 옥고를 겪었다.

※ 정종명 지사 2018년 애국장 추서

2) 경성여자청년동맹

경성여자청년동맹은 1925년 1월 21일, 조선교육협의회에서 여성동우회의 중심인물이자 북풍회파와 관련된 여성들이 모여 만든 조직이다. 경성여자청년동맹의 발기인은 박정덕, 정달악, 한동죽, 한보희, 주세죽, 김은곡, 허정숙, 우봉운, 김필순, 배혁수, 김조이 외 5명이다. 경성여자청년동맹은 창립 후 첫 사업으로 국제부인의 날 기념 간친회(1915.3.8.)를 열어 사회주의 여성운동이 한국 여성운동에 국한된 것이 아닌 세계 무산 부인운동으로 추진되어야 함을 주장하고 동시에 북풍회 및 경성여자청년동맹은 국제공산주의운동의 정통성을 잇는 것임을 대내외적으로 선포하였다.

경성여자청년동맹 강령은, ① 무산계급 여자 청년의 투쟁적 교양과 조직적 훈련을 기함 ② 무산계급 여자청년의 단결력과 상부상조의 조직력으로 여성의 해방을 기하고, 당면의 이익을 위하여 투쟁함 등이었다.

규약에 따르면, 회원 자격은 만16살 이상 만26살 이하의 여성으로 제한하고, 일반 청년 여성에게 해방적 의식을 각성하게 하는 수양 기관의 설치와, 출판·강연·강습·연구회 등의 사업을 펼쳐나갔다.

● 경성여자청년동맹의 창립 발기인 '김조이'

김조이(金祚伊, 1904.7.5. ~ 모름)지사는 경상남도 창원 출신으로 고향에서 사립학교인 계광학교를 졸업했다. 그 뒤 열여덟 살 되던 해 서울로 올라와 동덕여자고등보통학교에 다니면서 여자고학생상조회(女子苦學生相助會)에 가입해 1926년 집행위원으로 활동하였다. 그에 앞서 1925년 1월 21일 서울에서 허정숙·주세죽·김필순·정봉·배혁수·박정덕 등과 함께 사회주의 여자청년단체인 경성여자청년동맹의 창립 발기인으로 참여, 집행위원으로 활동하였다. 이 무렵부터 김조이 지사는 본격적으로 사회주의운동과 여성운동에 관여하기 시작하는데 1925년 1월 화요파 공산주의 그룹의 여성단체인 경성여자청년동맹 창립대회에서 전형위원 및 집행위원으로 활동했다. 그해 2월에는 전조선민중운동자대회의 준비위원이 되었으며 1928년 말 고려공산청년회의 추천으로 모스크바 동방노력자공산대학에 입학했다. 1930년 화요파의 조선공산당재조직준비위원회 사건으로 수배되었으나 소재불명으로 기소 중지되었다.

1931년 코민테른 동양부의 지시로 귀국하였으며 1931년 8월 태평양노동조합 계열 사람들과 함께 활동하던 중 일경에 잡혀 징역 3년을

▲ 김조이 지사 수형자 카드 (앞면)

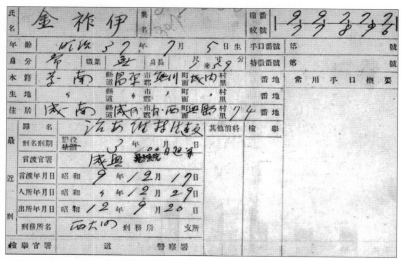

▲ 김조이 지사 수형자 카드 (뒷면)

선고받고 옥고를 겪었다. 해방 후에는 1945년 11월에 열린 전국인민위원회 대표자대회에 인천 대표로 참석했으며 같은 해 12월 조선부녀총동맹에 가입하여 활약하였다. 김조이 지사는 1950년 한국 전쟁 때 서울에서 실종되었으며 가족들은 조선민주주의인민공화국으로 강제 납북된 것으로 주장하고 있으며, 이후의 행적이나 생사는 전혀 알려지지 않았다. 김조이 지사의 독립유공자 포상은 비교적 늦은 2008년에 이뤄졌는데 그 이유는 남편 조봉암이 제1공화국에서 간첩 혐의로 사형당했기 때문에 오랫동안 항일 투쟁의 공적을 인정받지 못했다. 한편, 남편 조봉암은 2011년 1월 20일, 재심에서 간첩 혐의에 대해 원심을 파기, 무죄를 선고했다. (대법원) 이로써 김조이 지사의 남편 조봉암은 1959년 사형당한 이래 52년 만에 복권되었고, 그의 죽음은 이승만 정권이 자행한 대표적 사법살인의 희생자로 기록되었다.

※ 김조이 지사 2008년 건국포장 추서

3) 중앙여자청년동맹

1926년은 사회주의 등장 이후 좌·우로 분파되었던 국내외의 항일민족운동 노선을 통합하자는 민족유일당운동이 활발하던 때였다. 국내 여성운동계에서도 그러한 움직임이 일고 있었으며, 경성여자청년회 주최로 1926년 11월 14일 오전 11시부터 동 회관 (원동 221번지 소재)에서 재경부인운동자 간친회(懇親會, 일종의 친목회)를 열었다. 이 자리에는 조선여성동우회에서 이현경 외 12명, 경성여자청년동맹에서는 심은숙 외 12명, 경성여자청년회에서는 박원희 외 8명, 모두 33명의 부인 운동자들이 모여 임시의장 박원희의 사회로 조선부인운동자의 통일방침 과 기타 사항을 논의하였다.41) 부인운동의 통일과 조직에 노력하자는 논의는 처음 있는 일이었다. 이들은 막혔던 장벽을 허물고 흉금을 털어 놓는 자세로 논의를 거듭한 끝에 먼저 경성여자청년회와 경성여자청년 동맹을 합하기로 하고 합동총회 준비위원으로 이현경·황신덕·강아그니 아(이상 조선여성동우회), 조원숙·심은숙·김정은(이상 경성여자청년동 맹), 박원희·김수준·신기숙(이상 경성여자청년회)을 선출하였다.42)

이러한 준비를 거쳐 마침내 1926년 12월 5일, 두 단체가 통합하여 새로이 중앙여자청년동맹을 탄생시켰다. 이 동맹은 ① 무산계급의 권리 및 여성해방을 위하여 청년 여자의 단결과 분투를 기함, ② 청년 여자 의 대중적 교양과 조직적 훈련을 하기로 결정하고, 사회주의 여성단체 통합 후에는 조선청년동맹에 가맹하기로 결의하였다. 이것은 사회주의 운동의 통합, 확대를 목적으로 한 것이다. 중앙여자청년동맹은 1927년 에 근우회(槿友會)가 조직되자 해체되었다.

● 중앙여자청년동맹의 집행위원 '박원희'

박원희(朴元熙, 1898. 3. 10. ~ 1928. 1. 15.) 지사는 서울 출신으로 경 성여자고등보통학교를 졸업한 뒤 철원보통학교 교사로 3년간 재직하다

---

41) 부인운동자의 간친회. 조선일보. 1926. 11. 15.
42) 조선여성운동자의 통일전선작성. 조선일보. 1926. 11. 16.

▲ 박원희 지사

일본으로 유학을 갔다. 귀국 뒤 여성운동에 뛰어들어 남편인 김사국 (2002년 애족장)이 주도한 서울청년회계의 청년당대회에 참여하였다. 1923년 남편 김사국은 간도 용정에 동양학원을 설립하여 민족교육을 하는 한편, 항일선전문을 배포하고 폭탄으로 일제 기관의 파괴를 계획하자 박원희 지사도 이 일에 참여하였다가 붙잡혔으나 임신 중이었으므로 기소유예로 풀려났다. 한편, 1924년 5월 서울에서 여성동우회가 창립되자 여성의 권익향상과 계몽운동을 위해 뛰었다. 1925년에는 경성여자청년회를 주도적으로 조직하고 집행위원으로 활약하였다. 이 모임은 일요강습회를 열어 여성들에 대한 사회교육을 하는 등 여성 계몽운동을 목표로 한 것이었다. 1927년 4월, 중앙여자청년동맹의 집행위원으로 '청소년 남녀의 인신매매 금지, 만 18살 이하 남녀의 조혼 폐지, 청소년 남녀 직공의 8시간 이상 노동야업 폐지, 무산아동 및 산모의 무료요양소 설립' 등을 주장하였다. 1927년 4월, 근우회 창립 준비위원으로 참가하였으며 계몽 강연 등을 하다가 건강을 잃어 서른 살로 생을 마감하였다. 박원희 지사의 장례는 사회단체연합장으로 1,000여 명의 각계 인사가 참여한 가운데 거행되었다.

※ 박원희 지사 2000년 애족장 추서

3. 1927~1930년대 여성독립운동

1) 1930년대 여성운동 변화의 기폭제가 된 근우회

1920년대 중반, 전국 규모의 여성운동 조직 가운데 괄목할만한 단체가 근우회다. 1931년 해체될 때까지 사회주의와 민족주의를 아우르는 여성 조직으로 활동했다. 근우회 창립에 앞서 2월 15일에 사회주의, 민족주의 세력들이 결집해서 남성들이 창립한 신간회(新幹會)에 소속되어 여성분과를 만들자는 논의도 있었으나 여성들이 처한 특수한 상황을 해결하기 위해서는 독자 조직이 필요하다는 쪽으로 결론이 나서 근우회를 조직하기에 이른 것이다. 여성이 처한 특수한 상황이란 일제의 식민지 상황과 더불어 구태의연한 봉건적인 관습으로 고통받는 여성들의 삶의 질을 향상시키고자 하는 의식이 작용했다. 근우회를 창립한 여성 발기인들은 각계각층에서 활약하는 당시 대표적인 지식 여성으로 직업별로는 의사, 교사, 기자, 작가, 종교인, 실업인 등 다양한 신분의 여성들이었다.

근우회의 창립 취지는 "과거의 여성운동은 분산적이었으므로 통일

된 조직도 없고, 통일된 목표나 지도 정신도 없어 충분한 효과를 거두
지 못하였으므로, 여성 전체의 역량을 견고히 단결하여 새로운 여성운
동을 전개하려는 것"이었다. 강령은 여성의 공고한 단결과 지위 향상이
었다. 운동 목표로는 봉건적 굴레에서 벗어나는 여성 자신의 해방과 일
제 침략으로부터의 해방이라는 양대 방향이 제시되었다. 근우회 발기
인 41명의 면모를 살펴보면 다음과 같다.

〈표5〉【계열별로 본 근우회 발기인 41인】

	계열	이름	직업 및 기타
1	사회주의계통 인물	강정희	북풍회, 노령출신
2		박신우	모스크바동방노력자공산대학 졸업
3		박원희	서울청년회
4		이덕요	의사
5		이현경	기자(동아일보), 당원
6		정종명	조산원, 북풍회
7		정칠성	기생출신, 편물강사
8		조원숙	신흥청맹, 당원
9		주세죽	화요회, 당원
10		황신덕	기자(중외일보)
11	기독교 및 민족주의계통 인물	차미리사	근화여학교교장
12		김선	교사(숭정학교),고베신학교 졸업
13		김순복	YWCA
14		김영순	교사
15		김활란	교사(이화여전)
16		김일엽	작가, 신여성운동

	계열	이름	직업 및 기타
17		방신영	영양학 교수
18		신숙경	반도여자청년회장
19		신알베트	양현여학교 경영
20		유각경	안동유치원 경영
21		이은혜	해방후 여자국민당
22		이효덕	조선여자기독교절제회연합회
23		차사백	해주부인회
24		최활란	태화여자관
25		현신덕	의사, 동경여의전 졸업
26		홍애시덕	협성여자신학교 교사
27		길정희	의사
28		김순영	교사(동덕여고보)
29		박경식	기자(신여성)
30		손정규	교사(경성여고보)
31		유영준	의사
32		임순분	체조교사(경성여고보)
33	여성운동에 처음 참여한 인물	김지자	교사(진명여고보)
34		정자영	의사(진성의원)
35		최은희	기자(조선일보)
36		김은도	
37		박흥순	
38		서필선	
39		양매륜	
40		정소군	
41		진숙봉	

근우회 조직은 서울에 본부를 두고, 전국 각지 및 일본·만주 등 국내외에 지부를 두었다. 본부에는 서무부·재무부·선전조직부·교양부·조사부·정치연구부 등을 두었다. 해마다 지회가 늘어나서 1930년까지 전국에 걸쳐 60여 개의 지회가 설립되었다. 지회에도 본부와 비슷한 부서를 두고 활동했으나, 각 지회의 특수성에 따라 학생부·출판부 등이 추가되는 곳도 있었다. 회원은 만 18살 이상의 여성으로, 근우회의 강령과 규약에 찬동하며 회원 2명 이상의 추천을 받아야 입회할 수 있었다. 입회금 1원과 매달 20전 이상의 회비를 납부해야 했다. 1929년 5월에는 총 40여 개의 지회에 회원 수가 2,971명에 이르렀다. 회원들의 직업을 살펴보면 가정부인 1,256명, 직업 부인 339명, 학생 194명, 미혼여성 181명, 노동 여성 131명, 농촌 여성 34명 등이었다.

▲ 대 성황리에 간담회를 종료했다는 기사 (동아일보.1927.7.4.)

〈표6〉【근우회 창간 선언문】 전문[43]

역사 있은 후부터 지금까지 인류사회에는 다종다양의 모순과 대립의 관계가 성립되었다. 유동무상하는 인간관계는 각 시대에 따라 혹은 이 부류에 유리하게 혹은 저 부류에 불리하게 되었나니 불리한 처지에 서게 된 민중은 그 설움을 한껏 받았다. 우리 여성은 각 시대를 통하여 가장 불리한 지위에 서 있어 왔다. 사회의 모순은 현대에 이르러 대규모화하였으며 절정에 달하였다. 사람과 사람 상에는 인정과 의리의 정열은 최후 잔해도 남지 아니하고 물질적 이욕이 전 인류를 몰아 상벌의 수라장으로 들어가게 했다. 전쟁의 화는 갈수록 참담해가며 확대하여 가고 빈국과 죄악은 극도에 달하였다. 이 시대 여성의 지위에는 비록 부분적 향상이 있었다 할지라도 그것은 환상의 일편에 불과하다.

조선에 있어서는 여성의 지위가 일층 저열하다. 미처 청산되지 못한 구시대의 유물이 오히려 유력하게 남아 있는 그 위에 현대적 고통이 겹겹이 가하여졌다. 그런데 조선여성을 불리하게 하는 각종의 불합리는 그 본질에 있어 조선사회 전체를 괴롭게 하는 그것과 연결된 것이며 일보를 진하여는 전세계의 불합리와 의존 합류된 것이니 문제의 해결은 이에 서로 관련되어 따로따로 성취될 수 없게 되었다. 억울한 인류가 다 한가지 새 생활을 개척하기 위하여 분투하지 않으면 안되게 되었으며 또 역사는 그 분투의 필연적 승리를 약속하여 주고있다. 조선여성운동의 진정한 의의는 오직 이와 같은

---

43) 근우회 선언문은《槿友》창간호에 실렸다(1929.5.10., 3~4쪽) 그러나 당시 문장의 이해가 어려워《신편한국사》49권, 국사편찬위원회. 1993~2002, '근우회의 창립과 이념' 303~304쪽에서 인용함.

역사적 사회적 배경의 이해에 의하여서만 비로소 파악될 수 있는 것이니 우리의 역할은 결코 편협하게 국한될 것이 아니다.

우리가 우리 자신의 해방을 위하여 분투하는 것은 조선사회 전체를 위하여 나아가서는 세계인류 전체를 위하여 분투하게 되는 행동이 되지 아니하면 안된다(이하 11자 삭제당함). 그러나 일반만을 고조하여 특수를 망각해서는 안된다. 고로 우리는 조선여성운동을 전개함에 있어서 조선여성의 모든 특수점을 고려하여 여성 따로의 전체적 기관을 갖게 되었나니 이와 같은 조직으로서만 능히 현재의 조선여성을 유력하게 지도할 수 있는 것을 간파하였기 때문이다. 조선여성운동은 세계사정에 의하여 또 조선여성의 성숙도에 의하여 바야흐로 한 중대한 계단으로 진전하였다. 부분부분으로 분산되었던 운동이 전선적 협동전선으로 조직된다. 여성의 각층에 공통되는 당면의 운동목표가 발견되고 운동방침이 결정된다. 그리하여 운동은 비로소 광범하게 또 유력하게 발전할 수 있게 되었다. 이 단계에 있어서는 모든 분열정신을 극복하고 우리의 협동전선으로 하여금 더욱더욱 공고하게 하는 것이 조선여성의 의무이다.

조선여성에게 얼크러 있는 각종의 불합리는 그것을 일반적으로 요약하면 봉건적 유물과 현대적 모순이니 이 양시대적 불합리에 대하여 투쟁함에 있어서 조선여성의 사이에는 큰 불일치가 있을 리 없다. 오직 반동층에 속한 여성만이 이 투쟁에 있어서 회피 낙오할 것이다. 근우회는 이와 같은 견지에서 사업을 전개하려 하는 것을 선언하나니 우리의 앞길이 여하히 험악할지라도 우리는 1,000만 자매의 힘으로써 우리의 역사적 임무를 수행하려 한다. 여성은 벌써 약

자가 아니다. 여성은 스스로 해방하는 날 세계가 해방될 것이다. 조
선 자매들아 단결하자.

▲ 〈勤友〉 창간호 표지 (1929.5.10.)

　　근우회 활동 및 주요 사업을 살펴보면, 첫째는 선전 및 조직강화를
위한 활동으로 매달 15일을 선전일로 정해 회원의 가정방문, 여성문제
토론회 및 각종 강연회 개최 등을 통해 조직을 강화하였다. 둘째는 교
양부 중심의 여성계몽운동으로, 부인강좌와 순회강연, 각 지회에서의
야학운동 등으로 여성들의 문맹을 퇴치하고, 여성으로 하여금 남녀평

등의 사회의식과 자주적 민족의식을 깨우쳐 민족운동의 기반을 공고히 하였다. 셋째는 사회운동의 실태 조사와 참가로, 1927년 6월 숙명여자 고등보통학교의 맹휴사건과 그해 11월 중앙고등보통학교의 맹휴사건, 12월 제일고등보통학교의 맹휴사건 등을 조사하였다. 1928년 2월에는 고성보통학교 학생타살사건의 진상을 조사해 성토하였다. 1929년 이후에는 확대되는 여공 파업의 진상을 조사하고 지원했다. 또한 광주학생운동 이후 전국적으로 확대되는 항일학생운동의 지도 및 후원에 동참하였다. 넷째는 해외동포의 구호를 위한 각종 모금운동 및 회원간의 친목을 도모하는 일로서, 관북지방의 수재민 구호 모금운동, 경상도 일대 한(寒)재민 구호대책 등에 힘썼다.

1928년은 근우회 지회설립이 가장 활발했던 해로 이 시기의 토의 및 결의사항은 150여 건에 달한다. 이를 내용별로 분류하면 다음과 같다.

〈표7〉【근우회 토의 및 결의사항(1928년 1월~12월)】[44]

	토의 및 결의 사항	내용
1	여성 교육 계몽	문맹퇴치 및 야학 설립과 여성 교양 강연회 22건
2	여권 옹호 및 향상	인신매매와 공창 폐지 15건, 남녀 차별 철폐 6건, 부인운동과 직업소개소, 부인노동기구 설치, 농촌 부인 및 직업부인 등 9건, 아동보호 4건
3	봉건적 구습 타파	조혼과 첩 제도 철폐 4건, 미신 타파 3건, 가정생활 개선 향상 5건

44) 박용옥, 《한국 여성항일독립운동사 연구》, 지식산업사, 1996. 383쪽을 참고로 만든 도표임

	토의 및 결의 사항	내용
4	회원관리 및 예산	선전조직 및 조사연구 12건, 회관건축 14건, 단체 유지 및 회비 6건, 회원모집 및 회원 친선 11건, 대의원 선거 3건, 지방여청(地方女靑) 해체, 선언, 강령, 규칙 5건, 기관지 1건, 기타 4건
5	신간회 및 우호단체 지원	신간회 지지 12건, 우호 단체 지지 10건
6	민족운동	민족본위 교육 4건, 재만동포 구제 2건, 수재 구호 1건, 기타 1건

근우회는 1929년 제2회 전국대회에서 구체적인 행동강령을 채택하였다. 교육의 성별 차별 철폐 및 여성의 보통교육 확장, 여성에 대한 봉건적·사회적·법률적 일체 차별의 철폐, 봉건적 인습과 미신 타파, 조혼 폐지 및 혼인·이혼의 자유, 인신매매 및 공창 폐지, 농촌 부인의 경제적 이익 옹호, 부인 노동자의 임금 차별 철폐 및 산전 산후 2주간의 휴양과 임금 지불, 부인 및 소년노동자의 위험노동 및 야간작업 폐지, 언론·집회·결사의 자유 등이었다. 이러한 일들은 한국 여성을 우매 충직한 여성으로 만들려는 일제의 식민지 여성정책에 대한 정면도전이라고 볼 수 있다. 또한, 온갖 봉건적 인습의 잔재로부터의 해방, 여성의 경제적·사회적 이익에 대한 철저한 보장을 주장한 것이었다. 여성운동이 이처럼 뚜렷한 목적의식 아래 통일적으로 추진되기는 근우회가 처음이다.

그러나 뚜렷한 목표를 설정하고 활동하던 근우회는 창립 4년 만에 해체를 맞게 된다. 해체의 원인 가운데 하나는 조선총독부 경무국의 탄압이며 다른 하나는 코민테른 지령에 움직이는 공산주의자의 책동에 있었다는 견해가 있다. 첫 번째로 꼽은 일본경찰의 탄압은 조직운동의 경험이 약한 여성들에게는 큰 위협이 아닐 수 없었다. 근우회에 대한 일제의 탄압은 발기회, 창립대회, 발회식 이래 무장경관과 사복형사가 행사 때마다 매복하여 토의 자체를 금지했을 뿐만 아니라 집행위원들의 활동 또한 감시가 심했다. 1928년부터 1930년까지 근우회는 일제의 탄압으로 전국회의가 제대로 열리지 못했으며 1928년 5월 26일과 27일에 열려고 했던 제1회 전국대회는 일경의 집회 허가가 나지 않아 보류되다가 7월 14일에서 16일에 걸친 임시대회를 겨우 열 수 있었다. 이와같이 각 지회의 탄압 상황을 통해서 일경의 감시가 얼마나 극심했는지 알 수 있다. 이러한 일거수일투족을 감시하는 상황에서 근우회 활동을 이어가는 것이 얼마나 힘들었는지를 짐작할 수 있다.

두 번째로 코민테른 지령에 맹종하는 좌파 운동의 파괴 책동도 근우회 해체의 주요 원인으로 작동한바, 좌파측에서는 민족유일당 운동이 계급운동으로 진전할 가능성이 없을 뿐 아니라 대중이 계급의식을 망각하게 하므로 이를 해체해야 한다고 주장했다. 다시 말해 민족주의를 표방한 민족유일당과 사회주의 이념의 좌파 성향은 애초부터 함께 하기 어려운 이념이었다. 세 번째는 한계에 부딪힌 여성의 조직력 약화와 민족주의운동을 전개해야할 여성 지도자의 지도력 부진을 들 수 있다. 1928년 이후 근우회를 이끌어나갈 여성 지도층 가운데 민족주의계는 거의 탈퇴 상태였기에 주도권을 좌파측이 쥐고 있던 것에 원인이 있었다는 평가도 있다. 거기에 자금난까지 겹쳐 1930년부터 근우회 운동에 대한 자체 비판이 높아지기 시작했으며, 각 지회간의 연계가 점차 무너져갔다. 1931년 2월 주을지회(朱乙支會)에서 처음으로 해체론이 제기된 이래, 부산·북청·신의주 등지에서도 해체 논의가 거듭되었으며 무엇보다 격심해지는 일제의 탄압과 스스로 역량 부족으로 근우회는 1931년, 탄생 4년 만에 해체되고 말았다.[45]

가. 근우회 집행위원으로 여성의 권익옹호에 힘쓴 '홍애시덕'

홍애시덕(洪愛施德, 1892.3.20.~1975.10.8.) 지사(다른 이름 홍에스터)는 1912년 이화학당 중등과를 졸업하고 이화보통학교 교사로 있으면서 여성계몽과 문맹퇴치운동을 통해 학생들에게 애국정신을 심어나갔다. 1917년에는 이화학당 대학본과에 입학하여 재학 중 유관순과 함께 비밀결사 여성동지회를 조직하여 여성운동을 폈다. 1920년, 윤성덕 등과 7인 전도대를 조직하고 전국을 순회하며 계몽운동을 펴다가 일경에 잡혀 옥고를 겪었다.

▲ 홍애시덕 등 7인이 근우회 집행위원인 상무위원에 뽑혔다는 기사 (중외일보. 1927.5.31.)

---

45) 박용옥,《한국 여성항일운동사연구》, 지식산업사, 1996, 282~ 286쪽.

1922년 6월 조선여자기독청년회의 초대 부회장에 뽑혔으며, 1923년 9월 유각경·최활란 등과 함께 조선기독교여자절제회의 결성에 참여하여 여성의 권익옹호 및 지위향상에 힘썼다. 1923년, 미감리회 여선교사들의 후원으로 미국 테네시주 스카릿대학 신학부에 유학한 뒤 귀국하여 감리교신학교 교수로 취임하였다. 1927년 4월에는 근우회의 결성 준비에 참여하였고, 5월 27일 창립총회에서 21명의 집행위원 중한 명으로 뽑혀 이현경 등과 함께 조사부를 맡아 여성의 지위향상과 독립운동에 힘썼다.　　　　　　　　 ※ 홍애시덕 지사 1990년 애족장 추서

나. 사회주의계열의 탁월한 독립운동가 '주세죽'

주세죽(朱世竹, 1899.6.7.~1950.) 지사는 함경남도 함흥 출신으로 1919년 3월 함흥지역의 만세운동에 참가했다가 일경에 잡혀 1개월간 함흥감옥에서 수감생활을 한 뒤 풀려나 본격적인 독립운동을 하기 위해 서울로 올라왔다. 1924년 5월 한국 최초의 사회주의 여성단체인 조선여성동우회를 발기하고 집행위원이 되었다. 1925년 1월에는 경성여자청년동맹 결성에 참여해 개회선언을 하고 강령과 규약을 기초했으며 집행위원으로 활약했다.

1925년 11월 '제1차 조선공산당 검거사건'으로 경성부에서 남편 박헌영과 함께 일본 경찰에 체포되었으나, 고려공산청년회 활동 경력을 숨겨 증거 불충분으로 곧 풀려났다. 1926년에는 6·10 만세운동 참가 혐의로 체포되었으며 2개월 만에 풀려났다. 1927년 5월 김활란·박순천·

▲ 주세죽 지사

유영준·최은희·박원민·박차정·정종명 등과 함께 항일 여성운동 단체인
근우회의 창립에 참여하였으며 이후 병보석으로 출감한 박헌영과 1928
년 8월 블라디보스톡으로 탈출했다. 그 뒤 모스크바 동방노력자공산대
학에 입학하여 1931년 졸업하고 1932년부터 1933년까지 중국 상해에
서 조선공산당 재건운동에 참여하던 중, 박헌영이 일본 영사관 경찰에
잡혀 고국으로 송환되자 자신은 모스크바로 돌아갔다. 그러나 소련에서
도 주세죽은 '사회적 위험분자'로 낙인찍혀 카자흐스탄으로 강제로 이주
당하는 등 박해를 받았다.　　　　　　※ 주세죽 지사 2007년 애족장 추서

다. 근우회의 이현경, 구국민단의 이선경은 자매 독립투사

1927년 4월 26일, 41명의 발기인단을 중심으로 결성된 근우회 발
기총회에 참여한 이현경 (1899~모름) 지사는 경기도 수원면 산루리
406번지(현 수원시 팔달구 중동)에서 태어났다. 숙명여자고등보통학교
를 졸업한 뒤 1917년 동경으로 유학을 떠났다. 1921년 3·1만세운동

▲ 언니 이현경(왼쪽), 동생 이선경

2주년에 동경 히비야공원에서 유학생들과 함께 만세시위를 펼치다 검
거됐다. 이현경 지사는 유학시절 한국 여성의 계급적·인습적 구속 및
민족적 압박의 철폐를 주장하는 삼월회 활동을 했다. 삼월회는 1925년
일본 동경에서 결성한 독립운동 단체로 당시 유학생이던 이현경, 황신
덕 등이 결성을 주도하였다. 이들은 일월회의 자매단체로 일본으로 유
한 간 여성 유학생들이 결성한 최초의 사회주의 계열 독립운동 단체였
다. 삼월회는 1925년 3월 8일 국제 여성의 날 결성되었다. 귀국후 동
아일보 기자로 언론활동을 하며 근우회 활동을 하다가 1928년 중국으
로 망명했으나 이후 행적은 알려져 있지 않다.

한편 구국민단에서 활약한 이현경 지사의 동생 이선경(李善卿, 1902.
5.25.~ 1921.4.21.) 지사는 수원의 삼일여학교를 졸업하고 언니 이현
경 지사가 다니던 숙명여자고등보통학교에 진학하였다. 2학년 때인

1919년 3월 5일 서울에서 학생 만세운동에 참가하였다가 구속되어 3월 20일 무죄 방면되었다. 이후 2학년 1학기를 마치고 1919년 9월 1일 경성여자고등보통학교(현 경기여고)로 전학했다. 경성여자고등보통학교에 전학한 이선경 지사는 1920년 8월 독립운동가 이득수를 중심으로 한 독립단체 〈구국민단〉에서 구제부장(救濟部長)을 맡아 활약했다. 이선경 지사는 "한일합병을 반대하고 조선 독립을 계획할 것과 독립운동으로 감옥에 들어간 가족을 구제" 하기 위해 이 단체에 가입하였다. 그러나 이 단체에서 활동 중에 일경에 잡혀 징역 1년(집행유예3년)을 선고받고 심문 과정에서 심한 고문으로 병고를 얻어 가출옥되었으나 9일 뒤인 1921년 4월 21일 열아홉 살로 안타깝게 순국의 길을 걸었다.

※ 이현경 지사 미포상, 이선경 지사 2012년 애국장 추서

2) 광주학생독립운동

광주학생독립운동은 1929년 11월 3일 광주에서 일어난 항일 학생운동으로 그 발단은 광주 시내에서 일어난 일본 학생의 한국 여학생 희롱사건에서 기인한다. 이 문제로 한국 학생과 일본 학생 간 충돌이 일어났으며 11월 12일 광주지역 학생 대 시위를 거쳐, 호남지역 일대로 확산하였다. 여학생 희롱 사건 현장에 있었던 이광춘(1914~2010, 1996년 건국포장) 지사의 이야기를 들어보자.

"그때는 개찰구 쪽으로 먼저 나가는 쪽이 힘이 세다고 생각하여 한

일 간에 서로 먼저 나가려고 했어요. 우리 한국 학생들 수는 적었지만, 더 야물었지요. 기차 속에서 즈그들 수가 더 많은 게 까불까불해도 한 국 학생들이 눈을 크게 뜨면 야코가 팩 죽어 말도 못하지라우."

이광춘 지사는 잡지 《예향》 (1984년 11월호 당시 71세)에서 그렇게 말했다. 1929년 10월 30일 오후 5시 30분, 통학 열차에서 내려 개찰구를 빠져나가던 한국인 여학생의 댕기머리를 일본인 남학생이 잡아당기며 희롱했다. 이에 격분한 남학생들이 뛰어들어 한·일 학생 사이에 난투극이 벌어졌다. 3·1만세운동, 6·10 만세운동과 함께 일제강점기 때 3대 민족운동으로 꼽히는 광주학생독립운동은 이렇게 시작됐다. 이날 일본인 남학생에게 희롱당한 댕기머리 소녀들은 박기옥, 이광춘, 암성금자였는데 당시 이광춘 지사는 광주여고보(전남여고 전신) 5학년으로 '소녀회'의 핵심 구성원이었다. 그러는 가운데 11월 13일 시험 날을 맞았다. 11월 3일 사건으로 형무소에 구금된 급우들이 있어 이날 백지시험 동맹을 하기로 약속했으나 시험 당일 서로 눈치만 보는 급우들에게 이광춘 지사는 "어저께 헌 약속 어떻게 된 거냐? 친구들은 감옥에 있는디 우리만 시험을 볼 것이냐."라고 하면서 시험지를 놔두고 교실을 뛰쳐나오자 이에 동조한 친구들이 삽시간에 뛰쳐나오고 전교생이 이에 동조해 학교가 발칵 뒤집혔다. 이를 계기로 나주역 댕기 머리 사건은 거족적 학생운동으로 번졌는데 전국 194개 학교에서 5만 4,000여 명이 민족 차별과 식민지 노예교육 철폐를 요구했고 만주·중국·일본의 동포도 호응했다. 이광춘 지사는 이 사건으로 퇴학 처리되었으며 당시 고등계 형사들은 어린 학생들에게 가혹한 고문을 했다. 광주학생독립

▲ 광주학생독립운동을 주도한
이광춘 지사

운동의 마지막 증언자 이광춘 지사는 평생 5남 3녀의 자녀들에게 일제의 민족 차별에 맞서 불굴의 정신을 잃지 말라고 가르쳤다고 술회했다.

그러나 광주학생독립운동은 일제의 보도관제 때문에 단 한 번 신문 보도에 게재되었을 뿐 한국민이나 학생들에게 그 전말이 잘 알려지지 않고 있었다. 하지만 이 사건 소식이 구전으로 차차 전국 각지로 전파되고 일제의 탄압이 가혹하여 학생들이 신음 속에 허덕이고 있다는 소식이 알려지게 되자 그때까지 참아왔던 식민지 체제의 분노가 일시에 분출되어 항일 민족운동으로 점화되었다. 특히 여성독립운동 단체인 근우회는 광주학생독립운동에 적극적인 지원을 아끼지 않았다. 근우회는 신간회, 조선청년동맹, 조선노동총동맹 등과 연대하여 1930년 1월 중순 서울의 각 여학교에서 만세시위가 일어났을 때 이를 적극적으로 도왔다. 1929년 12월 2일 밤부터 3일 새벽에 이르는 사이 시내 각 공립, 사립학교를 비롯한 여러 단체에서 격문을 배포하였는데 일경은 이와 관련된 관련자 80여명을 검거하였으며 이 가운데 근우회 간부인 정종명, 박호진, 허정숙, 유덕희, 박차정 등도 있었다.

당시 학생 시위의 격문을 보면 "조선청년학생대중이여! 제국주의적 침략에 대한 반항적 투쟁으로서 광주학생운동을 지지하고 성원하라! 우리는 이제 과거의 약자가 아니다. 반항과 유혈이 있는 곳에 승리는 역사적 조건이 입증하지 않았던가? 조선학생대중이여! 당신들은 저 제국주의 이민배의 광만적 폭거를 확문하였을 것이다. 이것은 광주조선학생 동지의 학살 음모인 동시에 조선학생에 대한 압살적 시위다.(가운데 줄임) 그들의 언론기관은 여기에 선동하였으며 그들 횡포배들은 일본인의 생명을 위하여 조선인을 죽이라는 구호 밑에 소방대와 청년단을 무장시켰으며, 재향군인연합을 소집하여 횡포무도한 만행이 있은 후에 소위 그들의 사법경찰을 총동원하여 광주학생 동지 400여 명을 참혹한 철쇄에 묶어 넣었다. 여러분! 궐기하라. 선혈의 최후까지 조선학생의 이익과 약소민족의 승리를 위하여 항쟁적 전투에 공헌하라." 46) 고 하는 구호를 외쳤다.

이 격문 살포는 서울 시내 각급 학교 학생들에게 커다란 자극이 되었다. 그리하여 12월 5일부터 14일까지 계획된 순서에 따라 제1차 서울학생 항일시위운동이 펼쳐졌다. 서울의 학생운동은 10일에 휘문·숙명·근화·협성실업·청년학관·배재 등이 궐기하였고, 11일에는 이화·서울여자상업·동덕·실천여학교·경기농업·법정학교·전기학교·선린상업 등이 궐기하였다. 13일에도 배화·진명·중앙보육·정신·간이상공 등이

---

46) 동아일보. 1930.9.9., 9.14.

광주학생지원과 일제에 대한 성토·통기·동맹휴학 등의 형태로 항일운동을 전개하는 등 학생들의 분노는 극에 달했다. 제1차 서울학생 항일독립만세시위운동을 탄압하기 위하여 일제는 2,400여 명의 경찰력을 동원하여 남녀학생 1,400여 명을 검거하였다. 이처럼 전 서울시내의 각급 학교가 동요하자 일제 당국은 12월 13일 조기 동계방학을 실시토록 하였고, 소요가 극심한 학교에 대해서는 휴교토록 하였다. 1929년 12월 조기 동계방학에 들어간 서울 시내의 학교들은 1930년 1월 초순부터 휴교했던 학교부터 개학하기 시작하였고, 지방학생들도 상경하여 학원가는 정초부터 동요하였다. 처음에는 학교별로 산발적인 동맹휴교에 그쳤으나, 1월 중순부터는 전문학교에서 남녀 중학교와 보통학교생까지 총궐기하여 가두시위의 항일운동으로 발전하였다.

● 광주학생독립운동에 참여한 여학생들

가. 이화동산을 만세 함성으로 물들인 '윤마리아'

윤마리아(1909~1973) 지사는 1930년 1월, 이화여고보(이화여자고등보통학교) 4학년 재학 중, 1929년 11월에 일어난 광주학생독립운동 소식을 전해 듣고 1930년 1월 9일, 동급생 최복순·최윤숙·김진현 등과 함께 만세운동을 계획하고 준비하였다. 윤마리아 지사는 당시 기독교청년회 회장으로 활동하고 있던 최복순(1911~ 모름, 2014년 대통령표창)과 근우회 서무부장이었던 허정숙 등과 광주학생운동의 동조시위를 이끌었다. 이들은 1930년 1월 15일 아침, 이화여고보 교정에서

▲ 14명의 이화여고보생 검거 기사, 윤마리아 이름도 보인다(동아일보.1930.1.24.)

▲ 시내 여학생 판결 기사(동아일보 1930.3.23.)

300여 명의 학생과 함께 태극기를 흔들며 독립만세를 외쳤다. 이 시위에서 "학교는 경찰의 침입을 반대한다, 식민지 교육정책을 전폐시켜라, 학생 희생자 모두를 석방시켜라, 조선청년 학생이여, 아아, 일본의 야만정책에 반대하자, 각 학교의 퇴학생을 복교시켜라"[47] 등 6개 항목을 결의하였다.

이어서 학교 밖으로 나가 타교생들과 함께 격문을 뿌리며 시위를 계속하다가 검거에 혈안이 된 일경에 학우 50여 명과 함께 붙잡혔다. 이 날 시위를 놓고 1930년 3월 23일 치 〈동아일보〉에서는 '윤마리아를 포함한 여학생들 판결이 내려졌다'라고 크게 보도했다.

▲ 서울시내 여학생 만세시위를 주도한 윤마리아, 최복순, 박차정 지사(왼쪽부터)

공판이 있던 날 법정에는 학부모들과 교사들이 판결을 보기 위해 몰려들었다. 막상 판결이 내려지자 윤마리아 등 여학생들은 엷은 미소를 지으면서 법정을 퇴정했는데 학부형과 교사들은 눈물바다를 이뤘다.

47) 동아일보. 1930.3.19.

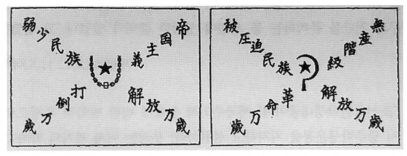

▲ 제국주의 타파만세, 약소민족 해방만세 등의 글귀를 적은 전단(삐라)을 만든 것은 이순옥 지사다(한국민족해방운동사자료집 10권)

윤마리아 지사는 급우들과 진명여고보, 배화여고보, 여자미술학교, 경성여상, 근화여학교 등 각 여학교 학생들과 1930년 1월 15일에 시위할 것을 결의했다. 이 소식을 듣고 당시 이화여전 음악과 졸업반 이순옥은 '제국주의 타도 만세', '피압박 국민 해방 만세' 등을 적은 전단을 만들었다. 삼엄한 경계 탓에 남학생들은 여학생들의 이런 계획을 모르고 1월 20일 궐기하기로 한 상황이었다. 여학생들의 시위 전날 비로소 서로의 계획을 알게 된 남녀학생들은 여학생들이 계획했던 1월 15일 오전 9시 30분에 일제히 만세를 함께 부르며 학교에서 종로 네거리로 나와 남대문 방면으로 진행하기로 결의했다. 계획대로 1월 15일 약 5천 명의 학생이 함께 거리로 나와 만세를 부른 이 운동을 '제2차 서울학생독립시위운동'이라고 한다.

《이화100년사》에 따르면 이 운동은 '시내여학생만세사건'으로 불릴 만큼 서울의 여학생들이 총궐기했다. 당시 동아일보는 이 운동을 '시내

여학생사건'으로 크게 보도했다. 여학생들은 윤마리아 등이 준비한 태극기와 작은 깃발도 흔들었다. 이화여고보 교정 한복판에는 '조선의 청년 학생이여! 일제의 야만 정책에 반대하자', '식민지 교육정책을 전폐하라', '광주 학생 사건을 분개한다' 등의 문구가 검은 글씨로 적힌 붉은 천의 대형 깃발이 휘날리고 있었다.

《독립운동사》책에서 정세현 교수는 "서울의 12월 학생 궐기는 남학생들이 궐기 기세를 고양했고 1월 궐기에서는 남녀학생의 대일 항쟁 기조가 같았다. 하지만 저항 운동을 전개하는 방법에 있어서는 여학생들이 격문과 전단을 준비하는 등 사전에 상당한 준비가 있었다."라고 말했다. 피 끓는 남녀학생들의 우렁찬 만세시위 함성 속으로 두려움 없이 뛰어들었던 윤마리아 지사는 1909년 경기도 강화군 하도리(당시 강화는 경기도)에서 태어나 서울 이화여고보에 유학했으며 64세이던 1973년 3월 20일 숨을 거두었다.

※ 윤마리아 지사 2019년 대통령표창 추서

나. 무궁화 그 이름 빛내던 근화여학교 '손경희'

손경희(孫慶喜, 1912.~ 모름)지사가 다닌 근화여학교는 지금의 덕성여자대학교 전신으로 학교를 세운 이는 차미리사(1880~1955, 애족장) 지사다.

살되, 네 생명을 살아라.
생각하되, 네 생각으로 하여라.
알되, 네가 깨달아 알아라.

이는 근화여학교를 세운 차미리사 지사의 평생의 좌우명이었다. 일찍이 기독교에 입교하여 선교사들을 통해 서양 선진문화를 습득하고 여성의 사회활동에 대해 관심을 갖게 된 차미리사 지사는 1905년, 선교사의 도움으로 미국 유학을 간 뒤 대동교육회, 대동보국회 활동을 하였다. 1917년 미국선교회에서 파견하는 선교사로 귀국한 뒤 배화여학교 교사를 지냈으며 배화여학교 사감 시절에는 "우리는 다 나가서 죽더라도 독립을 해야 한다. 죽는 것이 사는 것이다. 나라 없는 설움 당해봤지. 나 한목숨이 죽고 나라를 찾으면 대대손손이 다 살 게 아닌가!"라는 이야기로 학생들에게 민족의식을 드높였다. 이러한 설립자의 투철한 애국정신 밑에서 손경희 지사 등은 민족정신을 키워나갔다. 경기도 양평군 청운면 비룡리가 고향인 손경희 지사는 경성의 근화여학교 6학년에 재학 중, 1930년 1월 16일 광주학생독립운동에 동조하는 서울학교 학생들의 시위에 근화여학교 급우들과 함께 참여하였다. 이에 앞서 1929년 12월에도 학생들의 시위는 격했는데 10일에는 근화여학교를 비롯하여 숙명·협성실업·청년학관·배재학교 등이 궐기하였고, 11일에는 이화·서울여자상업·동덕·실천여학교·경기농업·법정학교·전기학교·선린상업 등이 궐기하였다. 13일에도 배화·진명·중앙보육·정신여학교 학생들이 일제국주의에 대한 성토와 동맹휴학, 광주학생지원을 하자는 내용으로 항일운동을 펼쳤다.

▲ 손경희 지사를 비롯한 근화여학교 만세소요자 명단

근화여학교 손경희 지사 등의 만세시위는 1930년 2월 6일, 경성 서대문경찰서장이 작성한 경성지방법원 검사국 문서[48]에 '만세 소요에 의한 구류 여학생에 관한 건'이라는 제목으로 그 명단을 학교별로 자세히 기록해 놓았다.

손경희(19살), 김금남(20살), 민부영(18살), 이여원(25살),
김지형(20살), 이갑술(25살), 소기순(20살), 오형만(18살),
이수복(20살), 이만동(24살), 양학녀(19살), 오수남(21살),
강의순(19살), 전연봉(18살), 이충신(18살), 이호근(20살),
민인숙(19살), 이경희(24살), 이영신(23살), 장상림(18살)

48) 근화여학교 시위 학생 명단, 경성지방법원 검사국 문서. 1930.2.6.

참으로 집요한 일제 경찰들이다. 1930년 1월 16일 만세시위가 끝나자마자 잡아들인 여학생들의 명단은 학교별로 손경희 지사가 속한 근화여학교 22명, 실천여자고등보통학교 11명, 태화여학교 9명, 숙명여학교 4명, 여자실업학교 15명, 정신여학교 13명으로 이들의 본적 주소와 나이, 이름이 빼곡하게 적혀 있다. 만세시위가 무서운 것은 바로 이렇게 잡아들인 학생들을 형무소에 가둬둔다는 사실이다. 워낙 잡혀 들어간 학생들이 많다 보니 재판 전에 100일 200일 미결수 상태에서 구류를 사는 일도 흔하다. 말이 감옥살이지 특히 여학생들의 감옥 생활은 형언할 수 없는 치욕적인 사건이 많았다는 증언이 대부분이다.

【여성들이 감옥에서 당한 성폭행 고문 증언】

박은식의 《한국독립운동지혈사》에 따르면, 평양에서 체포·수감된 여학생에게 일제는 달군 쇠꼬챙이로 음문을 지지며 사내가 몇이 나고 묻는 등 갖은 악형과 폭언 등으로 욕을 보였다. 또한 수감 되었다가 석방된 사람의 증언에 따르면, 감옥에서 일본인들이 한국여성들에게 통상적으로 행한 만행은 다음과 같다.

① 여성들을 끈으로 머리채를 묶어 천장에 매달아 놓고, 엄지발가락이 겨우 땅에 닿을 듯 말 듯 하게 하였다.
② 여성들을 날마다 한 차례씩 감옥 마당에 벌거벗긴 채로 세워놓고 헌병들이 한 시간씩 혹독한 매질을 하였다.
③ 한인 여성이 수감되면 반드시 발가벗기고 심문을 하는데, 여학생이 판결을 받을 때는 틀림없이 이미 강간·폭행을 당한 후였다.

④ 경찰서에 잡혀 온 여학생에게는 일본 순사가 먼저 강간을 하고 나서 '네가 처녀냐? 정녀(貞女)냐?' 라고 묻고, 대답이 없으면 갑자기 주먹으로 여자의 배를 때렸다.

⑤ 여성을 알몸으로 두세 시간 거울 앞에 세워놓고 조금이라도 몸을 굽히면 심하게 때렸다.

⑥ 여성의 옷을 다 벗겨 반듯이 눕히고 겨드랑이털과 음모를 뽑기도 하고, 고약을 녹여 여자 음부에 붙였다가 식어 굳어지면 이를 갑자기 떼어 그 음모가 모두 빠지도록 하였다.[49]

그런가하면 F.A.맥켄지의《한국의 독립운동》에 따르면,

① 여학생과 젊은 여인들의 옷을 벗기고 두들기고 발로 차며 채찍질 하고 욕을 보이는 일.

② 학생들에 대해서 죽도록 채찍질 한 일.

③ 불에 태우는 일, 곧 담뱃불로 어린 소녀들의 연한 살을 지지고 또 불에 달군 쇠로 남자건 어린이건 할 것 없이 이들의 살을 태우는 일.

④ 엄지손가락에 끈을 매어 달아매고 대나무와 쇠몽둥이로 때리다가 의식을 잃으면 다시 깨워서 이런 일을 되풀이하는데 이런 고문은 어떨 때는 하루에도 여러 번, 또 어떨 때는 죽을 때까지 계속한 일.

⑤ 고통이 극에 이르도록 사람을 헝겊으로 감아 조이는 일.

⑥ 고문 상태로 오랜 기간 감금하는 일. 이를테면 남녀를 한 방에 빽빽이 집어넣어서 며칠이든 쭉 펴고 눕거나 앉을 수가 없는 일.

---

49) 박은식,《한국독립운동지혈사(韓國獨立運動之血史)》상해,1920.

이와 같은 고문이 빈번하게 일어났다고 했다.[50]

　1919년 3월 하순에 출옥한 31명의 서울 여학생들 증언에 따르면, "처음 수감되어서는 무수하게 매를 맞고, 그 후에는 발가벗겨져 알몸으로 손발이 묶인 채 마구간에 버려졌다. 밤은 길고 날씨는 혹독한데 지푸라기 하나도 몸에 걸치지 못했다. 왜놈들은 예쁜 여학생 몇 명을 몰래 잡아가서 윤간하고는 새벽에 다시 끌고 왔다. 눈은 복숭아같이 퉁퉁 붓고 사지는 옭아맨 흔적이 남아있었다. 신문할 때는 십자가를 늘어놓고 말하기를 '너희들은 신자이므로 마땅히 십자가의 고난을 받아야 한다.'라고 하였다.[51]

　이러한 고문과 악형(惡刑)을 견뎌내다 숨져간 여성들의 숫자는 얼마나 될까? 유감스럽게도 아직 이 부분에 대한 정확한 조사도 연구도 없는 실정이다. 더욱이 유관순(1902~1920, 18살), 동풍신(1904~1921, 17살), 이선경(1902~1921, 19살) 지사처럼 10대의 나이에 순국의 길을 걸은 여성독립운동가, 고수복(1911~1933, 22살), 부덕량(1911~1939, 28살), 임봉선(1897~1923, 26살) 지사처럼 고문으로 감옥에서 나와 20대 나이로 순국한 분들 외에도 독립운동의 최전선에서 숨져간 여성독립운동가에 대해서도 관심을 가져야 할 것이다.

※ 손경희 지사 2019년 대통령표창 추서

---

50) F.A.맥켄지, 이광린 번역 《한국의 독립운동》, 일조각, 1972, 13~14쪽.
51) 이윤옥, 《서간도에 들꽃 피다》(9권) 도서출판 얼레빗, 2018, 70 ~72쪽.

다. 실천여학교에서 독립의 횃불을 높이 든 '문봉식'

실천여학교의 문봉식(1913~모름) 지사는 경기도 수원군 수원면 매산리 61번지(당시 주소)가 고향으로 당시 경성의 실천여자고등보통학교 (실천여학교)에 유학 중 광주학생독립운동에 뛰어들었다. 그러나 들불처럼 번진 학생운동의 불씨는 결국 각급 학교에 긴급 휴교령의 철퇴를 맞게 된다.

"1930년 1월 15일, 서울 학생들의 궐기로 수업이 어려워진 각 학교는 1월 20일 경까지 휴교하기로 하였다. 이화여고보(1월 24일 개교), 배재여학교(1월 17일), 배화여학교(1월 20일), 협성여학교(1월 20일), 중동학교(1월 18일), 중앙보육학교(1월 20일), 경신여학교(수업불능), 정신여학교(수업불능), 실천여학교(무기휴학), 여자상업학교 (수업불능)" 52)

▲ 문봉식 지사

---

52) 동아일보 1930. 1.16.

1930년 1월 15일, 문봉식 지사를 포함한 실천여학교의 만세시위 상황은 1930년 2월 6일, 서대문경찰서장이 작성한 경성지방법원 검사국 문서에 '만세 소요에 의한 구류 여학생에 관한 건'이라는 제목으로 자세히 학교별로 기록되어 있다. 여기에는 이름과 본적과 현주소, 나이 등이 상세히 나와 있는데 실천여학교 학생들의 명단은 다음과 같다

문봉식(18살), 민연순(20살), 윤아지(19살), 박정인(19살),
이영자(18살), 이기숙(18살), 김정숙(18살), 최은전(18살),
송옥헌(18살), 김정자(20살), 곽종숙(18살)

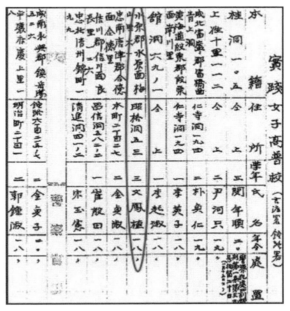

▲ 경성지방 검사국 문서 '만세소요에 의한 구류 여학생에 관한 건'
문봉식 지사와 실천여학교 학생 명단 (서대문경찰서.1930.2.6.)

이후 광주학생독립운동은 서울에서 2차에 걸친 대규모 학생운동으로 발전하여 1930년 2월 초순까지 전국적으로 확대되었다. 광주학생독립운동이 일어난 지 89년이 되던 2019년, 문봉식 지사의 고향인 수원에서는 3월 29일부터 6월 9일까지 수원박물관에서 '3·1운동 100주년 기념 테마전'이란 주제로 〈수원 여성의 독립운동〉 내용을 전시하여 여학생들의 숭고한 독립정신을 새겼다.

※ 문봉식 지사 2019년 대통령표창 추서

제3절

1930년대
여성독립운동

일제의 민족 차별과 거기에 성차별까지 더해져 비인간적인 삶을 강요받던 여성들은 1920년대에 들어서면서부터 생존권 요구와 함께 여성해방이 곧 민족 해방이라는 의식 아래 사회주의 여성운동에 눈뜨게되었다. 1924년에 결성된 조선여자동우회를 시작으로 1927년에 결성된 근우회 활동을 통해 여성들은 지위 향상을 위해 사회적·법률적 일체차별 철폐, 봉건적 민습과 미신 타파, 조혼 폐지 및 결혼의 자유, 부인노동의 임금차별 철폐 등으로 사회구조적 문제와 경제적 차별을 해소하기 위해 노력해왔다. 이러한 노력은 1931년 근우회 해체할 때까지이어졌으나 일제의 극심해져 가는 탄압과 감시로 그 뜻을 완전히 펼치지 못하고 1930년대를 맞이해야 했다. 1920년대의 여성독립운동이 동우회와 근우회라는 큰 조직에 의해 움직였다면 1930년대의 여성운동은 20년대와는 조금 다른 양상으로 전개되었다. 이러한 결과를 낳은 것은 '일제의 극심한 탄압과 감시' 때문이었다. 이에 여성들은 각기 다른전략으로 여성운동의 방향을 틀어야 했다. 1931년 초에 일어난 제주해녀들의 항일 투쟁을 시작으로 30년대를 특징 짓는 흐름은 노동운동을 꼽을 수 있다.

1. 제주 해녀들의 항일투쟁

생계를 위해 거센 물결을 가르고, 깊은 바닷속으로 몸을 던져 해산물을 채취하여 살아가는 제주 해녀들의 삶은 고되기 짝이 없는 일이었다. 하지만 자신들이 캐어 올린 해산물을 팔아 가족을 부양할 수 있다는 사실에 위안을 받으며 해녀들은 그 어떤 고난도 참고 견뎌왔다. 그러한 인고의 시간을 감내해온 해녀들에게 돌아온 것은 힘겹게 채취한 해산물을 헐값으로 넘겨야 하는 현실이었다. 해결책이 더는 보이지 않자 해녀들은 생산자로서 자신들의 정당한 경제적 요구를 쟁취하기 위해 결집했다. 제주 해녀들의 독립운동은 노동력 착취에 대한 저항에서 시작하여 독립운동으로 옮겨간 특수한 역사성을 갖고 있다. 1932년 1월, 제주도 해녀들이 일제에 저항한 투쟁이야말로 1930년대를 특정하는 여성독립운동사에서 주목해야 할 사건이다.

해녀들의 투쟁 역사는 채취한 해산물의 공동판매 때에 거듭되는 가격산정 시비와 등급검사 조작 등 어용 해녀조합의 부정에서 출발한다. 이러한 사실은 이미 1920년대부터 태동하고 있었다. 1920년, 해녀의 권익 보호 등을 이유로 만든 해녀 조합은 관제 조합으로 변질하여 해녀의 이익 대신 해산물을 싸게 사려는 일본인 무역상이나 해조 회사의 이익을 대변하고 있었고 공판 부정이나 자금 횡령 등이 횡행하고 있었다. 그러한 사실을 더는 좌시할 수 없었던 해녀들은 1930년 9월 투쟁을 시작으로 1930년 11월, 제주도 해녀 조합에 대한 격문 살포 등으로 이어졌고 마침내 1932년 1월 7일, 제주 해녀 역사상 가장 조직적이고 대규모적인 투쟁이 펼쳐졌다. 대규모 투쟁에 앞서 해녀들의 분노를 폭발 시킨 사건은 1930년 9월, 정의면의 성산포산 석화채를 조합 서기가 경쟁 입찰가격보다 낮은 가격으로 해녀들로부터 매수하려던 것에 기인한다.

이때 1천여 명의 해녀들은 해산물 수매가격 인상 및 수매시 부정행위에 대해 항의했다. 또한 1931년 구좌면 하도리에서는 생복과 감탯재 판매 중 생복을 지정매수인이 매수를 거절하고 조합에서 처치를 해주지 않아 다 썩어 버렸고, 감탯재는 지정등급 변경, 지정가격 인하로 판매가 중지되어 막심한 손해를 보는 지경에 이르자 해녀들의 분노는 극에 달했다. 이 일로 1931년 말부터 하도리 출신 해녀들이 중심이 되어 투쟁이 시작되었다. 당시 해녀들의 요구 사항53)을 보면 다음과 같다.

① 일체의 지정 판매 절대 반대
② 일체의 계약 보증금은 생산자가 보관
③ 미성년과 40살 이상 해녀 조합비 면제
④ 병, 기타로 인하여 물질을 못한 자에게 조합비 면제
⑤ 출가증 무료급여
⑥ 총대는 리별로 공선
⑦ 조합재정공개
⑧ 계약 무시하고 상인 옹호한 마쓰다 서기 즉시 면직
⑨ 위선적 우량조합원 표창 철폐
⑩ 악덕 상인에게 금후 상권 절대 불허
⑪ 가격등급은 지정한 대로할 것

___

53) 조선일보. 1932. 1.14~24.

우리들의 요구에 칼로 대응하면 우리는 죽음으로 대응한다

1. 우리들은 제주도의 가엾은 해녀들
   비참한 살림살이 세상이 안다
   추운 날 무더운 날 비가 오는 날에도
   저 바다 물결 위에 시달리는 몸

2. 아침 일찍 집을 떠나 황혼 되면 돌아와
   어린아이 젖 먹이며 저녁밥 짓는다
   하루 종일 해봤으나 버는 것은 기가 막혀
   살자하니 한숨으로 잠못이룬다

3. 이른 봄 고향산천 부모형제 이별하고
   온 가족 생명줄을 등에다 지어
   파도 세고 무서운 저 바다를 건너서
   기울산 대마도로 돈벌이 간다

4. 배움 없는 우리 해녀 가는 곳마다
   저놈들은 착취기관 설치해놓고
   우리들의 피와 땀을 착취해간다
   가이없는 우리 해녀 어데로갈까?

-제주 해녀의 노래(강관순)-

▲ 제주해녀항일운동기념탑

　제주해녀들은 낮이나 밤이나 이 노래를 부르며 자신들의 처지를 슬퍼했다. 그러나 그러한 자신들의 처지를 비관하고 안주하지는 않았다. "우리는 일본인들의 강제적 침탈 행위의 중단을 수차 건의하였으나 시정되지 않자 구좌면 해녀 회원들이 단결할 것을 호소하며 직접 진정서(9개 항의 요구사항)를 작성하고 항일투쟁을 전개하기 시작하였다. 1932년 1월 7일 제주도사가 제주도 내 순시차 구좌면 세화리를 경유한다는 정보를 입수했다. 해녀 회장인 나는 동료 김옥련, 부덕량에게 조직적으로 연락하여 구좌면 세화리를 중심으로 한 이웃 자연 부락별로 조직된 해녀 1천여 명을 소집시켜 해녀복과 해녀작업 차림으로 무장케 하여 때마침 세화리 시장(경찰 주재소 부근)을 지나가는 도사(도지사)의 행차를 가로막고 해녀의 권익옹호와 주권회복을 요구하며 해녀노래를 합창하면서 대대적인 시위를 했는데 이때 제주도사는 혼비백산하여 피신 도주하게 되었다"

- 〈제주해녀항일투쟁실록〉 가운데서 부춘화 지사 증언 부분 -

그러나 해녀들의 이러한 주장이 곧바로 받아들여지는 것이 아니었다. 무릇 모든 시위가 그러하듯이 시위를 주도한 사람들은 자신들의 뜻이 관철될 때까지 투쟁의 속도를 늦출 수는 없는 것이다. 이에 대해 또다시 해녀들이 들고일어났다. 해녀들은 해녀조합 본부를 습격하기 위해 행진을 이어갔다. 시위대가 평대리 사무소에 도착했을 때 하도리 구장과 면 지부장이 해녀들의 요구 조건을 경청했다. 이날의 요구사항은 감탯재와 생복에 대한 18개 조항이었다. 해녀들의 요구사항은 크게 두 가지로 볼 수 있다. 첫째는 조합이 해녀들의 채취물을 공동판매라는 구실로 불이익을 주는 현행 방식을 반대하여 자신들의 경제적 주권을 찾겠다는 것이고 둘째는 병이 나서 물질을 하지 못할 때는 조합비를 면제하라는 것으로 조합의 비인도적 처사의 시정 요구 등으로 요약해 볼 수 있다.

부춘화(25세), 김옥련(23세), 부덕량(23세) 등 제주 해녀 삼총사의 주도로 이뤄진 세화장터 해녀 시위의 시작은 제주도의 전 해녀와 대중

▲ 제주 3천 해녀 투쟁 기사 (동아일보 1931.4.23.)

들에게 큰 자극제가 되었으며 이를 계기로 해녀조합의 어용화와 무책임에 대한 여론이 들끓게 되었다. 그러나 여론이 '어용조합'을 성토하게 되자 돌아온 것은 '어용조합'의 뒤를 봐준 무리들의 공권력 남용 행위였다. 해녀들은 어디까지나 책임자 면담을 통해 자신들의 불이익을 관철하려는 평화시위를 고수했지만 이날 시위자들을 잡아들이기 위한 경찰의 움직임은 심상치 않았다. 경찰은 구좌면과 정의면에 형사대를 급파했다. 이들은 1월 7일 시위자들을 수색하기 시작하여 1월 24일,

세화리 등에 있던 시위 배후자 20여 명의 청년을 체포하였다. 세화리의 문도배, 문도후, 종달리의 한양택, 한원택, 연평리의 신재홍, 하도리의 오문규 등이 잡혀 경찰서로 호송된다는 소식을 들은 구좌면 해녀 1,500여 명이 달려 나와 이들을 호송하려던 차를 습격하고 파괴해 버렸다. 이 소식을 들은 무장 경관들이 가세하여 현장에서 남녀 100명을 검거했다.

한편 1월 26일, 경찰관 40명이 우도에 피신해 있던 해녀 30명을 체포하려 하자 해녀 800여 명이 경찰을 포위하고 잡혀가는 해녀들을 저지하는 등 성난 해녀들의 기세는 꺾일 줄 몰랐다. 목숨을 내걸고 일경에 저항한 해녀들의 용기는 상상 그 이상이었다. 이때 잡혀간 해녀 삼총사 부춘화, 김옥련, 부덕량 지사는 체포되어 3개월간의 옥살이를 했으며 부덕량 지사는 심한 고문 후유증으로 28세를 일기로 숨을 거두었다. 제주도 해녀 투쟁은 연인원 17,000여 명의 참여와 연 230회에 달하는 대규모 시위였다. 이 시위는 표면적으로는 제주도 해녀들이 해녀조합의 횡포에 저항하였던 생존권 수호 운동이지만 그 밑바닥에는 일제의 식민지 수탈정책에 적극적으로 저항하였던 거대한 항일운동이었다. 제주 해녀 항일운동은 무오법정사 항일운동(1918. 10. 7.), 조천만세운동 (1919. 3. 21.)과 더불어 제주지역 3대 항일운동으로 꼽힌다. 특히 해녀들이 주축이 된 해녀 항일투쟁은 여성 항일운동의 대표적인 투쟁으로 평가받고 있다.

* 제주 해녀 항일 투쟁의 주모자인 부춘화, 김옥련 지사에 관한 자세한 내용은 이 책 제2장 신분별로 본 여성독립운동 〈3. 해녀 출신 여성독립운동가〉를 참조.

2. 노동운동과 여성들의 항일투쟁

1930년대 여성들의 독립운동을 파악하기 위해서는 먼저 이 시대의 노동운동을 파악하는 것이 급선무다. 이 시대의 활동가들은 1920년대 말부터 1930년대 초까지 학내에서 독서회 활동을 통해 의식화되고 동맹휴업 등의 투쟁 경험을 통해 단련된 여성들로 여학교를 졸업한 뒤 대중 속으로 투신하여 혁명적 노동운동에 종사하였다. 이들 노동자가 1930년대 여성 노동자 운동의 핵으로 성장하게 됨으로써 여성독립운동도 새로운 국면을 맞이하게 된다. 1930년대, 여성 공장 노동자의 수는 지속해서 증가하였으며 특히 여성 노동자가 집중되어 있었던 곳은 방적·고무·식료품공업이었다. 1931년 말 방적공업에서 전체 노동자(10인 이상 공장) 중 여성 노동자의 비율은 20.7%(동일업종 전체에서 78.8%), 전체 여성 노동자의 59.0%, 방적 여공 중 15살 이하 여공은 24.2%였다.[54] 고무공업으로 대표되는 화학공업에서는 4.5%(29.6%), 식료품공업에서는 7.8%(30.0%)였다. 이 분야에 종사하는 여성 노동자는 이 무렵 전체 공장 노동자 중 35.6%에 이르렀다. 1930년대 일제의 혹독한 탄압과 감시 속에서도 여성노동자의 대중투쟁과 여성 노동자의 조직화 등을 통해서 여성 노동운동은 일단의 변화와 발전이 있었다. 여성 노동자들의 자발적 투쟁은 물론 1920년대의 여학생과 여성 운동가들이 노동 현장 속으로 들어갔으며 노동운동에서도 여성 노동자 조직이 노동운동의 발전에서 중요하다는 인식을 강하게 갖게 되었다.

---

54) 《신편한국사》 50권, 국사편찬위원회 , 1993~2001, '여성노동운동' 192쪽

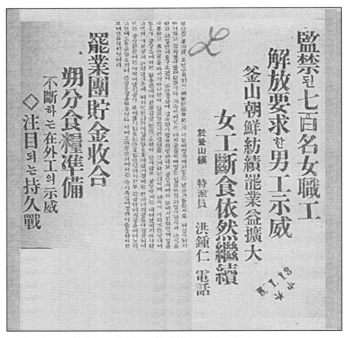
▲ 감금된 700명 여직공 해방 요구 (중외일보.1939.1.31.)

여성 노동자들은 1930년대 부산 조선방직·평양고무공장 총파업을
통해 폭발적인 힘을 분출하면서 그들의 특수 요구를 명확히 제기하기
시작했다. 특히 여성 노동자의 요구가 잘 드러난 것이 1930년 8월에
일어난 평양지역 고무공장 총파업55)이었다. 1930년 8월에는 평양의
10개 고무공장의 1,800여 명의 노동자들이 총파업에 들어갔다. 경제
불황을 구실로 평양의 고무공장 자본가들이 담합하여 임금 1할 인하를
결의하자 "임금 인하 반대, 해고 반대" 등 19개 조건을 내걸고 평양고

---

55) 고무공장 파업에 관련 기사는 동아일보의 경우 1924년 6월 27일부터 1939년 12월 16일까
지 무려 167건이 실려 있다.

무직공조합은 파업을 결정했다. 이것은 평양지역 전 고무노동자의 총 파업으로 발전하였다. 파업의 확대는 고무공업에 국한되지 않았고 다른 업종에서도 지원을 받아 평양의 산십제사(山十製絲)공장·연초공장· 전매국 등에서 지원 투쟁 등 연대투쟁을 벌였다. 서울·부산 등지에서도 동정금·격문이 답지하였다.

1930년 8월 29일까지 공장 습격 횟수는 16회, 습격 참가자는 5,000여 명이나 되었으며 그에 앞서 8월 26일까지 구속당한 인원은 63명이었다. 특히 평양고무공장 총파업에서 여성 노동자들의 활약은 괄목할만한 것이었다. 총파업에 참여한 노동자 중 3분의 2 정도가 여성 노동자였던 점에서 알 수 있듯이 여성 노동자, 특히 기혼 여성 노동자의 투쟁력은 매우 높았다. 고무공업은 본래 여성 노동자가 많기 때문에 여성 노동자를 조직하는 문제는 운동의 발전에 아주 중요한 문제였고, 따라서 파업이 일어나기 전에 평양고무직공조합은 여자유급상무 채용건을 발의하고 있었다. 게다가 1931년 5월 평양노동연맹에서는 부인·청년부 확립의 건을 제기하고 부인부장으로 강덕삼 등을 배치하고 있는 것에서도 여성 노동자를 조직화하는 문제를 노동운동의 관건을 이루는 중요한 문제로 인식하고 있음을 알 수 있다.

또한 1931년 5월 28일 17개 요구 조건을 내걸고 동맹 파업한 경성 방직주식회사 남녀노동자 350명은 '여성 노동자에 대한 수유 자유와 남녀소년노동자에게 동일한 노동에 동일한 임금지불'을 요구했다. 1931년 6월 5일 임금인하에 반대하고 파업한 인천 역무정미소에서는

'여직공 임금차별 반대, 여직공 수유시간 제정' 등을, 6월 10일 임금인 상을 요구하고 파업한 인천 직야정미소에서는 '여성직공 임금을 남자 와 같이 줄 것'을 요구하는 등 1930년대 여성들은 노동운동을 통한 항 일독립운동 전선을 구축해 나갔다.

가. 방적공장 총파업에 앞장선 '이효정 지사'

이효정(李孝貞, 1913.7.28.~2010.8.14.)지사는 서울 봉익동 출신 으로 동덕여자고등보통학교에 재학 중, 광주학생운동이 일어나자 친구 들과 함께 만세시위에 동참했다가 종로경찰서에 구속되었고 3학년 때 는 박진홍·이종희·이순금 등과 시험을 거부하는 백지동맹을 주도하기 도 했다. 동덕여고보 졸업 후 울산보통학교에서 1년 남짓 교사생활을 하면서도 중국에서 일어난 만보산사건의 내막을 알리는 전단을 국내에 뿌리는 등 항일운동을 계속했다. 당시 동료 교사 박두복 씨와 결혼해 아들 둘, 딸 하나를 두었지만 남편이 교원노조운동으로 옥살이를 하는 바람에 어려움을 겪었고 교사직에서 쫓겨난 이효정 지사는 상경 후 적 색노조사건에 가담하여 더욱 적극적으로 항일투쟁을 했다. 1933년 9 월 21일, 종연방적[鐘紡] 경성제사공장에서 파업이 일어나자, 이재유 (2006.독립장) 지사의 지도를 받아 여직공을 선동하여 총파업을 주도 하였다. 이재유 지사는 1933년, 이현상, 김삼룡을 주축으로 사회주의 단체인 경성트로이카를 조직했는데 이들은 반제국주의 운동, 학생운동, 노동조합운동, 독서회, 농민운동을 하던 사회주의계열 독립단체로 여성 은 이효정, 이경선, 박진홍 등이 활약하였다.

▲ 이효정 지사(23살, 서대문형
무소)

이효정 지사는 '경성지방좌익노동조합 조직 준비회'에 가담하여 동지 규합과 항일의식을 높이다가 1935년 11월, 일경에 잡혀 약 13개월 동안 서대문형무소에서 옥고를 겪었다. 그러나 사회주의 계열로 독립운동을 한 이유로 오랫동안 독립유공자 포상에서 제외되었다가 2006년에서야 건국포장을 받았다. 이효정 지사는 칠순이 넘어서 시 창작에 몰두하며 시름을 달랬는데《회상》,《여든을 살면서》라는 두 권의 시집을 남기고 97세로 생을 마감했다.

※ 이효정 지사 2006년 건국포장 수여

나. 일제의 노동자 탄압에 항거한 '박재복'

박재복(朴在福, 1918.1.28.~1998.7.18.)지사는 충청북도 영동 출신으로 군시제사주식회사(郡是製絲株式會社) 대전공장에서 일하며, 동료들에게 항일의식을 심어주는 데 앞장섰던 인물이다. 군시공장은 일본 대재벌 미츠이(三井) 계열의 회사로 이들의 식민 수탈이 가혹하여 이 곳에서 일하던 여공들을 중심으로 1929년 4월과 1932년 11월에 동맹 파업이 일어났다. 박재복 지사는 스무 살이 되던 해인 1938년 10월, 군시공장의 여공으로 들어가 동료들에게 "일본은 현재 (중일)전쟁에 승리하고 있지만 돈이 적기 때문에 불리하며, 지나(支那, 중국)와 러시아는 돈이 많고 또 자동차, 비행기도 일본에 비해 많아서 장기간에 이르면 물자가 부족하여 패전한다."는 등의 이른바 '일본 패망론'을 퍼뜨렸다. 그러나 조선인에 대한 경계가 삼엄하던 시절 '일본 패망론'을 퍼뜨린다는 것은 매우 위험한 일이었다. 그럼에도 박재복 지사는 동료들에게 '일본 패망'을 퍼뜨리고 조선 독립을 암시함으로써 동료들에게 희망의 씨앗을 심어주었다. 이 일로 일제는 박재복 지사에게 1941년 10월 29일 전주지방법원에서 육군형법 위반으로 금고 1년을 선고했는데 판결 주문을 보면 "피고인 이석태 및 박재복이 조언비어한 행위 중 육군에 대한 점은 육군형법 제99조에, 해군에 대한 점은 해군 형법 제 100조에 각 해당하는데 위는 한 개의 행위로써 여러 개의 죄명에 저촉됨과 동시에 연속범에 관계되므로 형법 제 54조 제 1항 전단, 제 10조, 제 55조에 따라 각각 범정(犯情)이 무거운 육군 형법 위반의 형에 따라야 한다."라는 이유를 들어 무거운 판결을 내렸다.

일본의 대재벌들이 조선에 들어와 공장을 세운 것은 제1차 세계대전을 전후한 시기부터였다. 닛산계(日産系)인 일본광업주식회사(日本鑛業株式會社)가 1915년에 진남포에 진남포제련소(鎭南浦製鍊所) 건설을 시작으로 1919년 미츠이계(三井系)의 시멘트회사인 고노다세멘트주식회사(小野田세멘트株式會社) 평양공장, 이어서 같은 미츠이계(三井系)의 군시제사주식회사(郡是製絲株式會社)가 1920년에 충주에 공장을 세웠으며 조선방적주식회사가 부산에 들어서는 등 일제는 식민지 경영 아래서의 착취를 위한 수단으로 조선 내 공장 건설에 열을 올렸다. 특히 일본의 제사업(製絲業)은 청일전쟁 후인 1909년에 생사(生絲) 수출량 세계 제일을 기점으로 일본 각지에 크고 작은 제사(製絲)공장을 세움과 동시에 값싼 노동력 확보를 위해 조선에 진출하기 시작하여 1917년 이후 대구에 산십제사(山十製絲), 조선생사회사(朝鮮生絲會社), 편창제사(片倉製絲) 등의 제사공장이 들어서게 되었다. 제사공장의 노동자들은 대체로 12~15살의 어린 여성들로 이들은 공장자본가로부터 하루 13시간의 고된 노동 강요와 저임금뿐 아니라 열악한 노동조건과 상황에서 비인격적 대우를 받으며 비참한 여공 생활을 이어가야 했다. 그러나 이러한 열악한 조건에서도 조선의 여공들은 야학 등을 통해 문맹을 퇴치하면서부터 일제의 노동력 착취에 대해 인식을 하게 되었으며 이를 항의하고 타파하기 위한 투쟁을 이어갔다.

※ 박재복 지사 2006년 애족장 추서

다. 최초의 고공 투쟁 을밀대 위의 '강주룡'

강주룡 (姜周龍, 1901~1932.6.13.) 지사는 노동쟁의를 위해 평양의 을밀대 지붕에 올라갔던 독립투사로 요즘으로 치면 우리나라 최초의 고공(高空) 시위를 했던 분이다. 1931년 6월 2일 동아일보 2면에 큼지막하게 나온 기사 제목을 보면 '유치(留置) 중인 강주룡, 단식 74시

▲ 평양 을밀대 지붕에 올라가 '임금 인하 반대' 투쟁을 벌이는 평원고무 여성 노
동자 강주룡(동아일보.1931.5.29.)

간, 을밀대 위에 올라갔던 여직공, 감임취소(減賃取消)해야 취식(取食)
한다.' 는 내용이 시선을 끈다.

서른한 살의 강주룡 지사는 어째서 단식 74시간에 들어갔던 것일까?
74시간이라면 만 3일하고도 2시간 동안 곡기를 끊었다는 이야기다. 당
시 강주룡 지사의 단식 사건은 신문에서 대서특필할 정도로 사회적 관
심을 보였는데 강주룡 지사는 1931년 5월, 평원 고무공장 파업을 주도
하던 중 일경의 간섭으로 공장에서 쫓겨나자 을밀대 지붕에 올라가 무
산자의 단결과 노동생활의 참상을 호소했다. 더 나아가 고용주의 비인도
성을 거세게 비판하며 74시간이라는 유례없는 단식투쟁을 벌였다.

강계에서 태어난 강주룡 지사는 열네 살 때 서간도로 이주하여 통화

현의 최전빈(1995. 애족장)과 결혼했다. 그러나 남편 최전빈이 채찬(蔡燦 다른 이름 백광운)의 휘하에서 독립운동을 펼치다가 순국하자 가족과 함께 귀국길에 오른다. 강주룡 지사는 사리원을 거쳐 평양에 정착, 평원 고무공장의 여공으로 일하며 가장 역할을 해야 했다. 그러나 열악한 공장 생활을 견디다 못한 조선인 노동자들은 1930대 초 평양 고무공장 노동자들을 중심으로 파업 투쟁이 거세게 일어났다. 이에 앞서 1929년, 세계적인 경제 공황으로 고무공업이 타격을 입자 고무공업계는 1930년 5월 23일 서울에서 열린 전 조선 고무공업자대회를 통해 임금 인하를 결의하였다. 1930년 8월 1일 평양고무공업조합이 이 결정에 따라 종래 임금의 17% 삭감을 노동자들에게 일방적으로 통고하자, 노동자들은 일제와 그에 결탁한 자본가들을 비판하며 반대 투쟁을 일으켰다.

강주룡 지사는 1931년 5월, 평원 고무공장 파업 주도를 하면서 일제의 민족차별에 반대하는 노동운동을 펼치다 체포되어 옥고를 겪었다. 여장부로 신문 지상의 주목을 받던 그는 투옥 중 극심한 고문으로 보석 출감되었지만 고문 후유증으로 출옥 두 달 만에 서른한 살의 나이로 숨을 거두었다.　　　　　　　　　　　　　※ 강주룡 지사 2007년 애족장 추서

라. 1930년대, 사회주의계열 대표 독립운동가 '박진홍'

박진홍(朴鎭洪, 1914~ 모름) 지사는 함경도 명천 출신으로 고향에서 1928년, 화태(花台) 공립보통학교를 졸업하고 상경하여 동덕여자고

등보통학교에 진학했다. 이곳에서 이효정 (1913~2010) 지사와 만난 박진홍 지사는 함께 의기투합하여 1929년 광주학생독립운동에 동조하는 학내 시위에 가담했고 1931년 6월 동맹휴학을 주도했다. 이 일로 4학년 때 퇴학을 당하자 곧바로 공장에 들어가 노동운동에 투신한다. 한성제면, 조선제면, 대창직물, 대창고무공장 등에서 여공으로 일하다가 '경성학생RS사건(독서모임)'으로 구속된 이래 박진홍 지사는 광복 무렵까지 무려 4차례나 감옥을 드나드는 투사로 변모해 갔다.

박진홍 지사는 이효정 지사와 함께 '전설적 혁명가' 이재유가 경성에서 조직한 '경성트로이카'에 가담하여 여성 노동자 조직을 관할하였다. 이 조직은 1930년대 국내 좌익 독립운동의 선두그룹이었고 이들은 여기서 여성노동자의 인권 향상과 반일투쟁을 이끌었다. 박진홍 지사는 이재유와 첫 번째 결혼을 했다. 그러나 남편 이재유(1905~1944)가 옥중순국하는 아픔을 겪어야 했고 이어 경성제대 교수 김태준과 두 번째 결혼했으나 그 역시 남로당 간부로 1949년 지리산 유격대 격려 공

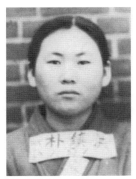

▲ 박진홍 지사(25살, 서대문 형무소)

연을 갔다가 국군토벌대에 붙잡혀 총살되는 불행을 겪었다.

　이에 앞서 박진홍 지사는 광복 후 조선부녀총동맹 문교부장 겸 서울 지부위원장을 맡아 각종 강연을 통해 여성해방 운동을 펼쳤으나 남편 사후 월북하여 한국전쟁 중에 사망한 것으로 전한다. 박진홍 지사는 아직 독립유공자로 포상이 이뤄지지 않은 상태다.

제4절

1940년대
여성독립운동

일제, 국가총동원법으로 조선을 병참기지화

전쟁광 일제는 1937년, 중일전쟁을 일으키고 1년 뒤인 1938년 4월에 <국가총동원법>을 공포하여 5월 5일부터 일본·조선·대만·사할린에서 동시에 시행했다. 전문 50조와 부칙으로 되어 있는 이 악법에 따라 전시 중 노동력, 물자, 자금, 시설, 사업, 물가, 출판 등을 완전히 통제하였고, 평상시에는 직업능력 조사, 기능자 양성, 물자 비축 등을 명령하였다. 또한 강제징용, 징병(1943년부터) 식량 공출, 위안부 소집 등이 시행되면서 조선을 대륙 병참 기지화하기 위한 악법의 시행으로 조선 민족은 엄청난 경제적 착취와 노동력 수탈 등 물적 인적 손실을 보게 되었다. <국가총동원법>은 일본이 패망한 이후인 1946년 4월 1일에 폐지되었다

이 시기의 조선총독부 총독은 조선의 히틀러라 불리는 제7대 미나미 지로(南次郎, 1874~1955)로 그는 1936년부터 1942년까지 조선 총독으로 있으면서 조선인을 일본인화(황국신민화)하기 위해 혈안이 되어 있었다. 미나미 지로는 국체명징(國體明徵, 천황 중심 국가체제를 분

명히 하는 일)을 내세워 내선일체(內鮮一體)를 주장하면서 조선 전역에 1면(面) 1신사(神社) 설치를 강행하여 신사참배를 강요함으로써 조선인의 정신을 말살하고자 했다. 그 결과 1936년에 524개였던 신사는 1945년에는 1,141개[56]로 급증했다. 일제는 신사참배를 거부하는 조선인들을 투옥했으며 특히 기독교계 학교의 신사참배 거부를 이유로

▲ 일제는 조선 전역에 1,141개(1945년)신사를 세우고 신사참배를 강요했다.
　①강원신사 ②대전신사 ③원산신사 ④인천신사 ⑤마산신사 ⑥용두산신사

56) 손정목, ≪韓國史硏究≫ 58, 1987. <조선총독부의 신사보급·신사참배 강요정책연구>
　　120~121쪽

1938년 2월까지 장로교 계통의 9개 중학교와 9개 소학교를 폐쇄했다. 또한 조선총독부는 특정 사립학교에 대해 민족적 색채가 농후하다는 이유를 붙여 교명을 바꾸도록 명하였다. 그 결과 대구의 신명학교는 남산학교로, 원산의 명문 루씨여자고등보통학교는 항도고등여학교로 강제로 바꿔야 했다.57) 이후 일제는 사립학교의 설립을 원칙적으로 불허하였다. 그런가하면 2백여 개소의 교회가 폐쇄 처분을 당하고, 2천여 명의 교인이 옥고를 겪어야 했다. 일제는 이러한 신사참배 거부 운동을 민족주의운동으로 간주하고 1940년 무렵부터는 이들을 치안유지법·보안법 위반과 불경죄 등의 죄목으로 중형(重刑)으로 다뤘다.

신사참배와 창씨개명으로 황국신민화 가속화

그뿐만 아니라 1940년대, 미나미 지로 총독 시절 빼놓을 수 없는 사건이 창씨개명이었다. 창씨개명은 1939년 11월에 공포되어 1940년 2월 11일부터 실시된 제령 제19호<조선민사령 중 개정의 건>과 제령 20호<조선인의 씨명에 관한 건>에 의해 실시된 것으로 조선인의 성씨를 일본인 성씨로 바꿔 조선인의 혈족·씨족·민족의 관념까지 말살하여 결국은 한민족을 해체58)하기 위한 수단이었다. 또한 총독부는 1940년에 동아일보와 조선일보까지 폐간하고 1942년에 조선어학회사건을 일으켜 식민지 조선인의 말과 글을 없애려 했으며, 민족말살정책을 강행하여 각급학교에서 식민교육을 강화했다.

---

57) 《신편한국사》 51권, 국사편찬위원회. 1992년~2003년, '황민화교육과 민족교육의 수난' 53~54쪽
58) 宮田節子·金英達·梁泰昊, 《創氏改名》 (東京 ; 明石書店, 1992), 39~40쪽.

▲ 일제 수탈의 흔적이 남은 홍천 '수타사 소나무'

1941년 12월 태평양전쟁을 일으킨 일제는 조선 청년들을 태평양전쟁에 동원하기 위해 1943년 7월 '해군특별지원병령'을 공포, 시행했다. 이 법의 시행으로 1943년까지 23,000여 명의 학도지원병이 전쟁터로 동원되었다. 이어 전쟁 막바지인 1944년 4월에는 징병제를 실시하여 육해군 합계 19만 명의 젊은 청년들을 전선의 총알받이로 몰아넣었다. 또한 '국민근로보국협력령'을 공포하여 노동력을 동원할 수 있는 근거를 만들어 일본의 탄광이나 군용 비행장 건설, 도로 확장 등의 건설 토목 현장에 투입하였다. 여성의 경우 1944년 봄부터 여자근로정신대59)라는 이름으로 어린 소녀들을 일본의 공장 등에 집단 동원했으며

59) "당시 여자들은 '여자징용의 유언비어에 놀라 결혼을 서둘러, 징용을 면하려고 하는 비국민 행

중일전쟁과 태평양전쟁 기간에는 일본 군인들의 성 욕구를 채워주기 위해 군대 위안소[60]를 만들어 조선을 비롯한 식민지 및 점령지 출신의 여성들을 강제로 보내 '종군위안부'로 삼았다.

이처럼 1940년대, 일제는 징용·징발·징병·보국대·여자정신대·종군위안부 등으로 조선인을 전장에 끌어냈고 전쟁물자 충당을 위해 놋그릇, 수저는 물론 심지어는 소나무 껍질까지 공출이라는 이름으로 벗겨갔다. 그러나 이러한 압제 속에서도 민중들은 광복의 희망을 버리지 않고 광복군 등 독립군 조직을 정비하여 일제에 맞서 투쟁하다가 1945년 8월 15일, 조국 광복을 맞았다.

● 신사참배를 끝내 거부한 마산의 잔 다르크 '김두석'

"우리는 아침 궁성요배로부터 정오 묵도에 이르기까지 그들과 정면충돌하였다. 다른 죄수들은 규칙에 따라 아침 시간에는 일어나 동쪽을 향하여 일본 천황에게 절하고 정오 12시에 사이렌이 울리면 일제히 일어나 머리를 숙여 나라를 위해, 죽은 영령들을 위해 묵념을 올리는데, 나는 그들과 반대로 꿇어앉았다." [61]

위'가 곳곳에서 비난받고 있었다." 또한 "젊은 여자를 징용하여 공장, 광산, 회사 등으로 공출한다. 이를 피하려면 기혼여자이면 된다"라는 소문이 있었다고 한다. 〈1930·40년대 조선여성의 존재 양태〉-'日本軍 慰安婦' 政策의 배경으로- 이만열·김영희, 국사편찬위원회, 《국사관논총》, 제89집, 2000, 3, 335쪽.

60) 위안소라는 명칭이 처음 등장하는 것은 1932년 국제도시 상해로 이곳에 위안소를 설치한 것은 해군이다. 육군 상해 파견군 참모부장이었던 오카무라 야스지(岡村寧次)는 해군 위안소를 모방하여 육군에도 위안소를 설치했다고 증언했다. 강정숙, 《일본군'위안부' 알고 있나요?》 한국독립운동사연구소, 2015, 28쪽.

61) 이윤옥, 《서간도에 들꽃 피다》 2권, 도서출판 얼레빗, 2012, 김두석 편.

김두석(金斗石, 1915.11.17.~2004.1.7.) 지사의 증언대로라면 이는 죽음을 불사한 행동이다. 모두 다 같이 한 곳을 향해 충성을 맹세하는 데 혼자만 반대 방향으로 돌아앉았으니 왜놈 순사 눈에서 불꽃이 튀길만하다. "네 이년, 불경스럽다. 궁성을 향하지 못할꼬?" 큰 칼 찬 왜놈의 붉으락푸르락하는 모습이 눈에 선하지만, 김두석 지사는 호락호락 궁성요배에 응하지 않았다. 그것도 무려 5번이나 신사참배 거부로 감옥을 드나들었으니 가히 그 높은 기개는 일반인이 흉내 낼 수 없을 것이다. 신사참배 거부로 김두석 지사는 마산의 민족학교인 의신여학교 교사 자리를 박탈당했다. 한번은 마산경찰서에서 호출이 와서 김두석 지사는 어머니와 경찰서에 출두했다. 고등계 형사실로 불려간 김두석 지사를 향해 형사가 물었다. "그동안 고생이 많았다. 그런데 지금 신사참배 문제를 어떻게 생각하나?" "지금도 역시 마찬가지 생각이다. 신사참배를 할 생각은 추호도 없다." 이 말이 떨어지기 무섭게 일본인 형사는, "이년의 소지품을 여기 두고 유치장으로 데려가라"는 불호령이 떨어졌다고 김두석 지사는 《신사참배 거부 항쟁자들의 증언》[62]에서 증언했다. 5번이나 감옥을 드나든 김두석 지사의 마지막 구속은 해방을 1년 앞둔 1944년 9월에도 있었는데 죄목은 한결같이 신사참배 거부와 배일 행위였다. 이때 부산지법에서 징역 3년의 실형을 선고받고 대구형무소에서 복역 중이었는데 다행히 8월 15일 광복을 맞아 풀려났다.

※ 김두석 지사 1990년 애족장 수여

---

62) 김승태, 《신사참배 거부 항쟁자들의 증언》: 어둠의 권세를 이긴 사람들, 다산글방, 1993.

1. 한국혁명여성동맹

　한국혁명여성동맹은 1940년 6월 17일, 중경에서 결성되었다. 한국혁명여성동맹은 통합 한국독립당 산하단체로 조직되었으며, 임시정부 활동 지원과 동포 여성 및 자녀들에 대한 교육에 힘을 쏟았다. 1940년대에 주의·이념을 초월하여 각 당파에서 모두 임시정부를 지지 옹호하자, 여성들도 이러한 흐름에 적극적으로 참여하여 민족통일전선을 이루는 데 앞장섰다. 독립운동계가 좌파와 우파로 나뉘어 노선을 달리하여 갈등하고 있음을 지켜보던 여성들은 더 이상 민족통일전선으로 통합하는 일을 미룰 수 없었다. 한국광복진선에 동참한 여성동지들은 항일역량을 강화하여 조국광복을 앞당기기 위해서는 강력한 여성조직이 필요하다는 데 인식을 같이하고, 오랫동안 이를 위한 준비 작업을 진행하였다. 한국혁명여성동맹은 '한국광복진선의 새로운 활력소가 될 것으로 믿어 의심치 않으며 한국광복군에 대한 협조와 지원을 아끼지 않고, 1천 5백만 한국여성동포들의 민족정신과 애국심을 일깨워 한국혁명에 힘을 보탤 때, 반도에 태극기가 휘날릴 날이 더욱 가까워질 것'임을 선언하였다. 이때 방순희 지사는 '한국혁명여성동맹'의 집행위원장 겸 서무부주임으로 임명되어 통일전선운동을 주도하였다. 그 외에 집행위원으로 오광심(재무부주임 겸직), 정정화(조직부주임 겸직), 김효숙(훈련부주임 겸직), 김정숙(선전부주임 겸직), 감찰위원으로 최형록, 최소정, 이순승이 참여하였다. 한국여성은 혁명여성임을 자처하며 조국 독립 완성과 세계 평화실현을 위해 역량을 집중하고 중국 여성과 전 세계 피압박 민족 여성들과 연계 분투하겠다고 다짐하였다.

▲ 한국혁명여성동맹 회원들(1940년 6월 17일, 중국 중경)

앞 줄 왼쪽: 이헌경. 정정화. 이국영. 김효숙. 방순희. 김정숙. 김병인. 유미영
둘째 줄 왼쪽: ○. 조용제. 오영선. 송정헌. 정현숙. 오건해. ○. 김수현. 노영재
맨 윗줄 왼쪽: 윤용자. ○. 이숙진. 최선화. 오광심. 연미당. 최형록. 이순승

● 한국혁명여성동맹에서 활약한 대표 여성독립운동가

가. 임시의정원 의원 및 한국혁명여성동맹에서 활약한 '방순희'

　방순희(方順熙, 1904.1.30.~1979.5.4.) 지사는 국운이 기울어 가던 1904년 함경남도 원산에서 태어나 서울의 정신여학교에 입학했다. 정신여학교 재학 중, 1919년 3·1만세운동에 참여했다가 일경의 삼엄한 감시 탓에 상해로 망명했다. 때마침 1919년 4월 11일 상해에서는 대

한민국임시정부가 출범했는데 방순희 지사는 여기에 합류하였다. 재정 형편이 열악한 임시정부를 돕는 일은 남녀를 불문하는 일이었지만 특히 여성들은 '대조선독립애국부인회', '대한민국애국부인회' 등을 조직하여 군자금을 후원하는 등 중요한 임무를 맡았다.

▲ 방순희 지사

또한, 이들은 독립전쟁 요원들을 지원하고 국민에게 배일사상을 높이는 일에 힘을 쏟았는데 방순희 지사가 앞장섰다. 한편, 방순희 지사는 대한민국임시정부 임시의정원에서 의원으로 활동했다. 1938년 8월부터 1945년 광복을 맞을 때까지 대한민국임시의정원 함경남도 대의원, 1942년 5월에는 한국독립당 중경구 당부 간사, 1942년 10월에는 대한민국애국부인회 부회장, 1943년 6월에는 대한민국임시정부 선전부장, 1945년에는 대한민국임시정부 국내 선전 연락원으로 활약했다. 한편 방순희 지사는 남편 김관오(1963년 독립장) 선생과 함께 부부독립운동가로 활약했다. ※ 방순희 지사 1963년 독립장 수여

나. 임시정부 및 한국혁명여성동맹에서 활약한 '정정화'

정정화(鄭靖和.1900.8.3.~1991.11.2.) 지사는 충청남도 연기 출신으로 시아버지인 대동단 총재 김가진과 남편 김의한(1990년 독립장)이 상해로 건너가 독립운동을 하자 혼자 몸으로 1919년 3·1만세운동 직후 상해로 건너갔다. 정정화 지사는 상해 대한민국임시정부 소속으로 1930년까지 열악한 재정지원을 돕기 위하여 6회에 걸쳐 국내를 왕복하면서 거액의 독립운동자금을 모금하여 임시정부에 전달하였다. 1932년, 윤봉길 의사의 상해 홍구공원 의거 후, 일제의 감시를 피해 임시정부가 절강성 가흥으로 이동함에 따라 이동녕, 김구, 엄항섭 등과

▲ 3·1유치원63) 추계개학기념사진(중국 중경 1941.10.10.)
　연미당, 강영파, 김병인, 이국영, 정정화(뒷줄 왼쪽부터)

---

63) 3·1유치원은 대한민국임시정부에서 활동하던 독립운동가들의 자녀교육을 위해 임시정부가
설립하였다.

함께 이동하여 임시정부를 도왔다. 1934년, 한국국민당에 입당하여 활동하였으며, 1940년에는 한국독립당의 창당 요원으로 활약했다. 한편, 1940년에는 중경에서 한국혁명여성동맹을 조직하고 그 간부로 항일활동을 폈으며 1941년에는 임시정부의 보호 속에 있는 중경 3·1유치원 교사로 임명되어 독립운동가 자녀들에 대한 교육을 담당하였다. 또한 1943년 2월 23일에는 중경에 있는 임시정부 산하 대한애국부인회의 재건조직에 참여하여 훈련부장으로 활동하였다. 정정화 지사는 방송을 통하여 국내외에 있는 동포 여성들의 각성과 분발을 촉구하고, 위문 금품을 거두어 일선에 있는 독립군을 위문하였으며, 적진 앞에 있다가 포로수용소를 통하여 넘어오는 동포 여성들의 계몽교육에도 힘썼다.

※ 정정화 지사 1990년 애족장 수여

다. 한국애국부인회의 및 한국혁명여성동맹에서 활약한 '연미당'

연미당(延薇堂, 1908.7.15.~1981.1.1.) 지사는 경기도 여주 출신으로 대한민국임시정부에서 선전부장으로 활약한 엄항섭(1989년 독립장) 선생의 부인이며 딸 엄기선(1993년 건국포장)도 독립운동가로 활약했다. 연미당 지사는 1930년 8월 상해에서 한인여자청년동맹이 조직되었을 때 김윤경, 김순애, 박영봉, 이운선 등과 함께 상해 청년여자 교민에 대한 조사 및 상해지역에 거주하고 있던 교민들의 단합을 위하여 활동하였다. 연미당 지사는 1931년 10월 일제가 일으킨 만주사변 이후 상해에 있는 한인 각 단체 대표자 회의에 여자청년동맹의 대표로 참석하여 배일 활동을 폈다. 또한 상해 홍구공원에서 윤봉길 의사의 의

거가 있은 다음 일제의 포악한 탄압을 피해 1932년 4월부터 1936년 5월에 이르는 동안 대한민국임시정부가 가흥·진강을 거쳐 장사로 이동했는데 이때 임시정부 요인들을 수행하며 독립운동에 참여하였다. 특히 장사에 있는 남목청(楠木廳)에서 3당 통일회의가 열리고 있을 때 이운한의 저격을 받아 중상을 입은 백범 김구를 정성으로 간호하였다. 1938년 10월에는 한국광복진선청년공작대원이 되어 선전과 홍보활동에 힘썼으며 1943년 2월 중경에서 한국애국부인회의 조직부장으로 뽑혀 항일의식을 높이는 방송을 담당하였다. 또한 1944년 중국 국민당 정부와 대한민국임시정부 사이의 협조로 대적선전위원회(對敵宣傳委員會)를 통해 임시정부와 광복군의 활동 상황을 우리말로 방송하였으며 일본군 안의 한국인 사병에 대하여 초모(징집) 공작을 하면서 한국 여성들의 총궐기를 촉구했다. 한편 1944년 3월에는 한국독립당에 입당하여 조국 독립을 위한 활동을 폈다. ※ 연미당 지사 1990년 애국장 추서

2. 재건대한애국부인회(중경)

한국혁명여성동맹의 창립과 활동을 기반으로 하여 1943년 2월 23일 각 정파의 여성 50여 명은 중경 임시정부 집회실에 모여 한국애국부인회를 재건하였다.(일명 재건대한애국부인회) 3·1만세운동 이후 국내는 물론 미주와 상해 등지에서 결성된 애국부인회의 애국 활동을 계승하고 남녀평등의 여권 확장을 통해 민족통일전선운동에 적극적으로 동참하고자 애국부인회를 재건한 것이다. 이제 여성들도 남성의 지원, 남

편에 대한 내조 차원이 아닌 민족해방운동의 전사로서, 그리고 조국 광복과 민주주의 국가 건설에 주체로서 임시정부를 중심으로 민족 통합과 조국 독립을 달성해 나가야 할 역사적 임무를 수행하고자 했다. 이 대회의 주석에는 김순애, 부주석에는 방순희 지사가 뽑혔다.

▲ 1943년 재건대한애국부인회 회원들. 최선화, 김현주, 김순애, 권기옥, 방순희 지사

3. 한국광복군 창설과 여자 광복군

한국광복군(약칭 광복군)은 1940년 9월 17일 중국 중경에서 조직된 대한민국임시정부의 정규 국군이다. 광복군의 연원은 만주지역 무장투쟁을 계승하여 창설된 무장조직이었다. 만주지역은 1910년대 이

래 무장투쟁의 주요 근거지였다. 그러나 1931년 일제가 점령한 이후 항일세력에 대한 대규모 토벌 작전이 감행되면서, 만주에서의 무장투쟁은 사실상 어렵게 되었다. 이 과정에서 만주독립군들은 중국관내로 이동하였고, 대부분 임시정부에 참여하였다. 광복군은 바로 이들을 주축으로 하여, 중국군관학교 출신의 한인 청년들을 소집하여 창설한 것이었다. 한편 총사령부성립보고에서 "대한제국의 군대가 해산된 날이 광복군의 창군일(創軍日)"이라 하여, 광복군의 그 정신적 맥락을 대한제국 국군에 두고 있음을 알 수 있다. 광복군은 창설 직후 총사령부와 3개 지대를 편성하였으며 총사령부는 총사령 지청천, 참모장 이범석을 중심으로 구성되었고, 제1지대장 이준식, 제2지대장 공진원, 제3지대장 김학규 등이 임명되어 단위부대 편제를 갖추었다. 총사령부는 약 30여 명 안팎의 인원으로 구성되었으며 초기 여자 광복군으로 지원한 사람은 오광심, 김정숙, 지복영, 조순옥, 민영주, 신순호 등이다. 이들은 주로 사령부의 비서 사무 및 선전사업 분야에서 활동하였다. 광복군은 각지에 흩어져 활동하던 한인 항일 군사조직을 흡수하여 통합하는 데에 힘을 쏟았다. 1941년 1월에 한국청년전지공작대가 편입되었으며, 1942년 7월에는 김원봉이 이끌던 조선의용대의 일부가 흡수되었다. 이로써 광복군은 지청천 총사령과 김원봉 부사령 밑에 3개 지대와 제3전구공작대, 제9전구공작대, 토교대를 두게 되었다. 또한, 중국 각지에 징모분처를 설치하고 한국청년 훈련반과 한국광복군 훈련반이라는 임시 훈련소를 운영하였으며 기관지 《광복》을 펴냈다. 1941년 2월 1일자로 창간호를 낸 《광복》의 편집은 김광 (1995년 애국장)이 맡았으며 원고 작성과 번역 등은 오광심, 지복영, 조순옥 등 여자 광복군이 맡았다. 《광복》은 한국어와 중국어로 간행하였으므로 원고 집필과 편집에는 모국어와 중국어에 능통한 사람이 필요했는데 여자 광복군들은 중국학교에서 교육을 받은 인재들이었다.[64] 대한민국임시의정원 문서에 따르면 1945년 4월 당시 광복군의 총 군인 수는 339명이었으며, 같은 해 8월에는 700여 명으로 성장하였다. 광복군 가운데 2021년 3월 현재, 정부로부터 국가유공자로 서훈을 받은 사람은 남성이 536명이고 여성은 오광심 지사를 포함하여 32명이다.

〈표8〉【여자광복군 명단】[65]

순번	이름	포상년도	포상훈격
1	김봉식	1990	애족장
2	김숙영	1990	애족장
3	김영실	1990	애족장
4	김옥선	1995	애족장
5	김정숙	1990	애국장
6	김정옥	1995	애족장
7	김효숙	1990	애국장
8	민영숙	1990	애국장
9	민영주	1990	애국장
10	박금녀	1990	애족장
11	박기은	1990	애족장
12	백옥순	1990	애족장
13	송영집	1990	애국장
14	신순호	1990	애국장

64) 박용옥, 《여성운동:한국독립운동의 역사 31》, 한국독립운동사편찬위원회, 2009, 319~320쪽.
65) 국가보훈처 공훈전자사료관 독립유공자 공훈록을 참조하여 필자 정리. 참고로 2021년 3월 31일 현재 남자광복군 포상자는 536명이다.

순번	이름	포상년도	포상훈격
15	신정숙	1990	애국장
16	안영희	1990	애국장
17	오광심	1977	독립장
18	오희영	1990	애족장
19	유순희	1995	애족장
20	윤경열	1982	대통령표창
21	이옥진	1968	대통령표창
22	이월봉	1990	애족장
23	임소녀	1990	애족장
24	장경숙	1990	애족장
25	전월순	1990	애족장
26	전흥순	1963	대통령표창
27	정영순	1990	애족장
28	조순옥	1990	애국장
29	지복영	1990	애국장
30	최이옥	1990	애족장
31	한영애	1990	애족장
32	한태은	2020	애족장

● 광복군으로 활동한 대표 여성독립운동가

가. 광활한 중국 대륙 광복군 맏언니 '오광심'

오광심(吳光心, 1910.3.15. ~ 1976.4.7.)지사는 평안북도 선천 출신으로 광복군으로 활약하였으며 남편 김학규(1962년 독립장)는 광복군 총사령부 참모처장과 광복군 제3지대장으로 활동하였다. 오광심 지사는 1931년 남만주에서 조선혁명당에 가입하여 활동하다가 남경으로 옮겨 만주지역의 연락을 맡았다. 1935년에는 민족혁명당 부녀부에서 활약하였고, 1936년에는 남경의 대한애국부인회 간부로 활동하였다. 또한 1938년 11월 결성된 한국광복진선청년공작대에서 활약하였으며 청년공작대는 항일의식을 높이기 위한 선전을 하고 중국인의 항일의지와 반일감정 의식을 도왔으며 항일의 내용을 담은 벽보, 합창, 연극 등을 통해 독립의지를 북돋았다.

▲ 오광심 지사

청년공작대는 이듬해 중경에서 한국광복군을 창설하는데 밑거름이 되었다. 당시 청년공작대의 총대원수는 34명이었는데 이 가운데 오광심 지사를 비롯한 3분의 1이 여자대원이었다. 한편 1940년 9월 중경에서 한국광복군 총사령부가 창립될 때, 오광심 지사는 초기 광복군으로 김정숙·지복영·조순옥·신순호·민영주 등과 함께 참여하였다. 1942년 2월 임시정부 군무부 제6징모분처의 간부로 주임 위원 김학규·김광산·서파·박찬열·지복영·오희영 등과 함께 안휘성, 하북, 산동 지역에서 초모·선전·파괴 등의 항일활동을 펼쳤다. 1945년 6월 제6징모분처가 통합되어 광복군 제3지대로 확충 개편될 때 제3지대장이었던 남편 김학규와 함께 기밀실장으로 활동하였다. 광복 이후 중국에 머물면서 1947년 심양에서 애국부인회를 조직하여 위원장으로 활동하다 1948년 4월 귀국하였다.

※ 오광심 지사 1977년 독립장 추서

나. 중국 군인도 무서워 벌벌 떤 '이월봉'

이월봉(李月峰, 1915.2.15.~1977.10.28.) 지사는 황해도 황주군 황주면 동천리 402번지에서 아버지 이배근과 어머니 문근 사이의 4남매 가운데 둘째딸로 태어났다. 아버지는 집에 일꾼 30명을 둘 정도의 부농이었으나 오래 경영하던 농장을 접고 상업의 길로 나가다가 잘못되어 집안이 파산의 길을 걷게 되었다. 보통학교 4학년을 마칠 무렵 숙부를 따라 이월봉 지사는 만주 제제할제라는 곳으로 떠났다. 중국에서 보통학교를 졸업하면서부터 생활전선에 뛰어들어 억척스럽게 지내던 이월봉 지사는 가깝게 지내던 동포로부터 한국광복군에 입대할 것을 권유받고 망설임 없이 입대하였다. 중국 하남성의 한국청년전시공작대원이 되어 남자들과 똑같은 훈련과정을 거치면서 이월봉 지사는 180명 가운데 훈련성적이 5등 이내였다.

이월봉 지사는 1938년, 장개석이 장학량 군대에 감금된 뒤에 풀려

▲ 이월봉 지사

난 것을 기념하기 위해 만든 중화민국대운동회에 참가하여 남자들을 제치고 1등을 거머쥐었다. 이 대회는 요즘으로 말하면 철인 5종 경기와 같은 것으로 장애물 뛰어넘기, 산악 달리기 등 험난한 코스를 거쳐 산 꼭대기에 펄럭이고 있는 중국 국기를 뽑아 내려와야 하는 경기였다. 그런데 이월봉 지사가 산 꼭대기에 1등으로 올라가 중국 국기를 뽑으려 하자 국기를 지키던 사람이 여자라고 내주지를 않자 이월봉 지사는 그 남자를 때려눕히고 국기를 뽑아 내려와 1등을 했다. 이월봉 지사의 패기 넘치는 이 이야기는 당시 큰 화제가 되었다고 한다. 1939년 12월 이월봉 지사는 중국군 중앙간부훈련소 학원반을 수료하여 대망의 한국광복군 제2지대 여군반장이 되었다. 이후 광복군 제2지대에 편입하여 활동하다가 광복을 맞은 이듬해인 1946년 6월 꿈에도 그리던 고국으로 돌아왔다. 이월봉 지사는 평생 독신으로 지냈으며 남동생 아들을 양아들로 삼고 63세를 일기로 1977년에 생을 마감했다.

※ 이월봉 지사 1990년 애족장 추서

다. 열여섯 늠름한 광복군 '오희영'

오희영 (吳熙英,1924.4.23.~1969.2.17.)지사의 본적인 경기도 용인은 할아버지 오인수 의병장이 활약한 곳이다. 이곳은 부부독립운동가인 아버지 오광선(1962년 독립장), 어머니 정현숙(1995년 애족장)지사의 고향으로 아버지는 일찌감치 만주로 건너가 신흥무관학교를 졸업하고 서로군정서 제1대대 중대장으로 활약하는 한편, 신흥무관학교 교관을 역임했다. 오희영 지사는 아버지가 활약한 중국 길림성 액목현에서 태어났다. 이곳은 1920년 일제의 토벌군을 피해 서로군정서 본부가 이동한 곳으로 새로운 독립운동 근거지가 된 곳이다.

오희영 지사는 중국 유주에서 동생 오희옥(1990년 애족장)과 한국광복진선청년공작대에 입대하였다가 1940년 한국광복군이 창설되자

▲ 오희영 지사 (동그라미 속)

오광심·김효숙 등과 함께 여군으로 입대하여 제3지대 간부로 활동하였다. 1944년에는 부양(阜陽)에서 군사교육 훈련을 마친 한국광복군 간부훈련단의 1기 졸업생들과 함께 훗날 남편이 된 신송식(1963년 독립장)교관의 인솔 아래 광복군 총사령부가 있는 중경으로 가서 한국독립당에 가입하였다. 이후 임시정부 주석 사무실 비서 겸 선전부 선전원으로 활동하면서 1944년 임시정부 요인들이 거주하던 토교에서 신송식과 혼인하여 부부독립운동가로 활약하였다. 참고로, 오희영 지사의 동생인 오희옥 지사(1926.~ 생존)는 2021년 7월 17일 현재, 서울 중앙보훈병원에 입원 중이며 여성독립운동가 가운데 유일한 생존 애국지사다.

"(중국) 광주에서 얼마 살다가 유주로 갔어. 거기는 광복군 공작시장이야. 1939년 이었어. 언니(오희영 지사)와 나는 한국광복진선청년공

▲ 병실에서도 '힘내라 대한민국'이라는 글을 쓰고 있는
  오희옥 지사(2020.11.14.)

작대에 가입했어. 일본군 정보 수집, 지원병 모집, 활동도 하고 그때 한중 합작해서 노래, 무용, 연극도 했어. 수익금은 군자금으로 썼지. 종이로 확성기를 만들어서 길거리의 중국인들에게 일본군의 만행을 알리는 가두선전도 했어. (가운데 줄임) 그래도 우리나라를 찾아야겠다는 마음에 했어. 중국 땅에 있는 게 서러웠거든."[66]

오희옥 지사는 2018년 3월 16일, 뇌출혈로 쓰러져 올해(2021년)로 만 3년이 넘게 투병 중이다. 쓰러지시기 전인 2018년 3·1절 행사 때는 물론이고 구순이 넘은 나이임에도 건강한 모습으로 각종 기념행사에 참여하여 여성독립운동의 산 증인으로 활발한 활동을 하셨다.

※ 오희영 지사 1990년 애족장 추서, 오희옥 지사 1990년 애족장 수여

---

66) 박숙현, 《여성독립운동가 오희옥 지사의 마지막 증언》, 북앤스토리, 2019,117쪽.

제2장

신분별로 본
여성독립운동

1. 기생 출신 여성독립운동가

가. 수원기생 33인을 이끈 '김향화'

김향화(金香花, 1897.7.16.~ 모름)지사는 기생 출신으로 동료 기생 33명과 만세운동에 참여했다. 행화(杏花), 순이(順伊)라는 이름으로도 불린 김향화 지사는 3월 29일 경기 수원군 자혜병원 앞에서 기생 33명과 함께 독립만세를 불렀으며 수원 기생조합 출신이다. 이들은 건강검진을 받으려고 자혜병원으로 가던 중 동료와 함께 준비한 태극기를 흔들며 독립만세를 주도하여 의기(義妓)로서 기상을 높였다. 기생조합은 1916년 3월 조선총독 데라우치(寺內正毅)가 일본식 유곽 제도를 만들면서 기생도 허가제가 되어 권번(券番)에 적을 두고 세금을 내게 하였

▲ 1919년 덕수궁 앞에서 망곡례를 올리는 수원기생들

다. 권번은 주식회사 제도로 운영되었는데, 주된 기능은 어린기생에게 한국의 전통 가무를 가르쳐 기생을 양성하는 한편, 기생들의 요정 출입을 지휘·감독하고 화대를 받아주는 중간 역할을 담당하였다.

김향화 지사는 수원 기생조합에 속해 있었으며 특히 검무와 승무를 잘 추고 가야금을 잘 타던 으뜸 기생이었다. 김향화 지사를 비롯한 수원기생 33명은 1919년 1월 27일 고종황제 국상에 맞춰 소복을 입고 서울로 올라가 대한문 앞에서 망곡(국상을 당해 대궐문 앞에서 백성이 모여 곡을 하는 것)에 참여하였다. 이후 수원으로 돌아가 3월 29일 만세운동을 일으키다가 일경에 잡혀 1919년 5월 27일 경성지방법원 수원지청에서 이른바 보안법 위반으로 징역 6월을 선고받고 옥고를 겪었다. ※ 김향화 지사 2009년 대통령 표창 추서

나. 황해도 해주 만세운동을 이끈 해주기생 '문재민'

문재민(文載敏, 1903.7.14.~ 1925.12.)지사는 황해도 해주에서 태어나 열여섯 살 되던 해인 1919년 4월 1일 동료 기생들을 모아 해주읍의 만세운동을 주도하였다. 문재민 지사는 동료 기생들과 함께 손가락을 깨물어 흐르는 피로 그린 태극기를 들고 해주 종로에서 만세운동을 벌였다. 시위군중이 동문으로 나갈 때 군중의 수는 3,000여 명으로 늘어났다. 다시 종로 큰 거리로 들어선 기생들은 일시 행진을 중지하고 독립연설을 하였다. 당시 해주기생 중에는 서화에도 능숙한 기생조합장 문응순(월선)을 비롯한 학식 있는 기생들이 많았다. 기생들은 종로

▲ 붉은 저고리 남치마 속에 깊이 간직한 애국심, 문재민 지사 시화(그림 한국화가 이무성, 시 이 윤옥)

에서 다시 서문 밖으로 행진을 계속하던 중, 헌병과 경찰에 의해 강압적인 해산을 당했으며, 이날 문재민 지사를 비롯하여 김월희, 문월선, 이벽도, 김해중월 등 기생 7명이 구속되었다. 이들은 해주지방 법원에서 징역 4월~6월을 각각 선고받고 옥고를 겪었다.

문재민 지사는 출옥 뒤에 박계화 목사 부부의 도움으로 개성의 호수돈여학교에 입학했다. 이때 향희(香姬)라는 이름을 버리고 재민(載民)이라는 이름으로 바꾸었으며 밤낮으로 공부한 결과 줄곧 우등생을 놓치지 않았다. 이러한 억척스러운 노력은 호수돈여학교 고등과를 거쳐 이화학당으로 진학하게 된다. 그러나 열여섯 살 때 감옥에서 받은 고문

탓으로 성치 않은 몸에다가 공부와 일을 병행하면서 누적된 과로에 폐병까지 겹쳐 그만 스물네 살로 숨을 거두었다. 민족의식이 뚜렷했던 기생 출신 문재민의 안타까운 이야기는 조선일보 1925년 12월 13일 치에 크게 소개되었다.

※ 문재민 지사 1998년 애족장 추서

다. 한글 독립선언서를 손수 써서 시위에 나선 '옥운경'

옥운경 (玉雲瓊,1904.6.24.~ 모름) 지사는 1919년 4월 1일 황해도 해주 만세운동에 앞장섰다. 이보다 앞서 1919년 2월 말, 기생 문응순 (예명 월선)과 김성일(예명 월희)은 고종황제의 국장을 보기 위해 상경했다가 서울의 3·1만세운동에 참여하고 해주로 돌아왔다. 해주에서는 3월 1일과 3월 9일에 이어 4월 1일에 만세운동이 크게 일어났는데 옥운경 지사를 포함한 김해중월, 이벽도, 김성일, 문향희, 문응순, 화용, 금희 등의 기생들이 크게 활약하였다. 옥운경 지사는 동료 기생들과 직접 한글로 독립선언서를 썼는데 그 내용은 "시냇물이 모여 대하를 이루고, 티끌 모아 태산도 이룩한다 하거든, 우리 민족이 저마다 죽기 한(恨)하고 마음에 소원하는 독립을 외치면 세계의 이목은 우리나라로 집중될 것이요, 동방의 한 작은 나라 우리 조선은 세계 강대국들의 동정을 얻어 민족자결 문제가 해결되고 말 것이다."라는 것으로 1919년 4월 1일 해주 만세운동 때 쓰였다.

4월 1일 해주 만세운동이 일어나자 옥운경 지사를 비롯한 해주기생들은 남문 쪽을 향해 나가며 태극기를 흔들고 자신들이 손수 쓴 독

▲ 한글 독립선언서를 쓰는 옥운경 지사와 동료기생, 김해중월, 이벽도, 김월희, 금희, 문향희, 문월선, 화용 (그림 한국화가 이무성)

립선언서 전단을 뿌리면서 대한독립만세를 외쳤다. 이 소식을 듣고 모인 군중들이 3,000여 명에 달하였다. 황해도에서는 해주, 서흥, 연안, 신주, 재령, 안악, 옹진을 중심으로 강력한 만세시위가 펼쳐졌다. 이날 만세시위로 옥운경 지사는 일경에 잡혀 1919년 9월 9일 해주지방법원에서 보안법 위반으로 징역 4월을 선고받고 해주형무소에서 옥고를 겪었다.   ※ 옥운경 지사 2010년 대통령표창 추서

2. 의사 및 간호사 출신 여성독립운동가

가. 의술과 어린이 교육에 힘쓴 '고수선'

고수선(高守善, 1898.8.8.~1989.8.11.) 지사는 1898년 남제주군 가파리에서 아버지 고석조와 어머니 오영원 사이에서 태어났다. 고수선 지사의 어머니는 딸에 대한 교육열이 높아 당시 서울구경 한번 하기도 어려운 시절에 딸의 경성 유학을 도왔으며 동경 유학을 보내기 위해 삯바느질도 마다하지 않았다. 어머니 덕에 제주도의 대정공립보통학교와 신성여학교를 졸업하고 꿈에 그리던 경성 유학길에 올랐다. 1916년 서울로 올라온 고수선 지사는 경성여자고등보통학교 2학년에 편입하여 공부하던 중 일본교사 배척운동을 펼쳤으며 1919년 3월 1일 박희도 선생의 지시를 받아 학생을 동원·인솔하여 탑골공원에서 만세시위를 벌였다. 3월 초순에는 유철향 집 지하실에서 신경우 등 동지 학생들과 모여 일편단심을 상징하는 붉은 댕기 수천 개를 만들어 각 학교에 나눠주었고 신경우·김숙정과 벽보를 붙이는 등의 활동을 하였다. 1919년 3월 중순 상해로 건너가 대한민국임시정부에서 군자금 모금 활동을 폈으나 일경의 감시가 심해 일본으로 건너갔다.

일본에서 요시오카 의학전문학교에 입학하였으나 1921년 동경 우에노 공원에서 동지 이덕요·이낙도·이의향 등과 독립운동을 모의한 죄로 또다시 잡혀 학업을 포기하고 귀국길에 올랐다. 귀국 후 서울로 돌아온 고수선 지사는 경성의학전문학교에 입학하여 의학공부를 마치고

▲ 고수선 지사는 의술을 베푸는 한편 전쟁고아들을 거두기 위한 제주모자원을 설립하는 등 어린
이 교육에도 힘썼다.

한국 최초의 정식 여의사 자격을 땄으며 제주의 조천을 비롯한 한림,
서귀포, 고산 등지에서 의술을 펼쳤다. 한편 광복 뒤에는 6·25 한국전
쟁으로 넘쳐나던 전쟁고아들을 거둬 한글강습소인 제주모자원과 선덕
어린이집을 설립하여 어린이 교육에 열정을 쏟았다. 또한 정치계에도
입문하여 도의원, 민의원에 도전하기도 했고, 한국부인회 등 여성단체·
문화예술계의 지도자로 활약하였다. 1978년 용신(容信) 봉사상, 1980
년 제1회 만덕(萬德) 봉사상을 수상하였다.

※ 고수선 지사 1990년 애족장 추서

나. 경성여고보 시절 만세운동에 앞장선 의사 '최정숙'

최정숙(崔貞淑,1902.2.10.~1977.2.22.)지사는 제주 신성여학교(현,
신성여자고등학교)를 1회로 졸업한 뒤 당시로는 쉽지 않은 서울 진명여
학교로 유학을 왔다. 당시 제주도에서 서울유학이란 꿈도 꾸지 못할 일
이었지만 어린 정숙은 법조인이었던 아버지를 설득하고 졸라 서울 유학
의 꿈을 이뤘다. 진명여학교에 진학한 뒤 줄곧 1등을 했으며, 경성여자
고등보통학교 사범과 시절 3·1만세운동이 일어나자 적극 뛰어들었다.

최정숙 지사는 3월 1일 서울 파고다공원에서 독립선언문이 발표되
자 수천 명의 시위군중과 함께 태극기를 흔들고 독립만세를 부르며 시
위행진을 벌이다가 일경의 무력탄압으로 시위가 강제로 해산되면서 다
른 동지들과 함께 잡혔다. 이 일로 최정숙 지사는 1919년 11월 6일
경성지방법원에서 이른바 보안법 위반으로 징역 6월에 집행유예 3년을
선고받았다.

▲ 만세운동으로 잡혀가 받은 판결문 원본(오른쪽)에는 최정숙 이름이 선명하다

그 뒤 1925년 목포소화학원 교사를 시작으로 전주사립혜성학교 등에서 민족교육에 힘썼다. 그러나 당시 질병으로 고통받는 환자들이 의료혜택을 못 받고 있는 것을 보고 1943년 41세의 만학으로 경성여자의학전문학교에 1회로 입학하여 의사가 되었다. 그러던 중 일제강점기에 폐교된 모교 신성여학교 자리에 1946년 9월 신성여자중학원(중학교)을 세워 여성들의 교육에 힘을 쏟았다. 이후 제주 신성여자중·고등학교 교장을 거쳐 초대 제주도 교육감으로 제주 교육을 정상으로 이끄는 일에 평생을 바쳤다. ※ 최정숙 지사 1993년 대통령표창 추서

다. 일본 의학전문학교시절 근우회 등을 창립하여 독립운동에 뛰어든 '강평국'

"슬프다. 시대의 선각자요, 여성의 등불인 그는 삼일운동 때 피 흘려 청춘을 불살랐고 청운의 뜻을 품고 일본으로 건너갔으나 품은 이상 이루지 못한 채 애달픈 생애 딛고 여기 길이 자노니 지나는 손이여. 비 앞에 발 멈춰 전사의 고혼(孤魂)에 명복을 빌지어다. 여기 뜻있는 이 모여 정성들여 하나의 비를 세우노니 구천에 사무친 외로운 영이여 고이 굽어 살피소서."

이는 제주시 황사평 천주교 공원묘지에 세워져 있는 강평국(姜平國, 1900.6.19.~1933.8.12.) 지사의 추도비에 새겨져있는 글이다. 강평국 지사는 1900년도 제주읍 일도리에서 아버지 강도훈과 어머니 홍소사의 둘째딸로 태어났다. 강평국 지사의 부모는 천주교인으로 강평국 지

▲ 고수선, 강평국, 최정숙(왼쪽부터)은 제주신성여학교 1회 동창으로 오랫동안 우정을
나눈 사이다.

사가 태어나고 1년 뒤인 1901년 신축교난(辛丑教難, 1901년 제주도민
들 사이에 경제적 이해 대립관계와 종교적인 갈등, 일본인 수산업자들
과 프랑스 선교사 세력들의 대립이 복합적으로 작용하여 발생한 사건)
의 소용돌이에 휘말려 순교하는 불운을 겪었다. 고아가 된 강평국 지사
는 오빠 강세독과 천주교의 보호 아래 자라 '아가다'라는 이름의 세례
를 받았다.

강평국 지사는 제주 여성독립운동가 3총사로 불리는 고수선, 최정
숙 지사와 함께 일찍이 개화의 눈을 떠 제주 신성여학교를 1회로 졸업
(1914년)했다. 이들은 어린 시절부터 고향 제주에서 친자매처럼 친하
게 자랐다. 더욱 놀라운 것은 당시 여자에게 교육을 시키지 않았던 시
절임에도 3총사는 신성여학교를 졸업하고 모두 서울로 유학을 떠났다
는 점이다. 3총사는 경성여자고등보통학교 사범과(1918년)를 나와 교
육자의 길을 걷는다. 하지만 얼마 안 돼 다시 의학공부에 전념한다. 의
사가 되어 헐벗고 가난한 동포를 돌보고자하는 꿈이 있었기 때문이다.

그 뒤 3총사 가운데 최정숙, 고수선 지사는 경성여자의학전문학교를 졸업하여 의사가 되었고 강평국 지사는 동경여자의학전문학교로 유학을 떠났다.

강평국 지사(아가다, 1900-1933), 최정숙 지사(베아트리체, 1902-1977), 고수선 지사(엘리사벳, 1898-1989)는 모두 신심이 깊은 천주교 신자들이었으며 나이는 고수선 지사가 위였고 강평국 지사에 이어 최정숙 지사 순이다. 이들은 서울 유학시절 3·1만세운동에 적극 참여하였다. 그러한 독립운동 사실을 인정받아 고수선(1990,애족장), 최정숙(1993,대통령표창) 지사는 일찌감치 서훈을 받았으나 강평국 지사는 2019년에 가서야 독립유공자로 인정받았다. 고수선, 최정숙 지사의 서훈 연도에 견주면 28년 만이나 늦은 것이다.

강평국 지사는 동경으로 건너가 의학전문학교를 다니면서 1927년 동경조선여자청년동맹 초대 집행위원장을 맡았고, 1928년에는 근우회 동경지회를 창립하여 회장으로 활약하였다. 이러한 과정에서 몸에 무리가 갔는지 늑막염이 심해지는 등 건강에 빨간불이 켜졌다. 그러나 점점 악화되는 건강 때문에 아쉽게도 학업을 포기하고 귀향길에 올라야 했다. 하지만 과거 광주에서 비밀결사 활동을 하던 일을 끝까지 추격하던 일경에 발각되어 1933년 1월, 강평국 지사는 광주로 끌려갔다. 조사를 마치고 다시 고향으로 돌아왔을 때는 이미 몸이 만신창이가 되어 있었고 그 길로 일어나지 못하고 1933년 8월 12일, 33세로 세상을 뜨고 말았다.   ※ 강평국 지사 2019년 애족장 추서

라. 총독부와 정면으로 맞선 간호사 '노순경'

노순경(盧順敬, 1902.11.10.~1979.3.5.) 지사는 세브란스 간호사 출신으로 독립운동에 뛰어들었다. 황해도 송화군 풍해면 풍천리가 고향으로 1919년 12월 2일 서울 종묘 앞에서 일어난 만세시위에 참여하였다. 독립운동가 노백린(1962년 대통령장) 장군의 차녀로 평소부터 남다른 항일의식을 길러 왔던 노순경 지사는 1919년 3·1만세운동 이후 재차 기회를 엿보다가 12월 2일에 20여 명의 동지들과 함께 태극기를 만들어 일제 총독부에 정면으로 대항하는 만세시위를 일으켰다. 일제강점기인 1914년부터 1944년까지 독립운동에 참여한 간호사는 노순경 지사를 포함하여 김효순, 박덕혜, 이도신, 이정숙, 박자혜, 김온순 등 모두 24명이다. 이들의 주된 활동무대는 서울과 평양이 중심이었다. 유형별로 보면, 독립만세운동, 군자금모금, 적십자활동, 사회운동, 여성운동, 농촌계몽운동, 첩보활동, 비밀연락, 독립군 모집 등에서 활약하였다.

▲ 노순경 지사(17살, 서대문형
무소)

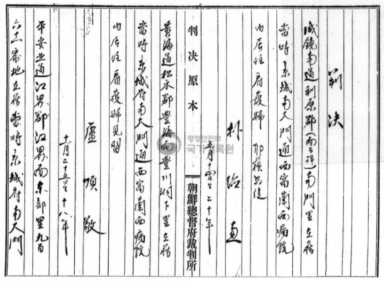

▲ 노순경 지사 판결문 (경성지방법원. 1919.12.18.)

매일신보 1919년 12월 20일치 기록에 따르면 "지난 12월 1일 저녁 7시 무렵 대묘(大廟) 앞에서 흰색 옷감에 붉은 글씨로 '대한독립만세'를 쓴 깃발과 태극기를 들고 만세를 부른 세브란스병원 간호부 4명 즉 노순경(18), 이도신(19), 김효순(18), 박덕혜(20)에게 경성지방법원에서는 각 징역 6개월의 판결을 내렸다."고 보도하고 있다.

※ 노순경 지사 1995년 대통령표창 추서

마. 피로써 대한의 독립을 맹세한 '이정숙'

이정숙(李貞淑, 1896.3.9.~1950.7.22.) 지사는 함경남도 북청에서 태어나 1919년 3·1만세운동 당시 스물세 살로 정신여학교를 졸업한

▲ 이정숙 지사

뒤 세브란스병원 간호사로 일했다. 이정숙 지사는 세브란스병원에 있으면서 3·1만세운동 당시 검거된 투옥지사들의 옥바라지와 그 가족들을 후원할 목적으로 '혈성단'을 조직하였다. 이 단체는 혈성애국부인회(1919)로 확대되었다. 한편, 혈성애국부인회 외에 이정숙 지사가 참여한 독립운동 단체는 대한민국애국부인회(1919), 대한적십자회(1919), 조선여성해방동맹(1925), 경성여자청년회(1925) 등으로 이들 단체의 핵심요원이 되어 독립운동 활동에 적극 적으로 참여하였다. 이정숙 지사는 간호사 신분으로 옥중에서 고통 받는 독립운동가들의 건강을 지키기 위해 사식을 제공했을 뿐만아니라 순국한 독립운동가의 유족을 돌보는 일에도 발 벗고 나섰다.

혈성단애국부인회는 3·1만세운동 직후 조직된 최초의 여성독립운동단체로 독립운동사에서 매우 중요한 의미를 갖는 단체다. 혈성단애국부인회는 상해 대한민국임시정부와 연계하여 활동을 폈으며 대조선독립애국부인회와 통합하여 대한민국애국부인회로 확대·개편되면서 이정숙 지사는 경성지부장을 맡아 활동하였다. 그러나 이들의 활약은

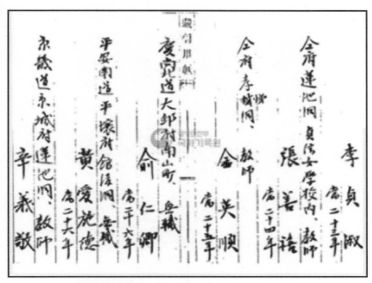

▲ 이정숙 지사 판결문(대구복심법원. 1920.12.27.)

정신여학교 4회 졸업생인 오현주의 밀고로 조직이 발각되고 말았다. 이 일로 이정숙 지사는 1920년 6월 대구지방법원에서 징역 3년을 선고받고 옥고를 겪었다. ※ 이정숙 지사 1990년 애족장 추서

바. 역사학자 신채호의 동지, 간호사 '박자혜'

박자혜(朴慈惠, 1895.12.11.~1943.10.16.) 지사는 경기도 고양 출신으로 역사학자 신채호 선생의 부인이다. 박자혜 지사는 1900년대 어린 시절을 견습 궁녀로 궁궐에서 10여 년을 지내고 있을 때 1910년 경술국치를 당했다. 1910년 12월 30일 일제는 '황실령 34호'로 궁내부소속 고용원 340명과 원역(員役) 326명을 해직시켰다. 이때 궁녀신

▲ 국내에 들어와 산파(조산원)를 차렸으나 경영에 어려움
을 겪어야했다. (동아일보. 1928.12.12.)

분을 벗어난 박자혜 지사는 상궁 조하서를 따라 숙명여학교의 전신인 명신여학교에 입학하여 근대교육을 받았다. 졸업 뒤 사립 조산부양성소를 거쳐 1916년부터 1919년 초까지 조선총독부 의원에서 간호사로 일했다. 1919년 만세운동 당시 서울의 각 병원에는 부상자들이 줄을 이었고 총독부 의원에도 환자들이 몰려왔다.

당시 일본인 간호사 95명 가운데 조선인 간호사는 18명으로 박자혜 지사는 있는 힘을 다해 부상병 간호에 힘썼다. 이러는 과정에서 박자혜 지사는 간호사들도 독립운동에 참여할 목적으로 간우회(看友會)를 만들었다. 그러나 이 일로 박자혜 지사는 일경에 잡혀 옥고를 겪었다. 감옥에서 풀려난 뒤 중국으로 망명하여 독립운동가 신채호 선생을 만나 혼인했다. 신채호 선생이 옥중 구속되자 어린 아들 둘을 데리고 홀로 귀국하였으나 고국에서의 삶 또한 평탄치 않았다. 그런 와중에 1926년 12월 28일 조선식산은행과 동양척식회사에 폭탄을 던져 7명을 살상시킨 나석주 의거 때 박자혜 지사는 이들을 도와 독립운동을 지속했다. 그러나 1936년 남편 신채호(1962년 대통령장) 선생이 여순감옥에서 순국하자 생활고를 겪다가 1944년 10월 16일 광복을 채 1년 앞두고 쓸쓸히 숨을 거두었다.　　　　　　　　　　※ 박자혜 지사 1990년 애족장 추서

3. 해녀 출신 여성독립운동가

가. 빗창[67])으로 제주 도지사를 혼쭐낸 해녀 투쟁의 대모 '부춘화'

부춘화(夫春花, 1908.4.6.~1995.2.24.) 지사는 1908년 구좌읍 하도리에서 태어나 열다섯 살 때부터 물질을 배운 해녀로 제주 해녀항일운동을 주도했다. 부춘화 지사는 낮에는 힘든 물질을 하고 밤이면 하도사립보통학교의 야학부에 들어가 세화리 출신 부대현 선생과 하도 출신 김순종, 오문규 선생으로부터 민족의식 교육을 받았다. 1931년 5월

---

67) 주로 전복을 따는 데 쓰는 도구. 길이는 약 30센티미터 정도로, 자루의 끝을 고리 모양으로 구부려 말총으로 만든 끈을 달아 놓는다.

▲ 부춘화 지사

일제에 의한 해녀 착취가 극에 달하자 이를 저지하고자 해녀들을 단결시켜 일제와 투쟁을 결행하였다. 일제는 해녀항일운동의 확산을 조기에 차단하려고 목포지역의 경찰대까지 동원하여 1932년 1월 26일 사건 연루자 100여 명을 잡아들였는데 이를 저지하고자 해녀 대표인 부춘화 지사는 해녀 1천여 명을 이끌고 검속 경관대를 습격하면서 격렬한 항일투쟁을 하였다. 이때 해녀들의 희생을 줄이기 위하여 부춘화 지사는 모든 것을 자신이 단독으로 주도하였다고 자수한 뒤 목포 유치장에 압송되어 6개월 동안 모진 고문을 받았다.

제주 해녀 항쟁의 대모 부춘화 지사가 주도한 해녀 항쟁에 참가한 숫자만 연인원 1만 7,000명에 이르렀다. 제주 해녀 항쟁은 투쟁의 주체가 연약한 여성집단이었고, 한국 최대 규모의 어민투쟁이었다는데 의의가 깊다. 이 투쟁은 조천지역의 만세운동과 무오년 법정사항일운동(法井寺抗日運動)과 더불어 제주도 3대 항일운동으로 평가받고 있다.

한편 부춘화 지사는 감옥에서 풀려난 뒤에도 계속되는 일경의 감시와 미행으로 1933년 1월 일본 오사카에 살고 있는 사촌 언니 집으로 피신하여 그곳에서 7여 년간 가내공업을 하면서 지내다가 구좌면 세화리 출신 고한일과 혼인하여 3남 1녀를 낳고 오사카에서 살았다. 광복 뒤 1946년 7월에 귀국하여 고향 세화리에서 부인회장을 하면서 해녀들의 권익옹호에 힘썼으며 이후 부산, 서울 등지로 거처를 옮겨 살다가 1995년 2월 24일 88세로 생을 마감하였다.

※ 부춘화 지사 2003년 건국포장 추서

나. 용암처럼 끓어오른 탐라의 횃불 '김옥련'

김옥련(金玉蓮,1907.9.2.~2005.9.4.) 지사는 1907년 제주시 구좌읍 하도리 서문동에서 태어나 어릴 때부터 남달리 물질을 잘했다. 힘든 물질을 하면서도 촌음을 아껴 야학에서 한민족의 역사, 지리 등을 배우면서 민족의식이 싹텄고 야학을 함께 하는 동급생끼리 일제침략의 부당성 등을 성토하기도 했다. 스물두 살 되던 해인 1929년 하도리에는 여성단체로 부인회, 소녀회 등이 조직되어 있었는데, 부인회 회장은 부춘화, 소녀회 회장은 김옥련 지사가 맡았다. 당시 일제의 수탈이 정점에 달하자 1931년 물질을 생업으로 하던 해녀들은 일본 관리들의 가혹한 대우와 제주도해녀조합 어용화의 폐단을 시정하고자 시위를 결의하였다. 김옥련 지사는 1932년 1월 7일과 12일 구좌면에서 해녀조합의 부당한 침탈행위를 규탄하는 시위운동을 주도하고, 해녀들의 권익을 위해 부춘화 지사 등과 함께 도지사 다구치(田口禎熹)와 담판을 벌여 요

▲ 곱고 단아한 한복 차림의 김옥련
지사

구조건을 관철시켰다.

　이 일로 김옥련 지사는 일경에 잡혀가 3개월의 옥고를 겪었다. 당시
감옥생활을 김옥련 지사는 "취조과정에서 소 채찍으로 맞고, 두 팔을
뒤로 뒤틀리는 고문을 당했으며, 나무봉 위에 무릎을 꿇리고 짓눌리는
등 떠올리기조차 끔찍한 고문을 받았다." 고 증언했다. 이후 김옥련 지
사는 광복직후 제주를 떠나 부산 영도 대교동에 자리를 잡고 3남매를
억척스럽게 키워냈다. 한때는 땔감도 없어 부둣가에 떠내려 오는 나뭇
조각으로 불을 지필 정도로 어려운 생활을 해야 했지만 독립운동을 하
는 심정으로 억척스런 삶을 살아내며 3남매를 모두 훌륭히 키워냈다.

　"어머니는 참으로 조용한 분이셨어요. 저는 어머니의 맑고 고운 영
혼을 사랑합니다." 김옥련 지사의 따님 한인숙 씨는 어머니의 곱고 단
아한 사진 한 장을 건네주며 해녀독립운동의 주동자 어머니 김옥련 지

사를 어머니를 기억했다.(2014년 9월 12일, 서울미술관 카페에서 필자
와 대담)   ※ 김옥련 지사 2003년 건국포장 수여

4. 교사 및 기자 출신 여성독립운동가

가. 유관순 열사의 올케, 공주 영명학교 교사 '조화벽'

조화벽(趙和璧, 1895.10.17.~1975.9.3.)지사는 강원도 양양이 고향
으로 이 지역 3·1만세운동의 중심인물이다. 양양군 양양면 왕도리에서
아버지 조영순과 어머니 전미흠 사이에 무남독녀로 태어나 열다섯 살
되던 해인 1910년 원산에 있는 성경학원에 유학을 떠나 신학문을 배우
게 된다. 원산 성경학원의 교육과정을 2년 만에 마친 조화벽 지사는 열일
곱 살 때인 1912년에 원산 루씨여학교(樓氏女學校, Lucy Cunningham
School) 초등과정에 입학하였다. 명문 미션스쿨인 원산 루씨여학교는
최용신, 이신애, 어윤희, 전진 등 한국여성독립운동사에 빛나는 인물을
배출한 명문학교다. 그러나 이곳에서 얼마 안 있어 개성의 호수돈여학
교로 전학하여 보통과와 고등과를 마치고 1919년 3월 졸업을 앞두고
있었다. 때마침 서울의 3월 1일 독립만세운동의 물결이 개성으로 밀어
닥쳤다. 민족대표 33인 중 한 사람인 오화영 목사로부터 독립선언서
100부가 개성 북부 교회 전도사인 강조원 앞으로 보내 온 것을 계기로
독립선언서가 전해지자 호수돈여학교 학생대표들은 거리로 쏟아져 나
와 만세시위를 펼쳤다. 호수돈여학생들의 만세시위에 뒤이어 남감리교

▲ 조화벽 지사

에서 설립한 미리흠여학교, 그리고 송도고등보통학교가 3·1만세운동에 참여하고 다른 학교에도 만세시위운동이 빠르게 번져나가자 각 학교들은 3월 5일에 휴교령이 내려졌다. 기숙사 생활을 하던 조화벽 지사는 이때 고향인 양양으로 친구 김정숙과 함께 귀향하였고 양양의 만세운동을 이끌게 된다.

그 뒤 학교로 돌아가 1919년 개성 호수돈여학교 고등과를 마치고 그해 가을 공주 영명여학교 교사로 부임했다. 이것이 유관순 집안과의 인연이 된 것이다. 영명학교로 부임하자 당시 만세운동으로 유관순 부모가 현장에서 순국하고 유관순 역시 잡혀가 있었으며 유관순의 오라버니인 유우석(1990년 애국장)도 감옥에 있는 상황이라 천애 고아가 된 유관순의 어린 두 동생을 돌볼 사람이 없었다. 이에 조화벽 지사는 이들을 친 동생처럼 돌보았고 이후 1923년 유관순의 오라버니인 유우석 지사와 혼인하였다. 그 뒤 원산으로 옮겨가 조화벽 지사는 원산의 진성여고에서 교편을 잡고 남편은 비밀결사대인 원산청년회를 만들어 독립운동을 하다 다시 체포되었다. 1932년 조화벽 지사는 고향 양양으로 돌아와 아버지와 함께 정명학원(貞明學園)을 설립하고 교육에 뛰어들었다. 정명학원은 가난과 여러 사정으로 정규 학교를 다니지 못한 적령기의 아이들을 교육했던 비정규학교로 피폐한 농촌의 학생을 모아 문맹을 떨치고 민족교육을 실천했다. 1932년 1월부터 1944년 폐교 당할 때까지 600여명의 졸업생을 냈다. 한편 조화벽 지사는 중풍으로 전신 불구가 된 어머니를 12년간 극진히 모신 효녀였다. 날마다 의복을 갈아입히고 몸을 깨끗하게 씻기고 온 방안을 말끔히 치우면서 지극한 정성으로 12년을 하루같이 보살폈다. 또한 어려운 가운데서 정명학교를 꾸려가면서도 가난한 이들에게 쌀을 퍼주는 등 남에게는 베풀면서 자신은 지독한 근검절약을 실천한 것으로 널리 알려졌다.

※ 조화벽 지사 1990년 건국훈장 애족장 추서

나. 광주 3·1만세운동의 발상지 수피아여고의 자존심 '박애순'

박애순(朴愛順,1896.12.23.~ 1969.6.12.)지사는 광주 수피아여학교 교사로 근무하던 중 1919년 3월 10일 광주 만세운동을 주도하였다. 3월 1일 서울에서 거족적인 만세운동이 일어나고 닷새 뒤인 3월 6일 광주 양림동의 남궁혁 목사 집에서는 박애순 교사 외에 12명의 애국지사들이 모여 광주의 독립만세 운동을 꾀했고 마침내 3월 10일 광주에서도 독립만세운동의 불길이 번졌다. "만국강화회의에서 우리나라 독립이 승인되었다. 각지에서 독립운동이 전개되고 있으니 우리들도 이 운동을 벌여 대한독립만세를 불러야한다."며 당시 서울의 만세운동

▲ 박애순 지사

소식과 더불어 국제정황에 대한 교육을 게을리 하지 않던 박애순 지사
는 학생들의 피 끓는 애국심을 독려했으며 그 자신이 솔선수범하여 앞
장서서 만세운동에 나섰다가 투옥되었다.

　광주지역의 만세운동으로 일경에 붙잡혀간 수피아여학교 독립투사
들은 교사 박애순(징역 1년 6월), 교사 진신애(징역 10월)를 비롯하여
학생 20명이 징역 8월에서 4월에 이르는 옥고를 각각 치렀다. 홍순남,
박영자, 최경애, 양태원(이하 징역 8월), 김필호, 임진실, 고연흥, 박성
순, 이태옥, 김양순, 양순희, 윤형숙(윤혈여), 김덕순, 조옥희, 이봉금,
하영자, 강화선, 이나열, 김안순, 최수향(이하 징역 4월) 등의 여학생들
은 일경의 총칼도 두려워하지 않은 채 광주지역의 만세운동에 적극 가
담했다. 열혈 학생들의 맨 앞에는 열혈 교사 박애순 지사가 있었다.

※ 박애순 지사 1990년 애족장 추서

다. '파고다공원 만세시위'에 참여한 한국 최초 여기자 '최은희'

최은희(崔恩喜,1904.11.21.~ 1984.8.17.) 지사는 독립운동가요, 한국 최초 여기자이며, 최초로 방송을 하고, 민간인으로는 최초로 서울 상공을 난 여성이라는 수식어가 따라다닐 만큼 시대를 앞선 여성이었다. 당시 경성여자고등보통학교에 다니던 최은희 지사는 1919년 3·1 만세운동이 있기 하루 전인 2월 28일 저녁 박희도 선생의 지시로 학생들을 인솔하여 만세 당일날 파고다공원으로 이끌었다. 상가는 철시하고 여학생들은 온종일 시가행진을 하며 독립만세를 외쳤다. 저녁 무렵 최은희 지사는 동료 32명과 일경에 잡혀 남산 경무출감부로 끌려갔는데 30명은 훈방 조치되고 최은희 지사와 최정숙은 죄질이 무겁다고 감옥에 가뒀다. 3월 27일 풀려나 고향인 황해도 배천으로 내려가 형부인 송흥국(1990년 애족장)을 비롯한 마을 청년들과 만세운동을 펼쳤다.

▲ 최은희 지사

이날 만세운동으로 5달 동안 징역살이를 하고 난 뒤 최은희 지사는 동경 유학길에 올랐다. 그러나 1924년 일본여자대학 사회사업학부 3학년을 중퇴하고 돌아와 조선일보에 입사하여 1931년까지 조선일보 기자·학예부장을 지냈다. 1927년에는 근우회 중앙위원을 시작으로 1948년 대한부인회 서울시부회장, 대한여자국민당 서울시당수(1962), 한글학회 지도지원(1971), 3·1국민회의 대표위원(1971~1973), 3·1 운동여성참가자봉사회장(1981)등을 지내면서 사회활동에 헌신했다. 지은 책으로는 《씨 뿌리는 여인》, 《여류명인기》, 《청춘 회상기》, 《한국 근대여성사 : 조국을 찾기까지. 상중하》 등이 있다.

※ 최은희 지사 1992년 애족장 추서

5. 노동자 출신 여성독립운동가

가. 노동자 권리 속에 숨겨 부른 독립의 노래 '고수복'

고수복(高壽福, 1911.~1933.7.28.)지사는 함경남도 정평군 정평공립보통학교를 졸업하고 경성으로 올라와 스무 살 되던 해인 1931년 9월 종방방직회사 경성제사공장(京城製絲工場) 직공으로 입사하였다. 당시 일제는 조선에 정미소·고무공장·인쇄소·방직공장 등을 지어놓고 대규모로 조선인 남녀 직공을 모집하여 노동력을 착취하고 있었는데 일제의 노동력 착취에 저항하여 전국에서는 다양한 노동조합이 생겨났다.

▲ 고수복 지사(22살, 서대문 형무소)

1930년대에 일본 독점자본의 진출에 따른 공업화와 노동계급의 양적 성장을 바탕으로 노동운동이 활발했으며 이는 단순한 경제 투쟁의 차원에 그치지 않고 사회주의 운동가들이 중심이 되어 혁명적 노동조합운동을 이끌어 감으로써 민족운동으로 이어졌다. 고수복 지사는 1932년 3월, 정길성, 김응룡 등과 경성부 팔판동에 사는 강응진의 집에서 좌익노동조합준비위원회를 결성하였다. 준비위원회의 총책임자에 권오경, 조직부 책임에 정길성, 재정부 책임에 김응룡이 맡았고 고수복 지사는 1932년 9월 적위대의 예하 기관 중의 하나인 좌익노동조합준비위원회의 선전부 책임자로 활동하다가 동대문경찰서에 잡혀 들어갔다. 그 뒤 1933년 7월 19일 예심에 회부되어 조사를 받다가 병보석으로 출옥하였다. 고수복 지사는 출옥 후 연건동에 있는 대학병원에 입원하여 치료를 받던 중 1933년 7월 28일 고문 후유증으로 병세가 급격히 악화되어 만 스물두 살의 꽃다운 나이로 숨졌다.

※ 고수복 지사 2010년 애족장 추서

노란봉 정기 받고 자란 몸

경성에 올라와

푸른 꿈 펴렸더니

가지에 푸른 순 돋기도 전

밑동 잘렸네

방직공장 다니면서

노동자 권리 속에 숨겨

뜨거운 독립의 노래

목 터져라 불렀어라

일제에 잡혀

모진 고문당하지 않았다면

스물 둘 꽃다운 나이 접고

눈 감지 않았을 것을

고향집 동구 밖서

손 흔들던 어머니

귀한 딸 주검에

끝내 오열 터뜨렸네.

- '고수복 지사' 이윤옥 시-

나. 종연방적공장의 500여 노동자를 이끈 '이병희'

이병희(李丙禧,1918.1.14.~ 2012.8.2.) 지사는 동창학교를 설립해 민족교육을 이끈 할아버지 이원식 선생과 1925년 9월 대구에서 조직된 비밀결사 암살단 단원으로 활약한 아버지 이경식 선생 밑에서 어렸을 때부터 굳건한 민족의식을 이어받으며 자랐다. 이병희 지사는 동덕여자보통학교(현 동덕여고)를 졸업하고 열여섯 살이던 1933년 5월 경성에 있는 '종연방적'에 들어가 500여 명의 노동자를 모아 항일운동을 주도하다 잡혀 경성지방법원에서 이른바 치안유지법으로 징역 1년 집행유예 3년을 선고받았다. 그 뒤 이병희 지사는 1940년 북경으로 건너가 의열단에 가입했다. 동지 박시목·박봉필 등에게 문서를 전달하는 연락책을 맡아 활동하던 중 1943년 국내에서 북경으로 건너온 이육사와 독립운동을 협의하다 그 해 9월 일경에 잡혀 이육사와 함께 북경 감옥에 들어갔다.

"그날 형무소 간수로부터 육사가 죽었다고 연락이 왔어. 저녁 5시가 되어 달려갔더니 코에서 거품과 피가 나오는 거야. 아무래도 고문으로 죽은 것 같아."

이는 이병희 지사가 이육사의 옥중 순국 당시를 떠올리며 한 증언이다. 이병희 지사는 이육사와 함께 북경감옥에 갇혀있다가 혼자서 1944년 1월 11일 석방된 뒤 닷새만에 이육사가 감옥에서 죽었다는 연락을 받고 달려가서 시신을 확인했다고 한다. 이후 화장한 이육사의 유골과

▲ 이병희 지사(19살, 서대문형
무소)

유품을 거두어 가족에게 넘겨줄 때까지 유골 단지를 품에 안고 다녔으
며 혹시 일제가 훼손하지 않을까 전전긍긍해서 심지어는 맞선을 보러
가는 날도 육사의 유골을 품에 안고 나갔다고 했다. 광야, 청포도와 같
은 이육사의 주옥같은 시는 이병희 지사가 아니었더라면 우리에게 알
려지지 않았을 것이다.   ※ 이병희 지사 1996년 애족장 수여

6. 의병 출신 여성독립운동가

가. 안사람 영혼을 일깨운 춘천 의병장 '윤희순'

윤희순(尹熙順, 1860.6.25.~1935.8.1.)지사는 을미의병부터 후기
정미의병 때까지 직간접적으로 의병운동에 참여했던 우리나라 최초의
여성의병장이다. 윤희순 지사는 8편의 의병가를 손수 지어 여성과 청년

▲ 윤희순 의병장

들에게 나라사랑 정신을 일깨워주었으며, 4편의 경고문을 지어 의병과 싸우던 관군, 의병을 밀고했던 밀고자들과 일본군을 꾸짖었다. 윤희순 지사는 열여섯 살 때 고흥 유씨 집안의 유제원과 혼인하여 유씨 문중이 있는 강원도 춘천 남면 발산리에서 살았다. 시아버지 유홍석과 친정아 버지 윤익상은 화서 이항로의 문하에서 수학한 사이로 두 집안은 사돈 지간이 되었으며 1895년 을미사변이 일어나자, 이들 위정척사계열의 유생들은 친일내각 타도와 일본세력을 축출하고자 힘을 모으기 시작했다. 1911년 시아버지와 남편이 중국으로 먼저 망명길에 오르자 윤희순 지사는 51세 되던 해 아들 돈상, 민상, 교상 등과 함께 중국으로 건너가 이때부터 1935년까지 25년 동안 가족들과 함께 요동지구에서 종횡무진 항일운동을 펼쳤다.

윤희순 지사는 인재양성이 급선무라고 생각하여 노학당을 세워 김경도, 박종수, 이정헌, 마덕창 등을 비롯한 50여 명의 항일운동가를 키워냈으며 1935년에 봉천성 해성현 묘관둔에서 75세를 일기로 숨을 거뒀다. 여성 의병장 윤희순의 유해는 1994년 고국으로 봉환해 춘천시 남면 관천리 선영 양지바른 곳에 남편과 함께 합장했다.

※ 윤희순 지사 1990년 애족장 추서

나. 호남의병장 남편과 함께 뛴 '양방매'

양방매(梁芳梅, 1890.8.18.~1986.11.15.) 지사는 호남 의병장으로 크게 활약한 남편 강무경(1962년 독립장)과 함께 의병 활동을 했다. 1908년 9월 20일 밤, 장흥 신풍에서 전투를 마친 강무경 의병장은 온몸에 신열이 나고 피로가 엄습해 더 이상 나아가지 못하고 평소 인연이 있던 영암 금정면의 선비 양덕관 집을 찾았다. 양 선비 집에 도착한 강 의병장은 몸이 안 좋아 치료를 해야 했는데 이를 간호해준 사람이 양 선비의 둘째딸 양방매 지사다. 아버지 양 선비는 강무경에게 딸이 좋은 배필이라 여기고 이들의 혼례를 치러주었다. 그러나 강 의병장이 몸을 회복하기 무섭게 일본군의 대토벌 작전 소식이 들려왔다. 강 의병장은 채비를 차리고 집을 나서야했으나 차마 발길이 떨어지지 않았다. 그때 아내인 양방매가 따라나서면서 "죽어도 같이 죽고 살아도 같이 산다."는 말을 하며 갈 길을 재촉했다. "여자가 나설 데가 아니라"며 남편이 극구 말렸으나 양방매 지사는 막무가내였다.

강무경 의병장과 양방매 지사는 집을 떠나 1년째인 1909년 10월 9일 전남 화순군과 능주면의 바람재 바윗굴에서 일경에 잡힐 때까지 전남 동남부 일대 산악지방을 무대로 유격전을 펼쳤다. 1년 동안 이들은 장흥·보성·강진·해남·광양 등지에서 전투를 벌였다. 그러나 1909

▲ 94세 때 남편의 무덤을 찾은
양방매 지사(1984)

년 9월부터 일제가 이른바 남한 대토벌 작전을 벌여 호남의병에 대한
탄압을 가해오자 10월 9일 남편 강무경과 함께 양방매 지사도 잡히고
말았다. 남편 강무경 의병장은 32세 나이로 1910년 9월 1일 심남일
의병장과 함께 대구형무소에서 순국하였고, 양방매 지사는 석방되어
1986년, 96세를 일기로 숨을 거두었다.

※ 양방매 지사 2005년 건국포장 추서

다. 홍범도 장군과 함께 뛴 영원한 의병 '단양이씨'

의병 단양이씨(1874~1908.3.)는 봉오동전투와 청산리전투에서 혁
혁한 공을 세운 홍범도 장군68)의 부인이다. 홍범도 장군은 잘 알려져

있지만 부인에 대해서는 거의 알려진 바가 없었기에 홍범도 장군의 부인은 어떤 인물일까? 하고 궁금해 하는 이가 많았을 것이다. 그 해답을 국가보훈처가 밝혔다. 국가보훈처는 2021년 3월 1일, 3·1만세운동 102주년을 맞아 홍범도 장군의 부인 '단양이씨'와 아들 홍양순(1892~1908) 선생을 독립유공자로 선정했다. 홍범도 장군이 1962년 건국훈장 대통령장을 추서 받은 59년만의 일이요, 단양이씨 사후 113년만의 일이다. 너무 늦은 감이 없지 않다. 홍범도 장군 뿐 아니라 대부분 독립운동사에서 부인의 존재는 거의 '투명인간' 수준으로 아예 언급조차 하지 않는 경우가 허다하다.

어찌 결혼한 부부로 살면서 독립운동에 남남처럼 거리를 두고 살았을까 싶다. 우당 이회영(1867~1932) 선생의 부인 이은숙(1889~1979) 지사의 경우도 남편 우당 선생이 1962년 독립장을 추서 받은 뒤 56년만에서야 애족장을 추서 받았다. 이런 일은 너무 허다하여 일일이 거론할 수도 없다. 뒤늦은 서훈을 받게 된 단양이씨는 "1908년 3월 함남 북청에서 남편 의병활동 때문에 체포돼 비인간적 악행을 당했지만 협박에 굴하지 않고 군사비밀을 지키며 자기 이로 혀를 끊고 벙어리가 돼 그 후유증으로 순국"의 길을 걸었다. 홍범도· 단양이씨 부부에게는 홍양순과 홍용환 두 아들이 있는데 장남은 어머니 단양이씨가 순

---

68) 홍범도(1868~1943, 1962년 건국훈장 대통령장) 장군은 1907년부터 산포수 의병부대를 조직하여 후치령전투, 갑산읍 점령 등을 비롯하여 수십 차례의 전투에서 연전연승. 1913년 독립군 활동 준비단계로 노령 연해주에서 노동회 조직, 3·1운동 직후 가장 먼저 대한독립군을 조직하여 최초의 국내 진입작전에서 승전. 1920년 6월 '봉오동전투'에서 일본군을 격파하고 대승. 1920년 10월 '청산리독립전쟁'에서 김좌진의 북로군정서 독립군과 함께 대승.〈한국독립운동 인명사전(전자)〉, '홍범도 장군편'.

국(1908년 3월)한 후 3달 뒤인 6월 16일 의병 활동을 하다 역시 순국의 길을 걸었다.

※ 단양이씨 2021년 애국장 추서

▲ 홍범도 장군 부인 단양이씨의 훈장증(2021.3.1.), 사후 113년 만에 추서받았다.

제3장

해외에서 활약한
여성독립운동

1. 중국지역에서 활약한 여성독립운동가

중국지역의 여성독립운동가 활동은 크게 광복군, 임시정부, 만주방면, 중국방면이 4개 부문으로 나눠 볼 수 있다. 광복군으로 활약한 여성은 오광심, 조순옥, 이월봉 지사 등 모두 32명이며, 임시정부에서 활동한 사람은 김순애, 방순희 지사 등 15명, 만주방면은 김숙경, 김우락, 남자현 지사 등 15명, 중국방면은 곽낙원 지사 등 32명으로 모두 94명이 포상을 받은 상태다. 먼저 이들의 활동을 분야별로 살펴보면 다음과 같다. (2021년 3월 31일 현재 자료임)

〈표9〉【중국지역 여성독립유공자 포상자 명단(1962~2021)】[69]

	독립운동계열	이름	인원
1	광복군	김봉식 김숙영 김영실 김옥선 김정숙 김정옥 김효숙 민영숙 민영주 박금녀 박기은 백옥순 송영집 신순호 신정숙 안영희 오광심 오희영 유순희 윤경열 이옥진 이월봉 임소녀 장경숙 전월순 전흥순 정영순 조순옥 지복영 최이옥 한영애 한태은	32명
2	임시정부	강영파 고수선 김순애 김원경 김윤경 방순희 신정완 이국영 이화숙 조계림 지경희 최서경 최선화 최형록 최혜순	15명
3	만주방면	김마리아 김숙경 김온순 김우락 김죽산 남자현 박신원 안경신 오항선 이애라 이인순 장태화 차경신 최예근 허은	15명

<hr>

69) 국가보훈처에서는 독립운동을 크게 의병, 3·1운동, 문화운동, 국내항일, 의열투쟁, 학생운동, 광복군, 계몽운동, 임시정부, 일본방면, 만주방면, 중국방면, 노령방면, 미주방면, 인도네시아방면, 3·1운동지원, 광복군지원, 임시정부지원 등 모두 18개 분야로 나누고 있으며 특히 중국의 경우에는 만주방면, 임시정부, 중국방면, 광복군 등 4개 분야로 나누고 있다. 국가보훈처 공훈전자사료관 독립유공자 공훈록의 〈독립운동계열〉 참조 필자 정리.

	독립운동계열	이름	인원
4	중국방면	곽낙원 권기옥 김병인 김병일 김수현 김순도 김은주 노영재 박신일 박차정 송정헌 신창희 안혜순 엄기선 연미당 오건해 오영선 오희옥 윤신민 윤용자 이순승 이은숙 이의순 이정숙 이헌경 정영 정정화 정현숙 조마리아 조용제 한도신 홍매영	32명

포상자 합계 : 94명

가. 여자 안중근 독립군의 어머니 '남자현'

남자현(南慈賢, 1872.12.7.~ 1933.8.22.)지사는 19살 때 의성 김씨, 김영주에게 시집 가 단란한 생활을 꾸렸다. 그러나 일제가 명성황후를 시해하는 등 만행이 극에 치닫자 남편은 의병을 일으켜 일본군과 싸우다가 전사하니 혼인 6년 만이었다. 남자현 지사는 그때 임신 중이었다. 유복자로 태어난 핏덩어리 아들과 늙으신 시어머니를 봉양하며 때를 기다리던 남자현 지사는 46세 되던 해에 3·1만세운동이 일어나자 항일 구국하는 길만이 남편의 원수를 갚는 길임을 깨닫고 그해 3월 9일, 아들과 함께 중국 요녕성 통화현으로 망명하였다.

남자현 지사는 서로군정서에서 독립을 위해 뛰었으며 10여 개의 여자교육회를 만들어 여성계몽에 힘썼다. 망명 6년째인 1925년에는 채찬·이청산 등과 함께 일제총독 사이토 마코토(齋藤實)를 암살하기로 결의했으나 실패했다. 1928년에는 길림에서 김동삼·안창호 외 47명이 중국경찰에 잡히자 지성으로 옥바라지를 하였으며 이들의 석방에 힘썼

▲ 남자현 지사

다. 1932년 9월에는 국제연맹 조사단 '릿톤'이 하얼빈에 조사차 왔을 때 왼손 무명지 두 마디를 잘라서 흰 수건에 「韓國獨立願(한국독립원)」이란 혈서를 쓰고 자른 손가락을 싸서 조사단에게 보내어 조선의 독립 의지를 국제연맹에 호소하였다. 1933년, 일본대사관 무토 부요시(武藤 信義)를 죽이기로 계획하고 하얼빈에서 중국인 거지 할머니로 변장한 뒤 무기와 폭탄을 운반하다가 하얼빈에서 일경에 잡혔다. 이후 여섯 달 동안 가혹한 형벌을 받아오다가 그해 8월부터 단식항쟁을 시작하였고 17일 만에 사경에 이르자 보석으로 석방되었으나 8월 22일 61세를 일 기로 생을 마감했다.　　　　　　　　　　 ※ 남자현 지사 1962년 대통령장 추서

나. 만주 동삼성의 무장단체에서 활약한 '안경신'

안경신(安敬信,1888.7.22.~ 모름) 지사는 1920년 8월 3일 밤 평남 도청에 폭탄을 던져 세상을 깜짝 놀라게 한 독립투사다. 안경신 지사는

▲ '사형선고를 받은 여자 안경신'
(동아일보. 1921. 6. 21.)

대한광복군총영에 가담하였는데 이 조직은 중국 동삼성 지역에 산재해
있는 각종 항일투쟁 단체를 망라하여 통합한 전투 단체로 1920년 3월
대한민국임시정부의 승인을 받았다. 이 단체의 투쟁목표는 일제의 착
취기관, 정책수행기관 폭파와 침략의 수뇌부 인사 사살이었다. 마침
1920년 8월 미국 상하의원단 100여 명이 동양 시찰차 한국에 들른다
는 귀중한 정보가 광복군총영에 입수됐다.

이에 총영에서는 7월 25일 결사대를 3대로 편성해 폭탄, 권총 및
전단(4만장)을 배포하였는데 결사대원은 안경신 지사를 비롯해 임용일,
정일복, 박경구, 김영철 등 16명이었다. 평양을 맡은 안경신 지사는 대
원들과 7월 15일 총영을 출발, 국내로 잠입하던 중 안주에서 검문 검색

하는 일경 1명을 사살하고 도보로 평양에 입성했다. 안경신 지사는 단독으로 평남도청 (8월 3일) 그리고 다른 동지와 신의주 철도호텔(8월 5일), 의천경찰서(9월 1일) 등에 폭탄을 던졌는데 특히 8월 3일 저녁 9시 50분 무렵 평남도청에 던진 폭탄은 바로 옆 경찰서 건물이 파괴되고 일경 두 명을 처단하는 쾌거를 이뤄 여류투사로서의 이름을 만방에 드날렸다. 이 일로 안경신 지사는 1921년 3월, 일경에 잡혀 사형선고

▲ 과학기술정보통신부 우정사업본부에서는 3·1만세운동 100주년(2019년)을 맞아 안경신 (1888~모름), 김마리아(1892~1944), 권기옥(1901~1988), 박차정(1910~1944) 등 4명의 여성독립운동가를 담은 우표 4종, 총 62만 4천장을 발행했다. (맨 윗줄 기준으로 왼쪽부터 안경신, 김마리아, 권기옥, 박차정 지사)

를 받게 되는데 이 소식이 상해 임시정부에 전해지자 김구와 장덕진 등이 탄원서와 석방 건의문을 보내 10년 형으로 감해졌다.

※ 안경신 지사 1962년 독립장 추서

다. 중국 운남항공학교 출신 최초의 여자비행사 '권기옥'

권기옥(權基玉, 1903.1.11.~1988.4.19.) 지사는 '한국인 최초의 여자 비행사'로 1919년 평양에 있는 숭의여학교 졸업반 때 3·1만세운동에 가담하였다. 권기옥 지사는 3·1만세운동 이후 임시정부에 자금을 모아 송금하는 일을 하다가 일경에 잡혀 6개월 동안 옥고를 치르고 출감한 뒤 1920년 9월 상해로 망명했다. 그 뒤 대한민국임시정부의 추천을 받아 1923년 4월 중국의 운남육군항공학교에 제1기생으로 입학하였다. 항공학교 입학은 권기옥 지사의 소녀시절 꿈으로 열다섯 살 되던 해인 1917년 5월, 서울 여의도 비행장에서 미국의 곡예비행사인 스미스(A. Smith)가 곡예비행 하는 것을 보고 감동한 것이 계기였다. 비행학교 시절 권기옥 지사는 훈련비행 9시간 만에 단독비행이 허가될 만큼 우수한 학생이었다. 1925년 2월 28일 권기옥 지사는 운남항공학교 제1기생으로 졸업하여 여성으로서는 한국 최초의 비행사가 되었다. 1926년 봄, 의열단의 배후 실력자인 손두환의 소개로 북경에 있는 개혁 성향 군벌 풍옥상군의 항공대에 들어갔다. 1928년 5월, 남경에서 일본 경찰에 잡혀 옥고를 치르기도 했다. 1931년 만주를 기습 점령한 일본이 1932년 상해전쟁을 일으키자, 권기옥 지사는 비행기를 몰고 일본군과 싸워 그 공로로 무공훈장을 받았다. 1937년 중일전쟁이 일어난 뒤에는 중경으로 이동하여 육군참모학교 교관을 지냈고 1939년에는 중경에서 대한국애국부인회를 재건하여 사교부장으로 활동하였다. 광복을 맞아 1949년 귀국한 이래 국회 국방위원회 전문위원이 된 권기옥 지사는 '공군의 어머니'로 대한민국 공군 창설의 산파역할을 했다. 남편 이상정 (1977년 독립장)도 독립운동가다.　　※ 권기옥 지사 1977년 독립장 수여

라. 아직도 서간도 바람으로 흩날리는 들꽃 '허은'

허은(許銀, 1909.5.9.~1997.5.19.)지사는 대한민국임시정부의 초대국무령(대통령)을 지낸 석주 이상룡(1962년 독립장)선생의 손자며느리이자, 한말 의병장이던 왕산 허위(1962년 대한민국장) 집안의 손녀로 1907년 경북 선산군 구미면 임은동에서 아버지 허발과 어머니 영천 이씨 사이에 3남 1녀 중 외동딸로 태어났다. 석주 이상룡 선생은 경술국치 이후 애국지사들과 만주로 떠나 서간도에서 이회영·이시영·이동녕 등과 함께 경학사와 신흥무관학교 등 독립군기지를 건설하였다. 한편 허은 지사는 여덟 살 때인 1915년 음력 3월 15일 가족들과 서간도로 망명길에 올라 열여섯 살 나던 1922년, 석주 이상룡 선생의 손자인 이병화(1990년 독립장)선생과 혼인하였다. 허은 지사의 집은 서로군정서의 회의 장소로 쓰였으며 만주 호랑이로 불리는 김동삼(1962년 대통령장) 선생을 비롯한 독립투사들이 끊임없이 드나들어 만주지역 독립운동의 전초기지 역할을 톡톡히 해냈다. 이곳에서 허은 지사는 1932년 귀국할 때까지 서로군정서 회의 때 조석을 조달하고 군정서 대원들이 입을 군복을 만들어 배급하는 등의 활동을 하였으나 이러한 일은 '독립

운동으로 인정' 해주지 않는 바람에 오랫동안 독립유공자로 인정을 받지 못하다가 2018년에서야 겨우 독립유공자로 포상을 받았다. 허은 지사는 ≪아직도 내 귀엔 서간도 바람소리가≫라는 구술서를 펴내 만주 일대에서 추위와 배고픔을 견뎌내며 고군분투하던 수많은 애국지사와 동포들의 숨은 이야기를 세상에 알렸다.

▲ 고운 한복 차림의 허은 지사

"집에는 항상 손님이 많았는데 땟거리는 부족했다. 삼시 세끼가 녹록치 않았다. 점심준비를 위해 어느 땐 중국인에게서 밀을 사다가 마당의 땡볕에 앉아서 맷돌로 가루를 내어 반죽해서 국수를 해먹었는데 고명거리가 없어 간장과 파만 넣었다. 양식이 없던 어느 해는 좁쌀도 없어 뜬 좁쌀로 밥을 해먹었는데 그것으로 밥을 해놓으면 색깔도 벌겋고 곰팡내가 나서 아주 고약하다."[70]　　　※ 허은 지사 2018년 애족장 추서

---

70) 허은, 변창애《아직도 내 귀엔 서간도 바람소리가》: 독립투사 이상룡 선생의 손부 허은 여사 회고록, 민족문제연구소, 2010.

2. 러시아지역에서 활약한 여성독립운동가

"오인(吾人)은 2천만의 조선국민의 명(名)의 하에 그 완전한 주권이 하등의 제한 없이 부흥될 것을 요구하고, 그 모국(母國)에서의 독립과 주권과 재보(財寶)를 반환할 것을 요구하는 바이다."
　　　- 러시아 니코리스크에서 발표한 대한독립선언서 가운데 일부 -

1917년 2월, 러시아혁명이 일어나자 러시아에 거주하고 있던 한인들은 자신들의 대표적 자치 조직이자 항일독립운동 단체인 전로한족회중앙총회(全露韓族會中央總會)를 조직하였다. 이 단체의 회장은 문창범이 맡았고 윤해, 채안드레이, 김주프로프, 김야코프, 원세훈, 한여결 등 7명의 위원으로 구성되었다. 전로한족회중앙총회는 1919년 2월 25일 연해주 니콜리스 우수리스키 시에서 회의를 열었는데, 북만주의 한인 지도자들도 참석하여, 제1차세계대전 종결 이후 국제정세와 파리강화회의에 대한 대책을 논의했다. 회의 결과 전로한족회중앙총회는 북간도 한인을 포함하는 대한국민의회(大韓國民議會)로 조직을 개편하고, 윤해와 고창일 2명을 파리강화회의에 한국대표로 파견하기로 했다. 그간 러시아지역의 한인 조직을 살펴보면 고려족중앙총회(1917.6. 니콜스크 우수리스키)에 이어 전로한족중앙총회(1918.6. 니콜스크 우수리스키)의 결성, 이후 대한국민의회(1919.3. 블라디보스톡)가 조직되었으며 대한국민의회는 연해주 블라디보스톡에 설립한 첫 임시정부였다. 이후 상해임시정부(1919.4.11.)의 성립에 이어 한성임시정부(1919.4.23.)가 성립되었고 이 세 임시정부는 서로의 통합을 모색하여 결국 1919년 9월 11일

대한민국임시정부의 탄생을 보았다.

2021년 3월 31일 현재, 러시아지역에서 독립운동을 하고 국가로부터 포상을 받은 여성독립운동가는 김알렉산드라(2009년 애국장), 이혜근(2019년 애족장), 채계복(2021년 애족장)지사 등 3명이다. 이는 고창일(1989년 독립장), 신우여(1999년 독립장), 이민환(2006년 독립장) 지사 등 남성 포상자가 160명인 것에 견주면 극히 적은 숫자다. 남성과 여성이 이렇게 포상자수에서 큰 차이를 보이는 것은, 여성의 독립운동가가 적었기 때문이라기 보다는 남성 위주의 포상 정책이 빚은 결과라고 본다. 그걸 입증하는 것이 러시아지역에서 활동한 이동휘(1995년 대통령장) 지사와 어깨를 나란히 하고 활약한 김알렉산드라 지사의 경우 2009년에 가서야 포상이 이뤄지는 등 이동휘 지사의 포상과는 무려 14년의 차이를 보이고 있다. 이후 10년간 러시아지역의 여성독립운동가는 거의 조명되지 않고 세월을 보낸 뒤에 10년이 지난 시점에서 이혜근(2019년 애족장)지사를, 이후 다시 3년이 지난 이후에 채계복(2021년 애족장)지사가 포상 받았을 뿐이다.

러시아지역의 최초의 여성단체로는 1909년 12월 28일에 조직된 자혜부인회 (慈惠婦人會), 1913년 6월에 조직된 대한여자단, 1914년 4월 신한촌 대한부인회 등이 있다. 더 나아가 연해주의 한인여성들은 〈권업신문〉에 대한 재정적 지원, 헤이그 밀사 이준의 전기 간행과 유족후원, 애국지사 이갑의 병치료비 후원 등에도 적극적으로 대처하였다. 또한 이의순, 채계복, 이혜근, 우봉운 등의 여성들은 1919년 국내의 3·1만세운동 이후 블라디보스톡 신한촌과 연해주 지역에서 부인독립회를 조직하여 활약하였다. 이들은 국치일기념행사, 3·1독립선언기념행사 등의 한인집회에서 주도적인 역할을 맡았고, 교육활동은 물론 새롭게 고조되고 있던 독립군운동을 적극적으로 후원하거나 직접 참여하기도 했다. 그러나 이들의 활동은 널리 알려지지 않고 있는 실정이다.

가. 러시아지역 독립운동의 대모 '김알렉산드라'

김알렉산드라(1885.2.22.~1918.9. 16.) 지사는 연해주 우수리스크 근교의 시넬니코보 한인마을에서 청풍김씨 김두서의 딸로 태어났다. 아버지는 중국어에 능통한 사람으로 만주로 이사하여 당시 동중철도 건설현장에서 통역일을 했는데 김알렉산드라 지사는 어려서부터 중국, 한국, 러시아 노동자들 사이에서 자랐으므로 중국어와 러시아어를 잘했다. 29살 되던 해인 1914년 말부터 조선인, 중국인 노동자를 대규모로 고용하는 러시아 우랄지방 뻬름스크 대공장에서 통역관으로 일하면서 노동자들의 권익을 보호하는데 힘썼다. 1917년 초 러시아 사회민주

▲ 김알렉산드라 지사

당에 가담하여 그해 뻬름스크 대공장의 조선인 노동자들의 소송대리인으로 소송을 승리로 이끌었다. 한편 나자구무관학교 생도 출신인 조선인 노동자들을 모아 '우랄노동자동맹'을 조직하였다.

또한 1918년 1월 하바로프스크에서 극동인민위원회 외교 인민위원이 되어 당시 러시아감옥에 수감되어 있던 임시정부 초대 국무총리를 지낸 이동휘 선생의 석방운동을 폈다. 그 뒤 4월 이동휘 선생 등과 함께 '반일반제(反日反帝)의 사회주의 노선'을 강령으로 채택한 최초의 한인 사회주의 정당인 한인사회당을 창립하였다. 한편, 김알렉산드라 지사는 '한인사회당 적위군'을 조직하여 일본군 및 백위군과 전투를 하게 하는 등의 활발한 활동을 펼쳤다. 그러나 러시아가 내전에 휘말리고 볼셰비키 혁명군이 백위파의 기습을 당하는 과정에서 잡혀 김알렉산드라 지사는 아무르 강변에서 33세의 나이로 처형당하고 말았다.

※ 김알렉산드라 지사 2009년 애국장 추서

나. 블라디보스톡 신한촌에서 교사로 활약한 '이의순'

이의순 (李義橓, 1895.~1945.5.8.) 지사는 상해 대한민국임시정부의 국무총리를 지낸 이동휘 선생의 둘째딸이다. 간도 명동여학교 교사로 활동하다 블라디보스톡의 신한촌으로 건너가 삼일여학교 교사로 일하면서 독립운동에 참여하였다. 독립운동가인 남편 오영선(1990년 독립장) 선생과 부부독립운동가인 이의순 지사는 명연설가로 이름을 날렸는데 1920년 3월 1일 블라디보스톡에서 열린 제1회 삼일절 기념식

▲ 이의순 지사 가족, 뒷줄 아버지 이동휘 선생과 어머니 강정혜, 가운뎃줄
이인순(언니), 이발(할아버지), 이의순, 이경순 맨 앞줄 동생 이우석
(1911)

장에서 한 연설은 참석자들을 감동시켰다. "본인은 태극기 뒷면에 자유
라고 써서 숨겨 가지고 나왔습니다. 우리 민족은 10년간 자유를 잃었지
만 오늘 비로소 자유를 회복하였습니다. 이 태극기는 10년간 동해의 물
에 빠져 있었지만 오늘 드디어 건져 올렸습니다. 자유를 얻은 오늘 지
난 1년을 회고하면 우리는 과연 무슨 일을 이룩했는지 반성하게 됩니
다. 내년의 오늘은 마땅히 진정한 독립기념식을 엽시다." 라는 내용의
연설이 그것이다.

스물네 살 되던 1918년 가을, 블라디보스톡으로 이주한 이의순 지사는 신한촌의 삼일여학교에서 교사로 활동하면서 당시 이곳의 애국지사 채성하의 맏딸 채계복(2021년 애족장)과 함께 애국부인회를 조직하여 회장으로 일했다. 한편 조국의 독립을 위해서 필요한 간호사 양성을 위하여 적십자회를 조직하여 활동하기도 하였다. 그러나 1919년 아버지가 상해 대한민국임시정부에 참여하게 되자 이의순 지사도 1920년 할아버지 이발(1995년 애국장)과 상해로 이주하였으며, 상해에서도 1930년 8월 11일 상해여자청년회를 조직하는 등 조국의 독립을 위해 평생 헌신하는 삶을 살았다.　　　　　　※ 이의순 지사 1995년 애국장 추서

3. 미주지역에서 활약한 여성독립운동가

미주지역 한인들의 첫 집단 이주는 하와이 사탕수수 농장 노동자로 일하기 위해 1902년 12월 22일 첫배가 인천항을 떠나 1903년 1월 13일 하와이 호놀루루항에 도착하면서부터 시작된다. 첫 이민 배에 탄 사람들은 121명이었으나 중간 기착지인 일본 고베항에서 신체검사 중 20명이 탈락하고 합격한 101명이 최종 하와이 땅을 밟은 것이 미주지역 이민의 시작이다. 첫 이민 배가 뜬 이후 1905년 6월 30일까지 하와이로 떠난 한국인 수는 7,226명이며 이 가운데 남자는 6,048명이고 여자는 637명, 아이들은 541명이다.[71] 물론 미주지역 이민자가 모두 하와이를 경유한 것은 아니다. 도산 안창호 선생과 부인 이혜련 지사의

---

71) 김원용,《재미한인 50년사》혜안, 2004. 21쪽.

경우, 첫 이민 배가 뜨기 1년 전인 1902년 10월 14일 샌프란시스코로 입국하여 미주지역에서의 생활을 시작한 예도 있으니 말이다.

1) 하와이지역 여성독립운동가

하와이지역에서 여성독립운동가로 서훈 받은 사람은 2021년 3월 31일 현재, 모두 11명으로 1913년 4월 19일 하와이 호놀룰루에서 대한인부인회를 조직하여 회장으로 활약한 황마리아 지사(2017 애족장)를 비롯하여 전수산 지사(2002 건국포장), 박신애 지사(1997 애족장), 심영신 지사(1997 애국장), 정월라 지사(2018 대통령표창), 박정금 지사(2018 애족장), 문또라 지사(2019 건국포장), 민함나 지사(2019 애족장), 황혜수 지사(2019 대통령표창), 안정송 지사(2021 애족장), 김노디 지사(2021.애국장) 등이다. 대표적인 분들의 활동을 보면 다음과 같다.

가. 하와이서 독립운동을 이끈 대한인부인회장 '황마리아'

황마리아 지사(1865.~1937.8.5.)는 1905년 4월, 아들, 딸과 함께 조국 평양을 떠나 도릭선편으로 하와이 노동이민의 첫발을 내딛었다. 당시 큰딸은 열아홉 살이었으며, 열일곱 살이었던 아들 강영승의 노동이민에 가족이 동반하는 식으로 이민 길에 나섰다. 무려 한 달여의 길고 긴 항해 끝에 황마리아 가족이 하와이에 도착한 것은 1905년 5월

13일이었다. 이들은 하와이 가피올라니 농장에 소속되어 고달픈 이국 땅에서 사탕수수밭 노동자로서의 삶을 시작했다. 낯설고 척박한 환경 이었지만 황마리아 지사는 불굴의 정신으로 새로운 노동환경에 적응해 가는 한편 일제에 빼앗긴 나라를 구해야한다는 일념으로 1913년 4월 19일, 하와이 호놀룰루에서 대한인부인회를 조직하여 회장으로 활동하였다.

▲ 황마리아 지사(동그라미 속)

황마리아 지사 나이 48세 되던 해였다. 이에 그치지 않고 1919년 3월 15일, 하와이 지역에 사는 부녀 대표 41명은 호놀룰루에서 공동대회를 열고 조국 독립운동의 후원을 위한 단체를 구성하기로 합의하여 3월 29일, 제2차대회 결의안을 발표한 뒤 1919년 4월 1일 대한부인구제회를 설립하였다. 이들의 활동은 크게 독립운동 자금 지원과 구제사업 활동이었다. 독립운동 자금 지원은 대한민국임시정부와 외교선전사업에 후원금을 보내는 한편 독립군 지원을 위하여 만주의 서로군정서와 대한독립군 총사령부 출정 군인에게 구호금을 보냈으며, 중경의 광복군 편성 후원금도 지원했다. 황마리아 지사는 조국 광복을 위해 신명부인회, 대한인부인회, 대한부인구제회 등에서 헌신하며 조국 광복에 평생을 바쳤다.   ※ 황마리아 지사 2017 애족장 추서

나. 이화학당 출신으로 대한부인구제회서 활약한 '전수산'

전수산(1894.5.23.~1969.6.19.) 지사는 평양 출신으로 평양 진명여학교(1908)와 서울의 이화학당(1911)을 졸업하고 스물두 살 되던 해인 1916년 6월 21일, 세 살 난 딸 옥희와 하와이 호놀루루항에 첫발을 디뎠다. 이후 1919년 상해에서 대한민국임시정부가 수립되어 공채를 발행하게 되자 전수산 지사는 당시 돈으로 15달러 상당의 공채를 매입하여 독립운동자금을 지원하였다. 이어 1919년 4월 1일 하와이 호놀루루에서 창립된 하와이 부인단체인 대한부인구제회에 가입하여 국권회복운동과 독립운동에 필요한 후원금을 모아 상해 임시정부를 돕는데 앞장섰다. 전수산 지사는 1942년부터 1945년 광복이 될 때까지 대한부인구제회 회장을 맡아 중경에 있는 대한민국임시정부를 적극적으로 도왔다.

"전수산 외할머니는 매우 활동적인 분이셨습니다. 외할머니는 이모와 어머니 등 여성들이 스스로 자립하도록 가르쳤으며 당신이 솔선수

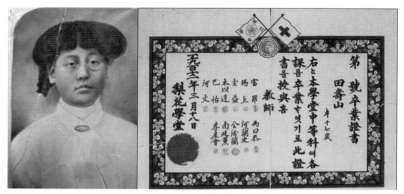

▲ 하와이로 떠나기 전 전수산 지사와 1911년 이화학당 졸업장

범하는 삶을 사셨습니다. 외할머니의 독립운동은 명예나 이름을 남기기 위한 것은 아니었습니다. 빛도 없이 음지에서 조국의 독립을 위해 적극적으로 뛰신 외할머니의 삶을 존경하며 그 후손이라는 것이 자랑스럽습니다."

이는 2017년 4월 13일 낮 2시, 필자가 하와이대학에서 만난 전수산 지사의 외손자 티모시 최(75세) 선생의 증언이다. 전수산 지사는 75세로 하와이에서 숨져 호놀룰루 다이아몬드헤드 공원묘지에 잠들어 있다.　　　　　　　　　　　　　　※ 전수산 지사 2002년 건국포장 추서

다. 사탕수수밭일하며 모은 돈 임시정부에 지원한 '박신애'

박신애 (1889.6.21.~1979.4.27.) 지사는 황해도 봉산 출신으로 하와이로 건너가 하와이 대한부인구제회를 중심으로 대한민국임시정부의

활동을 지원하면서 독립운동을 펼쳤다. 박신애 지사는 1920년대 말 임시정부 주석 백범 김구로부터 임시정부가 재정부족으로 매우 어려운 상황에 처해 있다는 한 통의 편지를 받고 독립자금을 모아 임시정부에 보냈다. 어려움 속에서도 임시정부에 독립자금을 보내준 하와이 여성 독립운동가들의 고마움을 백범 김구는 그의 자서전 《백범일지》에 잊지 않고 그 이름을 남겼다.

▲ 박신애 지사 가족 사진(동그라미 속), 1945년

"나의 통신(하와이 동포들에게 쓴 편지)이 진실성이 느는 데서 점차 믿음이 생기기 시작하였다. 그리하여 하와이의 안창호 〈여기 안창호(安昌鎬)는 도산 안창호(安昌浩)와는 다른 인물로 하와이 국민회 계통 인물이다〉, 가와이, 현순, 김상호, 이홍기, 임성우, 박종수, 문인화, 조병요, 김현구, 안원규, 황인환, 김윤배, 박신애, 심영신 등 제씨가 나와 (임시)정부에 정성을 보내주기 시작했다."72)

※ 박신애 지사 1997년 애족장 추서

라. 사진신부로 떠나 재미한족연합위원회에서 활약한 '심영신'

심영신 (1882.7.20.~1975.2.16.)지사는 황해도 송화 출신으로 사진신부로 하와이에 진출하여 대한인부인회와 재미한족연합위원회의 위원으로 활동하면서 조국 독립에 힘을 실어 주었다. 대한인부인회는 자녀의 국어교육 장려, 일제용품 구매 거부운동, 교회와 사회단체 후원, 재난동포 구제를 주요 행동지침으로 삼고 활약한 단체였다.

심영신 지사는 1919년 조국에서 3·1만세운동이 일어나자 국내활동을 지원하기 위해 하와이 각 지방의 부녀대표자 모임인 부녀공동대회를 이끌었다. 심영신 지사는 1941년 4월 하와이에서 열린 해외한족대회에 대한부인구제회 대표로 참석하여 이 대회에서 조직된 재미한족연합위원회 의사부 위원으로 활약했다. 또한 임시정부 후원을 비롯하여 대미외교와 선전사업을 적극적으로 추진하는 등 독립운동을 위해 평생 헌신했다.

※ 심영신 지사 1997년 애국장 추서

---

72) 김구 저, 도진순 주해,《백범일지》, 돌베개, 2003. 320쪽.

▲ 심영신 지사는 1916년 사진신부로 건너가 30년 뒤 대가족을 이루었다.(동그라미 속)

2) 미주지역 여성독립운동가

미주지역에서 독립운동을 하고 서훈을 받은 여성독립운동가는 29명
이다.[73] (2021.3.31. 현재) 사실 미주지역은 고국 한국과 멀리 떨어져
있어서인지 독립유공자 포상 작업이 국내나 중국지역보다 더디게 진행되
었다. 아래 포상 상황만 봐도 확연히 알 수 있는데, 남성 포상자도 적을
뿐만 아니라 여성의 경우 1990년까지 포상자는 단 1명도 없다.

---

73) 미주지역의 29명은, 하와이지역 서훈자인 황마리아 (2017 애족장) 지사를 비롯하여 전수산
  (2002 건국포장) , 박신애(1997 애족장) , 심영신 (1997 애국장) , 정월라 (2018 대통령표창)
  , 박정금 (2018 애족장), 문또라(2019 건국포장), 민함나(2019 애족장), 황혜수 (2019 대통령
  표창), 안정송(2021 애족장), 김노디(2021.애국장) 지사 등 11명을 뺀 숫자다.

〈표10〉【미주지역 남녀 포상자 현황(1962~1990)】[74]

연도	남성 포상자	여성 포상자
1962-1990	정한경(1962 독립장), 임병직(1976 대한민국장), 조용하(1977 독립장), 윤병구(1977 독립장), 김진 목(1990 애족장), 김인수(1990 애족장), 정운수 (1990애국장) (합 7명)	없음

〈표11〉【중국지역 남녀 포상자 현황(1962~1990)】[75]

연도	남성 포상자	여성 포상자
1962-1990	김지섭(1962 대통령장), 박재 혁 (1962 독립장) 등 123명 * 단, 중국의 경우 국가보훈처에서는 만주 방면, 임시정부, 광복군, 중국방면으로 각각 포상자를 구분하고 있으며 이 통계 는 '중국방면' 포상자만 다룬 것임.	권기옥(1977 독립장), 노영재 (1990 애국장) 등 9명 * 여성의 경우도 '중국방면' 포상자만 다룸

위 〈표10〉과 〈표11〉에서 알 수 있듯이 1962년부터 1990년까지 미
주지역에서 활동한 독립운동가들은 중국지역에서 활동한 독립운동가들
에 견주어 포상자가 현격히 적다. 이는 포상자 선정을 국내와 중국지역
에 편중되게 실시했음을 방증하는 것이다. 미주지역 여성독립운동가들
의 포상자들에 한해서 아래와 같이 간략한 행적을 소개한다.

---

74) 국가보훈처 공훈전자사료관 독립유공자공훈록을 참조하여 필자 정리(1962~1990)
75) 국가보훈처 공훈전자사료관 독립유공자공훈록을 참조하여 필자 정리(1962~1990)

	이름	공적	훈격
1	강원신	1919년 3월 2일, 미국 캘리포니아주 다뉴바 지방에서 신한부인회를 조직하여 회장으로 활동하였다. 5월 18일 새크라멘트 한인부인회와 신한부인회의 연합 발기로 부인회의 연합에 힘을 모았으며 8월 2일 대한여자애국단을 결성하는데 참여하였다. 1920년대 초에는 이 단체의 제3대 총단장을 맡아 임시정부에 후원금을 보내고 조국에 각종 구호금을 보내는 등의 활동을 함.	1995 애국장
2	강혜원	강원신의 시누이로 함께 신한부인회를 조직하였으며 1919년 8월 2일, 대한여자애국단 결성 시에 총단장으로 선임되었다. 이 조직에서 군자금을 모집하여 1920년 2월 10일 군자금 500달러를 대한인국민회 중앙총회를 경유하여 임시정부에 송금하였으며 1930년 이후, 대한여자애국단, 흥사단, 대한인국민회에서 활약함.	1995 애국장
3	공백순	1942년 2월 미국 워싱톤에서 열린 「한인자유대회」에 참석하여 연설하고 동년 12일에는 캐나다 퀘백에서 열린 태평양회의에 한국대표로 참석하였으며 1942, 1943년에 신한민보와 국민보 영자판에 한국의 청사진 등 기사를 발표하였고 1943년에는 「독립」 신문의 발기인으로 활동함.	1998 건국포장

---

76) 이윤옥, 《여성독립운동가 300인 인물사전》을 참조하여 간략히 정리함, 도서출판 얼레빗, 2018.

77) 김대순 지사의 활동지역을 국가보훈처에서는 '미주지역'으로 분류했지만 실제는 멕시코에서 활동한 분이다.

78) 차경신 지사의 활동지역을 국가보훈처에서는 '만주지역'으로 분류했지만 실제로 차경신 지사는 일본 동경, 중국 상해, 미국 로스앤젤레스 등에서 활약한 인물이기에 필자는 미주지역으로 간주하여 기술함

	이름	공적	훈격
4	권영복	1918년 미국 캘리포니아 대한인국민회 새크라멘토지방회 회원, 1919년 새크라멘토한인부인회 대표로 대한여자애국단을 조직하고, 1934년 대한여자애국단 로스앤젤레스지부 단장, 1937년 동단 동지부 중국항일전쟁 후원 수전위원 등으로 활동하였다. 또한 1918년부터 1937년까지 여러 차례 독립운동자금을 지원함.	2015 건국포장
5	김낙희	1914년 미국 캘리포니아 샌프란시스코에서 부인회 조직을 논의하였고, 1919년 한국부인회 대표로 대한여자애국단 결성에 참여하여, 1925~1945년까지 재무위원, 서기 등을 역임하였다. 조국의 여자교육에도 관심을 기울여 1928년 정신여학교를 후원하고, 1931년 조선여자대학 협조회 발기인으로 활동하였다. 또한 1919년부터 1945년까지 독립운동 자금을 여러 차례 지원함.	2016 건국포장
6	김대순[77]	1938~1939년까지 대한여자애국단 메리다지부 단장, 1940~1941년 동단 서기, 1944년 대한여자애국단 메리다 유카탄지부 단장 등으로 활동하며, 여러 차례 독립운동자금을 지원함.	2018 건국포장 멕시코에서 활동
7	김도연	1920년 대한인여자애국단 맥스웰지부 서기, 1921년 동단 맥스웰지부 수금위원, 1924년 맨티카 국어학교 임원, 1932년 동단 나성지부 서기, 1934년 동단 나성지부 단장 및 동단 총부 서기, 1943년 동단 딜레노지부 재무, 1945년 딜레노 구제회 재무 및 대한여자외국단 딜레노지부 재무 등을 역임하였다. 또한 1916년부터 1944년까지 여러 차례 독립운동자금을 지원함.	2016 건국포장

	이름	공적	훈격
8	김석은	1918년 3월부터 미국 캘리포니아에서 대한인국민회 삭도지방회 회원으로 활동하며, 1919년 7월 대한여자애국단 서기로 미국 대통령에게 한국 문제에 관한 청원서를 보내고, 1926년 동단 샌프란시스코 서기로 활동함. 1918년부터 1942년까지 여러 차례 독립운동자금을 지원함.	2018 대통령표창
9	김자혜	1919년 미국 샌프란시스코 미주한인부인회 대표, 1923년 구미위원부 재무, 오클랜드 대한여자애국단 지부 단장, 1927년 부인전도회 회장, 1929년 부인저금회 회장 및 오클랜드지방회 재정부위원, 1931년 중가주공동회 오클랜드지방 선전부장, 이후 1945년까지 오클랜드지방회 대의원, 수전위원, 국민회 오클랜드 대표 등으로 활동했으며 여러 차례 독립운동자금을 지원함.	2014 건국포장
10	김정성	1919년부터 1944년까지 미국 캘리포니아에서 대한여자애국단원으로 활동하며 여러 차례 독립운동자금을 지원함.	2020 대통령표창
11	박금우	1936년 2월 미국 하와이에서 영남부인실업동맹회 회장, 같은 해 4월부터 1938년 3월까지 대한부인구제회 중앙부장과 법무, 1944년 9월 해외한족연합위원회 선전위원 등으로 각종 구제사업과 독립운동 후원 활동을 하고, 1937년부터 1945년까지 여러 차례 독립운동자금을 지원함.	2019 애족장

	이름	공적	훈격
12	박영숙	1919년 3월 미국 다뉴바에서 신한부인회 서기, 1919년부터 1924년까지 대한여자애국단 총부위원, 1921년 다뉴바 국민대표회 회원, 1922년 대한여자애국단 다뉴바 총부 재무로 활동하였다. 1930년부터 1939년까지 대한인 국민회 딜라노 지방회원, 1940년부터 1942년 까지 대한여자애국단 딜라노 지부 재무, 1943년 동 지부 단장 등으로 활동하며 1919년부터 1945년까지 여러 차례 독립운동자금을 지원함.	2017 건국포장
13	박정경	1934년 미국 캘리포니아주 로스엔젤레스에서 대한인여자애국단 총부 재무, 1938년 로스엔젤레스 한인여자 청년회 서기, 1940년 셀레노 지방 단원으로 활동함. 1932년부터 1945년까지 여러 차례 독립운동 자금을 지원함.	2020 대통령표창
14	박혜경	1933년부터 1943년까지 미국 캘리포니아에서 대한여자애국단 나성지부 서기(1933), 동단 수전위원(1937, 1938), 독립신문 발기인(1943) 등으로 활동함. 1919년부터 1945년까지 여러 차례 독립운동자금을 지원함.	2020 대통령표창
15	신마실라	1919년부터 1921년까지 미국 워싱턴에서 한인구제회 서기로 구제금 모집 및 한국독립을 촉구하는 순회강연을 하고, 1928년 뉴욕과 1931년 필라델피아에서 3·1절 기념식에서 연설 등으로 민족의식을 드높임.	2015 대통령 표창
16	이옥진	1937년 쿠바 하바나에서 대한인국민회 하바나 지방회 구제위원, 1940년과 1944년 대한여자애국단 하바나 지방회 단장으로 활동함. 1940년부터 1944년까지 독립운동자금을 지원함.	2020 대통령표창 /쿠바에서 활약

	이름	공적	훈격
17	이혜련	도산 안창호의 부인으로 1909년부터 의연금·국민의무금·특별의연 등 독립운동자금을 지원하였으며 1919년 3월 미국 로스앤젤레스에서 조직된 부인친애회에 참여하였다. 1919년 8월 다뉴바에서 조직된 독립운동단체인 대한여자애국단에 부인친애회 대표로 참가하였다. 1942년부터 1944년까지 대한여자애국단의 위원으로 활동함.	2008 애족장
18	임배세	1929년 5월부터 시카고 대한부인회 사교부장, 회장, 1930년 11월부터 1932년 4월까지 대한인국민회 시카고지방회 서기 등으로 활동하고, 1940년 10월 대한인국민회 뉴욕지방회 회원으로 한국광복군 성립 축하식에 참여하였다. 1941년 12월부터 이듬해 1월까지 뉴욕지방회 대표원으로 대한인국민회 6차 대표대회에 참석하고, 1930년부터 1943년까지 여러 차례 독립운동 자금을 지원함.	2020 대통령표창
19	양제현	1917년, 1919년 미국 캘리포니아 새크라멘토 한인부인회 회장, 1929~1930년 대한여자애국단 총단장, 1925년, 1928년, 1933~1935년, 1938년, 1941~1942년, 1944년 대한여자애국단 샌프란시스코지부 단장 등으로 활동하였다. 1931~1932년, 1934~1938년, 1940년, 1942년 대한인국민회 샌프란시스코지방회 구제원·재무·집행위원·학무위원·교육위원·실업위원 등을 역임하였다. 또한 1919~1945년까지 여러 차례 독립운동자금을 지원하였다.	2015 애족장

이름		공적	훈격
20	이성례	1920년 대한여자애국단 맥스웰지부 단장, 1930~1945년 동단 나성지부 부단장·재무·위원·단장, 1934~1942년 동단 총부 재무로 활동하고, 1944년 1월 재미한족연합위원회, 동년 10월 구미위원부 개조를 위한 전체대표회, 1945년 1월 재미한족연합위원회 강화회에 대한여자애국단 대표로 참석하였다. 1934~1935년 대한인국민회 나성지방회 구제원, 1936년 7월 흥사단 제2구역 나성지방대회 준비위원에 선임되어 활동하고, 1923~1945년 여러 차례 독립운동자금을 지원하였다.	2015 건국포장
21	임메블	1919년 로스앤젤레스에서 부인친애회를 조직하여 활동하다 8월 미주 각 지방 부인회가 통합되어 대한여자애국단이 창립될 때, 부인친애회 대표로 참가하였다. 1929년 12월부터 1930년 1월까지 한인 어린이의 국어교육을 위한 교육기관 설립 준비기성위원으로 참여하였다. 1930년 3월 대한여자애국단 로스앤젤레스지부단장으로 조선여자대학 설립에 필요한 건축비 모금운동을 하였다. 1940년 대한여자애국단 총부위원, 1940년과 1941년 지부단장으로 뽑혀 대한인국민회 창립기념식 등에서 축사를 낭독하였다. 1942년 대한인국민회 로스앤젤레스지방회 구제위원, 같은 해 2월 재미한족연합위원회 집행부 주최 3·1절 경축 준비위원으로 활동함.	2016 애족장

	이름	공적	훈격
22	임배세	1929년 5월부터 시카고 대한부인회 사교부장, 회장, 1930년 11월부터 1932년 4월까지 대한인국민회 시카고지방회 서기 등으로 활동하고, 1940년 10월 대한인국민회 뉴욕지방회 회원으로 한국광복군 성립 축하식에 참여하였다. 1941년 12월부터 이듬해 1월까지 뉴욕지방회 대표원으로 대한인국민회 6차 대표대회에 참석하고, 1930년부터 1943년까지 여러 차례 독립운동 자금을 지원함.	2020 대통령표창
23	임성실	1919년 미국 다뉴바신한부인회 대표로 대한여자애국단 설립에 참여하였고 1921년 동단 다뉴바지부 단장, 1922년과 1939년에는 동단 위원으로 활동하였다. 또한 1919년부터 1944년까지 여러 차례 독립운동자금을 지원함.	2015 건국포장
24	전그레이스	1914년 미국 샌프란시스코에서 대한인국민회 샌프란시스코지방회 경술국치 기념일 행사에 참석하였고, 1919년 샌프란시스코 한국부인회 대표, 1921년 대한인국민회 샌프란시스코 수전원 등으로 활동함. 1924년부터 1942년까지 여러 단체에서 활동하였으며 1918년부터 1945년까지 여러 차례 독립운동자금을 지원함.	2020 애족장
25	차경신78)	1918년 일본으로 유학하여 요코하마여자신학교에 재학하고 있던 중에 1919년 2월에 도쿄에서 한국유학생들이 주도한 2·8독립선언에 참여하였다. 국내에서 부인회, 간호대 및 청년단을 조직하고, 상해 대한민국임시정부의 비밀요원으로 활약하였으며, 미국으로 건너가 한국어학교 초대교장 및 대한애국부인단 총단장 등을 역임함.	1993 애국장

	이름	공적	훈격
26	차보석	1921년 중국 상해에서 재상해유일학생회 회원, 1925년 대한여자애국단 샌프란시스코지부 단장, 1926~1928년 대한여자애국단 총단장, 1929년 동단 서기, 재무, 1925~1928년 샌프란시스코 국어학교 교사, 1931년 동 국어학교 재무로 활동하였다. 1931년 대한인국민회에 입회하여 1932년 3·1절 기념식 준비위원 등으로 활동하고 1925~1932년까지 여러 차례 독립운동자금을 지원함.	2016 애족장
27	차인재	1920년 6월 경기도 수원군 수원면에서 삼일학교 교사로 근무 중 박선태 등이 조직한 구국민단에 참여, 같은해 8월 미국으로 이주 후 1924년 대한인국민회 맥스웰지방회 학무원, 1933년 대한여자애국단 로스앤젤레스지부 부단장, 1935년 동단 서기, 1936년 재무 및 여자청년회 서기로 활동하였다. 1936년부터 대한여자애국단 총단 서기 등 1945년 까지 여러 단체에서 활약하였으며 특히 1922년부터 1945년까지 여러 차례 독립운동자금을 지원함.	2018 애족장
28	한(김)덕세	1922년 미국 캘리포니아 다뉴바에서 시사연구회 발기인, 1944년 4월 대한여자애국단 중가주지부 조직에 단원, 같은해 11월 재미한족전체대표회에 대한여자애국단 대표로 활동하면서 1921년부터 1945년까지 독립금 370여 원을 지원함.	2014 대통령표창
29	한성선	1919년 3월 미국 캘리포니아주 다뉴바에서 신한부인회 대표, 8월에는 대한여자애국단을 설립하여 총부위원으로 활동하였다. 1921년부터 1924년까지 대한여자애국단 총단장을 역임하고 1944년까지 단원으로 활동하였다. 또한 1918년~1945년까지 여러 차례 독립운동자금을 지원함.	2015 애족장

● 아직도 미서훈자로 남아 있는 수많은 여성독립운동가들

하와이지역(11명)과 미본토지역(29명)에서 독립유공자로 포상 받은 여성독립운동가는 2021년 3월 31일 현재, 모두 40명이다. 그러나 아직도 이 지역에서 독립운동을 하고도 포상자 명단에 오르지 못한 사람들이 있어 〈표13〉과 같이 정리해 보았다.

이들은 '대한부인구제회' 출신이다. 대한부인구제회에서 활동했던 인물 가운데는 박신애(1997년 애족장), 전수산(2002년 건국포장) 지사 등이 이미 포상을 받았으므로 〈표13〉의 인물들에 대한 포상도 서둘러야 할 것이다. 물론 이러한 사항은 〈표13〉의 인물에 국한된 것은 아니다.

1903년부터 1905년까지 하와이에 도착한 한인 여성 637명과, 1910년부터 1924년 사이에 이른바 사진신부로 유입된 1천여 명의 여성들 가운데 독립유공자로 포상 받은 여성이 겨우 11명(2021년 3월 31일 현재)에 그치고 있다는 사실은 이 지역에서 활동했던 여성독립운동가에 대한 조사가 제대로 이뤄지지 않고 있음을 바로 말해주는 것이다.

초기 이민 배를 타고 하와이에 정착한 여성들의 대부분은 열악한 환경에서 노동일을 하며 자녀 양육까지 떠맡으면서도 1909년 신명부인회를 시작으로 1913년에는 대한부인회(회장 황마리아)를 설립하여 동포들의 친목도모와 조국의 독립운동에 이바지했다. 또한 1919년 4월에는 대한부인구제회(회장 손마리아)를 설립하였고, 1928년에는 영남부인회(회장 이희경)를 조직하였으며 1930년대 이후에도 애국부인회 등을 조직하여 동포들 간에 서로 상호부조하면서 독립자금을 모금하여 상해 임시정부를 지원하는 등 조국의 독립을 위해 앞장서서 활동했다. 그러나 이들의 포상이 이뤄지지 않는 등 현재까지도 제대로 평가받지 못하고 있는 실정이다. 이러한 사실은 하와이뿐만 아니라 샌프란시스코나 로스앤젤레스 등에서도 비슷한 실정이다.

〈표13〉【하와이지역에서 활약한 미서훈자 여성독립운동가들】[79]

1	김주수 1905~1981	하와이한인사회의 '동지회' 회원으로 활동했으며 대한부인구제회에서 회장, 재무 역임, 대한민국임시정부에 의연금 출연
2	이숙자 1900~1977	국민회 회원, 대한부인구제회 회원, 대한애국부인회 임원 역임, 남편과 각종 의연금 출연
3	이영옥 1901~1991	동지회 회원, 대한부인구제회 회원, 영남부인회 임원 역임. 독립금 출연, 한미승전후원금 수봉위원으로 활약
4	임차순 1904~1996	대한부인구제회 임원, 영남부인회 회장 역임. 독립자금 모집에 고액 출연
5	천연희 1896~1998	국민회 회원, 대한부인구제회 서기, 동지회 파산시 후원금 100불 출연

---

79) 홍윤정,《여성과 역사》제26집.2017.6. '하와이 한인 여성단체와 사진신부의 독립운동' 11~23쪽을 참조하여 필자 정리.

● 미주지역에서 활동한 대표적인 여성독립운동가

가. 2.8독립선언에서부터 LA까지 종횡무진 활약한 '차경신'

미주지역에서 활동한 대표적인 여성독립운동가의 한 사람이 차경신 (車敬信, 1892.2.4.~1978.9.28.)지사다. 국가보훈처에서는 차경신 지사의 활동지역을 '만주지역'으로 분류했지만 실제로 차경신 지사는 일본 동경, 중국 상해, 미국 로스앤젤레스 등에서 활약한 인물이기에 필자는 '미주지역'에 넣었다. 차경신 지사는 1918년 일본으로 유학하여 요코하마여자신학교에 재학 중, 김마리아, 황에스터 지사등과 함께 1919년 2·8독립선언에 참여했다.

독립선언식에 참여한 뒤 차경신 지사는 김마리아 지사와 함께 독립선언서를 국내로 몰래 가지고 들어와 3·1만세운동에 불을 지폈다. 국내로 잠입한 차경신 지사는 대구에서 김순애 선생 등과 부인회를 조직하고, 뒤이어 평북 선천에서는 신한청년당 회원을 모집하는 등 종횡무진 눈부신 활약을 했다. 그뒤 1920년 8월 하순, 상해 임시정부로 건너가 도산 안창호 선생을 도와 국내를 오가면서 비밀요원으로 활약하며 모은 군자금 4백여 원을 임시정부에 전달하는 임무를 수행하였다.

차경신 지사는 이후 1924년 1월, 미국으로 건너가게 되면서부터 그의 독립운동은 절정에 이른다. 로스앤젤레스에서 한국어 학교를 설립하여 초대 교장으로 교포 자녀들의 교육에 힘쓰는가하면 1931년 미국 샌프란시스코에 있던 애국부인회 총본부가 로스앤젤레스로 옮겨오자 1932년부터 1939년까지 애국부인회 총단장이 되어 각지에 지회를 조직하는 등 활동하였다. 애국부인회에서는 임시정부, 독립신문사, 광복위로금, 구미위원부(歐美委員部) 군축선전비, 만주동포구제금 외에도 국내 수재의연금, 고아원 원조비 등 독립운동과 구제사업을 위해 힘썼다. 차경신 지사는 중국의 장개석 총통 부인에게도 의연금을 보내 송미령 여사로부터 감사하다는 서한을 받기도 했다. 다음은 의연금에 대한 송미령 여사의 고맙다는 인사 편지다.

차경신 단장님께

12월 2일에 주신 편지와 보내신 미화 76원을 받자와 부탁하신대로 솜옷을 지어 전방에서 피로 목욕하며 싸우는 병사를 위하여 추위를 면케 하였습니다. 귀 단체는 멀리 있는 자를 버리지 않으시고 은혜를 베푸사 의연금을 모아 보내었으니 귀국(조선)이 우리나라(중국)와 교의가 깊고 간절하여 좋은 일이나 언짢은 일이나 살뜰히 같이 하고자 함을 감사히 여깁니다. 포악한 일본이 우리나라(중국)를 침략한지 삼년에 우리 군인의 일심을 힘입어 누차 시원히 징벌하여 완악한 도적의 기운이 점점 말라지고 승리의 형세는 벌써 나타났습니다. 오히려 바라옵기는 귀 단체가 더욱 분발하여 적개심을 가지고 원수를 같이 물리치소서. 중국이 승리하는 날이 또한 귀국이 광복하는 날이올시다. 영수증을 보내오니

받으시오소서, 전하(남편, 장개석)가 이를 위하여 치사하오
며 삼가 늘 평안하시기를 비나이다.

중화민국 29년 정월 4일 송미령[80]

※ 차경신 지사 1993년 애국장 추서

나. 도산 안창호 선생 부인으로 대한여자애국단에서 활약한 '이혜련'

미주지역에서 활약한 여성독립운동가 가운데 빼놓을 수 없는 분이 안창호 선생 부인 이혜련(李惠鍊, 1884.4.21.~1969.4.21.)지사다. 이혜련 지사는 평안남도 강서군에서 서당 훈장이던 이석관의 맏딸로 태어나 서울 정신여학교에 입학하여 신학문을 배웠다. 열여덟 살 되던 1902년 9월 3일 밀러목사의 주례로 도산 안창호 선생과 혼인식을 올린 뒤 미국으로 건너갔다. 생면부지의 땅에 도착한 두 사람은 생계를 위해 열심히 일했다. 도산 선생은 리버사이드 오렌지 농장과 파나마 운하 공사장 등에서 노동일을 했으며 부인 이혜련 지사는 병원의 조리사 일과 미국인 집에서 허드렛일을 하는 등 몸을 사리지 않고 닥치는 대로 일을 했다.

도산은 이후 상해 등 국외로 나가 전격적인 독립운동에 뛰어들게 되는데 이는 부인 이혜련 지사의 절대적인 헌신으로 가능한 일이었다. 이

---

80) 차경수, 《호박꽃 나라사랑: 여자애국간 총무 차경신과 그의 가족 이야기》 기독교문사, 1988, 136쪽.

혜련 지사는 남편에게, "당신은 애국자요, 영걸의 인물로서 국가에 속한 사람이니 국가와 민족을 위하여 일할 수 있는 대로 마음 놓고 활동하시오." 라고 하면서 도산 선생의 독립활동을 물심양면으로 도왔다. 남편 도산 선생이 1909년 2월 미본토의 공립협회와 하와이의 한인합성협회를 합해 국민회를 결성하고 해외 독립운동의 중심기관으로 만드는 등 나라안팎으로 활동할 수 있도록 도왔을 뿐 아니라 본인 역시 도산이 조직한 단체에 의연금, 국민의무금, 특별의연금 등 독립운동자금을 모금하는 일에 앞장섰다.

한편, 북미주의 4개 지방 부인단체들이 국민회 중앙총회에 청원하여 1919년 8월 5일 정식으로 대한여자애국단이 결성되었는데 여기서 이혜련 지사는 국민의무금, 21례, 국민회보조금, 특별의연 등의 모금을 주도하였고, 미국적십자사 로스앤젤레스 지부의 회원으로 활동하였다. 1925년 3월 26일 이혜련 지사는 김마리아와 함께 대한여자애국단을 이끌었던 차경신 지사의 결혼식에 참석하였다. 사실 이날은 남편인 안창호 선생이 신부의 손을 잡고 입장하기로 되어 있었는데 그만 도산 선생이 세탁소에 맡긴 단벌 바지가 도착하지 않아 결혼식에 참석하지 못하는 바람에 남편을 대신해서 신부를 데리고 입장했던 것이다.

당시 도산 부부는 미주지역 독립운동가의 대부, 대모 역할을 하고 있었다. 도산 안창호 선생이 미주지역을 떠나 상해 임시정부의 내무총장 겸 국무총리 서리에 취임하는 등 활약할 수 있었던 것은 부인 이혜련 지사의 적극적인 도움에 힘입었던 것으로 이 점은 아무리 강조해도 지나치지 않다. 그런 점을 도산 스스로 잘 알고 있었는데 그의 편지글이 그걸 증명한다.

> "오, 혜련! 나를 충심으로 사랑하는 혜련, 나를 얼마나 기다립니까? 나는 당신을 보고 싶은 생각이 더욱 더욱 간절하옵니다. 내 얼굴에 주름은 조금씩 늘고 머리에 흰털은 날로 더 많아 집니다. (중간 줄임) 당신은 나를 만남으로 편한 것보다 고(苦)가 많았고 즐거움 보다 설움이 많았는가 합니다. 속히 만날 마음도 간절하고 다시 만나서는 부부의 도를 극진히 해보겠다는 생각도 많습니다만 나의 몸은 이미 우리 국가와 민족에게 바치었으니 이 몸은 민족을 위하여 쓸 수밖에 없는 몸이라 당신에 대한 직분을 마음대로 못하옵니다."
> - 1921년 7월 14일. 당신의 남편-

그런가 하면 미국에서 1919년 상해로 간 뒤 가정을 돌보지 못하고 있다가 1926년에 잠시 미국에 들러 로스앤젤레스의 YMCA에서 마련한 도산 송별식장에서 가족에게 한 이야기도 우리의 가슴을 아프게 한다.

> "내가 지금까지 아내에게 치마하나, 저고리 한 감 사 준 일이 없었고, 필립에게도 공책 한 권, 연필 한 자루 못 사주었다. 그러한 성의가 없었던 것은 아니나 여러 가지 사정으로 그랬는데, 여간 죄스럽지 않다."

▲ 안창호·이혜련 부부독립운동가 가족(1925년 로스앤젤레스)

　　도산 안창호 선생은 1902년 결혼한 뒤 36년간의 결혼 생활 중 가족과 함께 지낸 시간은 13년 밖에 되지 않는다. 계몽운동가, 독립운동가, 교육자, 정치가 등 도산 선생을 가리키는 말은 많지만 그의 활동이 가능했던 것은 부인 이혜련 지사가 없었으면 불가능한 일이었다. 조국이 광복을 맞은 뒤에도 이혜련 지사는 1946년 1월 6일 로스앤젤레스 대한인국민회 총회관에서 거행된 대한여자애국단 총회에서 총단장으로 선출되어 동포들의 권익과 폐허더미의 조국을 돕는데 앞장섰다.

※ 이혜련 지사 2008년 애족장 추서

다. 임시정부 버팀목 차리석 선생의 여동생 '차보석'

차보석(車寶石, 1892.~1932.3.21.) 지사는 이화학당을 나와 일본 고베가사여자전문학교를 졸업 한 뒤 1912년 무렵 대구신명여학교 교사로 부임했다. 이곳에서 1915년까지 재직했으며 교가(校歌)를 만들어 초창기 교풍 확립에 큰 공헌을 했다. 차보석 지사는 스물세 살 되던 해에 대구신명여학교를 떠나 평양으로 가서 독립운동가인 오라버니 차리석 선생과 교육사업을 펼치다가 3·1만세운 동 직후 오라버니와 상해로 망명했다. 상해에서 흥사단에 참가하는 한편 1921년에는 재상해유일학생회(在上海留日學生會)를 맡아 활약했다. 차보석 지사가 미국으로 건너간 것은 30살 때인 1922년으로 그곳에서도 조국독립을 위한 눈부신 활약은 끊이질 않았다.

▲ 차보석 지사 재직 때인 1914년 대구신명여학교 제2회 졸업생

1925년 대한여자애국단 샌프란시스코지부 단장을 거쳐 1926에서 1928년까지 대한여자애국단 총단장을 맡아 활약했다. 이듬해인 1929년에는 이 단체의 서기, 재무 등을 맡아 헌신했다. 또한 이 기간(1925~1928) 샌프란시스코에서 국어학교 교사로 재직하면서 동포 자녀들에게 민족 혼을 심는데 주력했으며 1931년에는 국어학교 재무일을 도맡았다. 1931년 대한인국민회에 입회하여 1932년 3·1절 기념식 준비위원 등으로 활약하였으며 1925년부터 1932년 3월 21일, 40세로 숨을 거두기까지 여러 차례 독립운동자금을 지원하였다.

※ 차보석 지사 2016년 애족장 추서

라. 미주 한인디아스포라 여성독립운동가 후손의 고민 '차인재' 지사 후손과의 대담

필자는 2017년 4월 13일부터 21일까지 하와이지역의 여성독립운동가 활동 상황을 조사하러 현지에 가서 증언해 줄 수 있는 분들을 만나고 자료조사를 한 바 있다. 2017년 4월 13일 오후 2시, 전수산(1894~1969, 2002. 건국포장) 지사의 외손자인 티모시 최(75세) 선생과의 대담을 위해 하와이대학 한국학연구소를 찾았다. 장소를 한국학연구소로 잡은 것은 티모시 최 선생께서 외할머니인 전수산 지사의 모든 자료를 하와이대학 한국학연구소에 기증했기 때문이었다. 티모시 최 선생은 자신이 나이를 먹어가기 때문에 전수산 외할머니의 귀중한 자료들을 개인적으로 보관하는 것보다는 체계적인 관리를 위해 기증하는 것이 낫다는 판단이 섰다고 했다. 전수산 지사는 평양출신으로 평양의 진명여학교(1908)와 서울의 이화학당(1911)을 졸업하고 스물두 살 되던 해인 1916년 6월 21일 세 살 난 딸 옥희와 함께 호놀룰루항에 첫발을 디뎠다. 티모시 최 선생은 전수산 지사가 하와이에 올 때 조국에서 받은 진명여학교, 이화학당 등의 졸업장 등 중요한 자료와 하와이에서 활동했던 독립운동 관련 자료들을 모두 한국학연구소에 기증함으로써 후학들의 연구자료로 활용할 수 있게 해두었다.

한편, 차인재(1895~1971, 2018. 애족장) 지사의 경우는 사정이 다르다. 필자가 2018년 8월 7일부터 17일까지 미국 LA지역의 여성독립운동가 활동상황을 조사했을 때 만난 차인재 지사의 외손녀 윤 패트리셔(70세) 선생은 외할머니(차인재 지사)의 자료들을 어떻게 관리해야 할지 걱정하고 있었다. 윤 패트리셔 선생은 미국에서 약학대학을 나와 약사로 지내면서 부족함이 없는 생활을 해오고 있으나 슬하에 자녀가 없는 관계로 외할머니의 많은 자료들을 '어딘가 기증했으면' 하는 의사를 비치고 있었다. 참고로, 차인재 지사는 1920년 6월 수원의 삼일학교에 교사로 근무하다가 미국으로 건너가 로스앤젤레스를 기반으로 1924년 대한인국민회 맥스웰지방회 학무원(學務員), 1933년 대한여자애국단 로스앤젤레스지부 부단장, 1935년 서기, 1936년 재무 및 여자청년회 서기, 1944년 대한여자애국단 로스앤젤레스지부 회장 등으로 활동하면서 조국 광복을 위해 헌신했다.

부부독립운동가로 활약했던 만큼 외손녀인 윤 패트리셔 선생은 외할아버지(임치호), 외할머니(차인재)와 관련된 사진과 자료를 많이 가지

▲ 로스앤젤레스 외곽에 있는 로즈데일무덤에 묻혀있는 임치
호(림치호)·차인재(림인재)부부 독립운동가 무덤을 찾아가
헌화했다. (2018.8.10.)

고 있었다. 특히 차인재 지사의 경우에는 국내에도 없는 이화학당 시절
의 사진까지 보관하고 있었다. 그러나 하와이지역의 전수산 지사 외손
자인 티모시 최 선생과 달리 윤 패트리셔 선생은 외조부모의 모든 자료
를 개인 소장하고 있었다. 필자가 여성독립운동가인 차인재 지사의 사
진이 필요하다고 하니 선뜻 가지고 있던 사진을 몇 장 건네주었다. 윤
패트리셔 선생의 고민은 독립운동가였던 외조부모의 모든 자료를 대를
이을 후손도 없는 상황에서 자신이 계속 보관할 수 있을지에 대한 것이
었다.

▲ 차인재 지사의 이화학당 시절 모습(동그라미 속)

하와이대학의 한국학연구소처럼 미주지역(LA나 샌프란시스코 등)에도 독립운동가 후손들이 사진과 자료를 기증할 수 있는 곳이 존재하는지에 대한 정보를 후손인 윤 패트리셔 선생은 전혀 갖고 있지 않은 듯했다. 그러하기에 자신이 보관해오던 귀중한 자료에 대해 걱정하고

▲ 독립운동가 외조부모의 많은 사진과 자료들을 보여주며 설명하는 외손녀 윤 패트리셔 선생, 영어로 통역을 해준 이지영 씨, 대담하는 필자(오른쪽부터)

있는 것이다. 필자로서는 딱히 어떠한 답을 들려주지 못한 채 돌아왔지만 2세, 3세의 독립운동가 후손들이 가지고 있는 자료에 대한 국가적 차원의 관리가 필요하다는 생각을 하게 되었다.

2세, 3세의 나이도 이미 7~80세를 바라보는 실정이고 보면 이들이 소장하고 있는 귀한 사진이나 자료들을 어떤 식으로든 국가가 파악하고 더 나아가 개인이 보관하기 어려운 경우에는 기증을 받아 길이 보존하는 방법을 강구할 필요성을 절실히 느꼈다. 특히 후손들이 방법을 찾아 헤매지 않도록 국가에서 적극적으로 '기증의 모든 절차'를 홍보하고 경우에 따라서는 '찾아가는 기증 서비스' 등 다각적인 접근이 요구된다.

※ 차인재 지사 2018년 애족장 추서

1. 대한독립여자선언서

가. 대한독립여자선언서가 나오기까지 경위

악랄한 일제침략기에 독립을 촉구하면서 반포한 이른바 독립선언서는 우리가 흔히 알고 있는 1919년 '2.8독립선언서'를 비롯하여 '3·1독립선언서'를 포함하여 약 100여 종이 넘는 것으로 알려져 있다. 그 가운데 하나가 '대한독립여자선언서'다. 이는 여성들이 주체적인 독립 의지를 밝혔다는 점에서 높게 평가받고 있다. '대한독립여자선언서'에는 작성 날짜가 1919년 2월로 적혀 있지만, 중국 길림에서 발표된 '대한독립선언서'와 밀접한 관련이 있어서 작성 시점에 대한 논란이 존재한다. 양력 2월로 보는 견해가 있는 반면, 음력으로 보아 1919년 3월 무렵 대한독립선언서와 비슷한 시기에 작성된 것으로 보기도 한다. 이 선언서는 한지에 가는 붓으로 정성껏 쓴 형태로 모두 35행이며 1,290자의 순 한글로 작성되었다. 이 선언서에 이름을 올린 사람은 김인종·김숙경·김옥경·고순경·김숙원·최영자·박봉희·이정숙 등 대표자 8명이다[81]. 대한독립여자선언서가 세상에 알려진 것은 작성된 지 64년 만인

---

81) 김소진, 《한국독립선언서연구》, 1999, 국학자료원. 210쪽.

1983년, 미국에 사는 도산 안창호 선생의 장녀 수산 선생의 집에서 발견돼 독립기념관에 기증했다. 이 선언서는 중국 길림에서 작성했으며 조선총독부의 내부 문건과 일본 외무성 자료에 남아있고, 신한민보에도 당시 기사화 되었다.

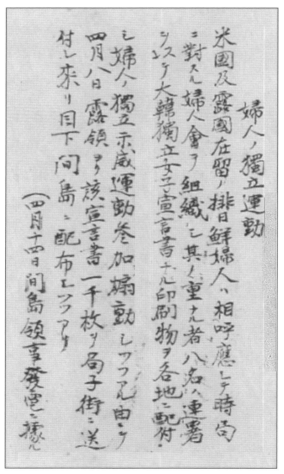

▲ 대한독립여자선언서를 작성하여 1천장을 배포했다는 일본외무성 기록(1919.4.20.)

대한독립여자선언서는 나라를 빼앗긴 슬픔과 억울함, 분노와 고통을 잘 표현하고 있으며 독립운동에 있어서 여성과 남성은 서로 대등하다고 선언했다. 특히 당시는 여성의 사회활동이 크게 제약된 사회 분위기였지만 대한독립여자선언서에서는 여성들의 독립에 대한 확신에 찬 주장이 담겨 있다. 이 선언서에 서명한 8명의 여성들에 대해서는 상세히 알려진 바 없으나 김숙경(1995년 애족장) 지사의 경우, 중국 훈춘지역의 대표적인 독립운동가 황병길(1963년 독립장)의 부인으로 훈춘의 대한애국부인회에서 부회장으로 활약했던 인물이다.

나. 쉽게 읽는 대한독립여자선언서에 대하여

필자는 2018년 7월 3일부터 2년 동안 '대통령직속 3·1운동 및 대한민국임시정부 수립 100주년 기념사업추진위원회(위원장 한완상) 추진위원으로 활약한 적이 있다. 이때 3·1독립선언서를 비롯하여 2·8독립선언서, 대한독립선언서, 대한독립여자선언서, 조선혁명선언 등 5개의 독립선언서를 일반인들이 읽기 쉽게 풀이하는 작업을 하게 되었는데 윤경로 기억·기념분과 위원장을 중심으로 김수진, 이상경, 조선희 위원과 함께 수차례의 강독회를 거쳐 《쉽게 읽는 독립선언서》를 세상에 내놓았다. 여기에 실린 5개의 독립선언서 가운데 '쉽게 읽는 대한독립여자선언서'만을 《인물로 보는 여성독립운동사》에 소개한다.

---

* 쉽게 풀이한 대한독립여자선언서를 이 책에 인용하고자 '행정안전부 대통령기록관 기록서비스과'에 문의하여 2021년 7월 26일자로 허가를 받아 여기에 소개함.

▲ 대한독립여자선언서 원본

【쉽게 읽는 대한독립여자선언서 전문】

슬프고 억울하다. 우리 대한 동포시여. 우리나라는 반만 년 문명 역사와 이천만 신성 민족으로 삼천리 강토를 족히 누릴 만하거늘, 침략적 야심으로 세계의 공공 법리를 무시하는 저 일본이 야만적 추세로 조국의 흥망 이해는 안중에 없는 역적들과 협동하여 형식에 불과한 합방을 강요했다. 또한 갖가지 악독한 정치 아래 우리 이천만 형제자매가 노예가 되고 희생되어 오랜 세월 동안 씻지 못할 수치와 모욕을 받고 모진 목숨이 죽지 못해 스스로 멸망할 함정에 갇혀서 하루가 일 년 같은 지루한 세월이 십여 년을 지났으니, 그동안 무한한 고통은 다 말할 것 없이 우리 동포의 마음속에 품은 비수로 징계해야 한다. 여자가 한을 품으면 오월에도 서리가 내린다 했거든, 하물며 수천만 생명이 억울해하고 불평하는 하소연을 지극히 공평무사하신 상제께서 통촉하심이 없으리오. 고금에 없는 세계 대전의 끝에 민본주의로 만국이 평화를 앞장서서 주장하는 오늘에 이르러 감사하신 남자 사회 곳곳에서 독립을 선언하고 독립 만세 소리에 엄동설한의 반도 강산이 봄바람을 만나 만물이 소생할 시기에 이르렀으니 아무쪼록 용기 위에 용기를 더하고 열성에 열성을 더하여 그 결실을 거두심을 피 끓는 마음으로 기도하는 바이다.

우리도 비록 규중에서 생활하며 지식이 적고 신체가 연약한 아녀자의 무리이나 다 같은 국민이요, 양심은 한가지다. 용기가 월등하고 지식이 높은 영웅 도사도 뜻을 이루지 못하고 억울하게 세상을 마친 사람이 허다하건만, 비록 지극히 어리석은 아녀자라도 정성이 극도에 달하면 반드시 원하는 것을 이루는 것은 소소한 하늘의 이치이다. 우리 여자 사회에서도 동서를 막론하고 후대에 모범될 만한 숙녀현원[82]이 허다하건만 특별히 오늘날 우리가 본받을 선생을 들어 말하자면, 서양의 '스파르타'라는 나라의 '사리'라는 부인을 들 수 있다. 부인은 농촌 태생으로 아들 여덟을 낳아 국가에 바쳤더니

---

82) 숙녀현원(淑女賢媛): 교양있고 지혜로운 여성.

전장에 나가 승리하기는 했으나 불행히 여덟 아들이 다 전사했다. 부인은 그 참혹한 소식을 듣고 조금도 슬퍼하지 않고 춤추고 노래하며 말하길 "스파르타야, 스파르타야. 내 너를 위하여 여덟 아들을 낳았다."라고 했다더라. '이탈리아'의 '메리야'[83] 라는 부인은 사창가 출신으로 이탈리아가 다른 나라의 지배 아래 있음에 분개해 극복 방안을 연구하고 청년 사상을 고취하여 결코 굽히지 않는 투지와 신출귀몰하는 수단으로 마침내 독립 전쟁을 지시했다. 그러나 불행히도 열렬한 뜻을 다 이루지 못하고 이 세상을 떠날 때에 감은 눈을 다시 뜨고 "여러분, 국가! 국가!"라는 비장한 유언을 남겼다. 이에 전 군대가 일시에 격렬히 피가 끓어올라 맹세했는데, 이탈리아가 그날로 독립되었다더라.

임진왜란 때 진주의 논개, 평양의 화월이라는 여인 또한 화류계 출신으로 그 힘이 견줄 사람이 없을 정도로 뛰어났던 적장 청정과 소섭을 죽였으므로 국가를 다시 붙든 공이 두 분 선생의 힘이라 할 수 있다.[84] 우리도 이러한 급한 때를

---

83) 메리야(Anna Maria Ribeiro da Silva, 1821~1849)는 이탈리아 해방전쟁에 참여하다 26세의 나이에 전사했다. 이탈리아 건국영웅 가리발디(Garibaldi Guiseppe, 1807~1882)가 남편이다.

84) '논개'와 '화월'(평양기생 '계월향'의 어릴 적 이름)은 임진왜란 당시의 비사를 엮은 "임진록"에 등장하는 조선시대 기생으로, 자신을 희생해 일본 장수를 죽인 인물이다. 여기서 청정은 가토 기요마사(加藤清正), 소섭은 고니시 유키나가(小西行長) 또는 고니시 히(小西飛, 고니시 유키나가의 부하 장수)를 가리킨다고 하는데 구전으로 전해 내려오는 이야기이기 때문에 실제 역사적 사실과는 차이가 있다.

당해 비겁하고 나약한 습관을 버리고 용감한 정신으로 분발하여 이러한 여러 선생을 본받아 의리의 갑옷투구를 입고 믿음의 방패와 열성의 비수를 잡고 진격의 신발을 신고 한마음으로 일어나면, 지극히 자비하신 하느님이 내려다보시고 우리나라 충혼열백[85]이 지하에서 도우시고 세계 만국의 여론이 일 것이니 우리는 아무 주저할 것 없으며 두려할 것도 없도다. 살아서 독립 깃발 아래 활발한 새 국민이 되어 보고 죽어서 구천지하[86]에 이러한 여러 선생을 좇아 수고함 없이 즐겁게 모시는 것이 우리의 제일 의무가 아닌가. 간장[87]에서 솟는 눈물과 가슴 깊이 우러나는 붉은 마음으로 우리 사랑하는 대한 동포에게 엎드려 고하오니 동포, 동포여! 때는 두 번 이르지 않고 일은 지나면 못 하나니 속히 분발할지어다! 동포, 동포시여!

대한 독립 만만세.

[단군] 기원 4252년(1919년) 2월 일
김인종 김숙경 김옥경 고순경 김숙원 최영자 박봉희 이정숙 등

---

85) 충혼열백(忠魂烈魄): 애국열사들의 혼백.
86) 구천지하(九天地下): 죽은사람의 혼이 들어가 산다는 깊은 땅속.
87) 간장(肝腸): 간과 위장.

다. 대한독립여자선언서에 참여한 '김숙경' 지사는 누구?

김숙경(金淑卿, 1886.6.20.~1930.7.27.) 지사는 함경북도 경원 출신으로 남편 황병길(1963년 독립장)지사는 훈춘지역의 대표적인 독립운동가로 이들은 부부독립운동가다. 1907년 김숙경 지사가 스물한 살 되던 해, 남편 황병길이 연변과 연해주 일대에서 항일 투쟁을 펼치며 그 명성이 높아지자 일제는 남편을 잡아들이고자 혈안이 되어 집으로 들이닥쳤다. 그때 김숙경 지사는 해산한지 얼마 안 되는 몸인데 남편이 있는 곳을 말하지 않는다는 이유로 어린 핏덩이를 놔둔 채 경찰서로 끌려가 구류 10일 만에 돌아오니 갓난아기는 숨진 지 여러 날 되었다. 그 뒤 김숙경 지사는 남편과 함께 1911년 훈춘지역으로 이주하여 본격적인 독립운동에 돌입하였다. 간도를 포함한 러시아지역의 여성독립단체는 1914년에 조직된 블라디보스톡 신한촌을 중심으로 한 부인회가 있었고 이의순, 채계복, 이혜주 등이 중심이었다. 한편 훈춘지역에서는 1919년 9월에 대한애국부인회(훈춘애국부인회라고도 함)가 조직되었고 김숙경 지사는 부회장으로 200여 명의 회원을 이끌며 독립운동에 돌입하였다. 이들의 활동은 여성교육의 향상, 여권신장 도모, 전시 중 상이군인 치료와 구호, 군자금 모금 등이 주된 목적이었다.[88] 대한독립여자선언서는 김숙경 지사가 부회장으로 활동하던 대한애국부인회 시절에 작성된 것이 아닐까 추정하고 있다. 그러나 독립운동의 최전선에서 활약하던 남편 황병길이 35세로 1920년 4월 13일 순국하고, 자신

---

88) 김동화, 《중국조선족 독립운동사》 느티나무. 1991. 75쪽.

도 그해 10월 만주의 조선인학살 사건인 경신년 대토벌 때 또다시 잡혀
가 갖은 고문을 당했다. 이후 몸을 추슬러 독립운동을 지속하다가
1930년 7월 27일 만주에서 44세로 숨을 거두었다.

※ 김숙경 지사 1995년 애족장 추서

2. 이달의 독립운동가

(1992년 1월 1일부터 ~ 2021년 12월 31일까지)

연도	1월	2월	3월	4월	5월	6월	7월	8월	9월	10월	11월	12월
1992	김상옥	편강렬	손병희	윤봉길	이상룡	지청천	이상재	서 일	신규식	이봉창	이회영	나석주
1993	최익현	조만식	황병길	노백린	조명하	윤세주	나 철	남자현	이인영	이장녕	정인보	오동진
1994	이원록	임병찬	한용운	양기탁	신팔균	백정기	이 준	양세봉	안 무	조성환	김학규	남궁억
1995	김지섭	최팔용	이종일	민필호	이진무	장진홍	전수용	김 구	차이석	이강년	이진룡	조병세
1996	송종익	신채호	신석구	서재필	신익희	유일한	김하락	박상진	홍 진	정인승	전명운	정이형
1997	노응규	양기하	박준승	송병조	김창숙	김순애	김영란	박승환	이남규	김약연	정태진	남정각
1998	신언준	민긍호	백용성	황병학	김인전	이원대	김마리아	안희제	장도빈	홍범도	신돌석	이윤재
1999	이의준	송계백	유관순	박은식	이범석	이은찬	주시경	김홍일	양우조	안중근	강우규	김동식
2000	유인석	노태준	김병조	이동녕	양진여	이종건	김한종	홍범식	오성술	이범윤	장태수	김규식
2001	기삼연	윤세복	이승훈	유림	안규홍	나창헌	김승학	정정화	심 훈	유 근	민영환	이재명
2002	곽재기	한 훈	이필주	김 혁	송학선	민종식	안재홍	남상덕	고이허	고광순	신 숙	장건상
2003	김 호	김중건	유여대	이시영	문일평	김경천	채기중	권기옥	김태원	기산도	오강표	최양옥
2004	허 위	김병로	오세창	이 강	이애라	문양목	권인규	홍학순	최재형	조시원	장지연	오의선
2005	최용신	최석순	김복한	이동휘	한성수	김동삼	채응언	안창호	조소앙	김좌진	황 현	이상설
2006	유자명	이승희	신홍식	엄항섭	박차정	곽종석	강진원	박 열	현익철	김 철	송병선	이명하
2007	임치정	김광제 서상돈	권동진	손정도	조신성	이위종	구춘선	정환직	박시창	권득수	주기철	윤동주
2008	양한묵	문태수	장인환	김성숙	박재혁	김원식	안공근	유동열	윤희순	유동하	남상목	박동완
2009	우재룡	김도연	홍병기	윤기섭	양근환	윤병구	박자혜	박찬익	이종희	안명근	장석천	계봉우

연도	1월	2월	3월	4월	5월	6월	7월	8월	9월	10월	11월	12월
2010	방한	민김상덕	차희식	염온동	오광심	김익상	이광민	이중언	권준	최현배	심남일	백일규
2011	신현구	강기동	이종훈	조완구	어윤희	조병준	홍언	이범진	나태섭	김규식	문석봉	김종진
2012	이갑	김석진	홍원식	김대지	지복영	김법린	여준	이만도	김동수	이희승	이석용	현정권
2013	이민화	한상렬	양전백	김봉준	차경신	김원국 김원범	헐버트	강영소	황학수	이성구	노병대	원심창
2014	김도현	구연영	전덕기	연병호	방순희	백초월	최중호	베델	나월환	한징	이경채	오면직
2015	황상규	이수흥	박인호	조지루이스쇼	안경신	류인식	송헌주	연기우	이준식	이탁	이설	문창범
2016	조희제	한시대	스코필드	오영선	문창학	안승우	이신애	채광묵 채규대	나중소	나운규	이한응	최수봉
2017	이소응	이태준	권병덕	이상정	방정환	장덕준	조마리아	김수만	고운기	채상덕	이근주	김치보
2018	조지애쉬모어피치	김규면	김원벽	윤현진	신건식 오건해	이대위	연미당	김교헌	최용덕	현천묵	조경환	유상근
2019	유관순	김마리아	손병희	안창호	김규식 김순애	한용운	이동휘	김구	지청천	안중근	박은식	윤봉길
2020	정용기	조지새년 맥큔	김세환	오광선 정현숙	유찬희 유기문 유기석	임병극	강혜원	이석영	채원개	박영희	유도발 유신영	윤창하
2021	김익중 기우만 박원영	권쾌복 유흥수 배학보	송재만 이인정 한운석	김원용 전경무 민함나 심영신	박옥련 장경례 박현숙 장매성	권오설 이선호 박내원 이동환	손일봉 최철호 박철동 이정순	송진우 이길용 여운형	로버트 그리어슨 / 스탠리 해빌랜드 마틴 / 올리버 알 애비슨	김윤경 권덕규	김봉학 이건석 이상철 홍만식	이종호 김학만 최봉준

* 밑줄은 여성독립운동가임.

3. 여성독립운동가 포상자 526명

(2021년 3월 31일 현재89))

이름	한자	태어난날	숨진날	포상일	훈격	독립운동 계열
가네코 후미코	金子 文子	1903.1.25	1926.7.23	2018	애국장	일본방면
강경옥	姜敬玉	1851	1927.9.17	2019	건국포장	국내항일
강명순	姜明順	1904.12.14	모름	2019	대통령표창	국내항일
강사채	姜四采	1915.2.3	1999.11.24	2019	대통령표창	학생운동
강영파	姜英波	모름	모름	2019	애족장	임시정부
강원신	康元信	1887	1977	1995	애족장	미주방면
강의순	姜義順	1912	모름	2019	대통령표창	학생운동
강정순	姜貞順	1899	모름	2019	대통령표창	3·1운동
강주룡	姜周龍	1901	1932. 6.13	2007	애족장	국내항일
강지성	康至誠	1900.8.6	모름	2019	대통령표창	3·1운동
강평국	姜平國	1900.6.19	1933.8.12	2019	애족장	일본방면
강혜원	康蕙園	1886.11.21	1982. 5.31	1995	애국장	미주방면
강화선	康華善	1904.3.27	1979.10.16	2018	대통령표창	3·1운동
고수복	高壽福	1911	1933.7.28	2010	애족장	국내항일
고수선	高守善	1898. 8. 8	1989.8.11	1990	애족장	임시정부
고순례	高順禮	1911	모름	1995	건국포장	학생운동
고연홍	高蓮紅	1903	모름	2019	대통령표창	3.1운동
공백순	孔佰順	1919. 2. 4	1998.10.27	1998	건국포장	미주방면
곽낙원	郭樂園	1859. 2.26	1939. 4.26	1992	애국장	중국방면
곽영선	郭永善	1902.3.1	1980.4.8	2018	애족장	3·1운동
곽영옥	郭永玉	모름	모름	2021	대통령표창	학생운동
곽진근	郭鎭根	1862	모름	1995	대통령표창	3·1운동
곽희주	郭喜主	1903.10.2	모름	2012	대통령표창	학생운동

89) 이 표는 국가보훈처 공훈전자사료관 독립유공자 공훈록 자료를 바탕으로 필자가 정리한 것임

이름	한자	태어난날	숨진날	포상일	훈격	독립운동 계열
구명순	具命順	1900.3.26	1950.3.1	2019	대통령표창	3·1운동
구순화	具順和	1896. 7.10	1989. 7.31	1990	애족장	3·1운동
권기옥	權基玉	1903. 1.11	1988.4.19	1977	독립장	중국방면
권애라	權愛羅	1897. 2. 2	1973. 9.26	1990	애국장	3·1운동
권영복	權永福	1878.2.28	1965.4.4	2015	건국포장	미주방면
김건신	金健信	1868	모름	2018	대통령표창	국내항일
김경순	金敬順	1900.5.3	모름	2016	대통령표창	3·1운동
김경신	金敬信	1861	모름	2018	대통령표창	국내항일
김경화	金敬和	1901.7.18	모름	2018	대통령표창	학생운동
김경희	金慶喜	1888	1919. 9.19	1995	애국장	국내항일
김계정	金桂正	1914.1.3	모름	2018	대통령표창	국내항일
김계향	金桂香	1909.12.8	모름	2019	대통령표창	학생운동
김공순	金恭順	1901. 8. 5	1988. 2. 4	1995	대통령표창	3·1운동
김귀남	金貴南	1904.11.17	1990. 1.13	1995	대통령표창	학생운동
김귀선	金貴先	1913.12.19	2005.1.26	1993	건국포장	학생운동
김귀임	金貴任	1911-09-23	모름	2021	대통령표창	학생운동
김금남	金錦南	1911.8.16	2000.11.4	1995	건국포장	학생운동
김금록	金錦錄	1912	모름	2021	대통령표창	학생운동
김금연	金錦嬿	1911.8.16	2000.11.4	1995	건국포장	학생운동
김나열	金羅烈	1907.4.16	2003.11.1	2012	대통령표창	학생운동
김나현	金羅賢	1902.3.23	1989.5.11	2005	대통령표창	3·1운동
김낙희	金樂希	1891	1967	2016	건국포장	미주방면
김난줄	金蘭茁	1904.6.1	1983.7.15	2015	대통령표창	3·1운동
김노디	金노디	1898.10.29	1972.5.28	2021	애국장	미주방변
김대순	金大順	1907	모름	2018	건국포장	미주방면
김덕세	金德世	1894.12.28	1977.5.5	2014	대통령표창	미주방면
김덕순	金德順	1901.8.8	1984.6.9	2008	대통령표창	3·1운동
김도연	金道演	1894.1.28.	1987.8.12	2016	건국포장	미주방면

이름	한자	태어난날	숨진날	포상일	훈격	독립운동 계열
김독실	金篤實	1897. 9.24	1944.11.3	2007	대통령표창	3·1운동
김동희	金東姬	1900.	모름	2019	대통령표창	학생운동
김두석	金斗石	1915.11.17	2004.1.7	1990	애족장	문화운동
김두채	金斗采	1912.10.18	1947.3.7	2019	대통령표창	애족장
김락	金洛	1863. 1.21	1929. 2.12	2001	애족장	3·1운동
김란사	金蘭史	1872.9.1	1919.3.10	1995	애족장	국내항일
김마리아	金馬利亞	1903.9.5	1970.12.25	1990	애국장	만주방면
김마리아	金瑪利亞	1892.6.18	1944.3.13	1962	독립장	국내항일
김마리아	金瑪利亞	1903.3.1	모름	2018	대통령표창	학생운동
김반수	金班守	1904. 9.19	2001.12.22	1992	대통령표창	3·1운동
김병인	金秉仁	1915.6.2	2012	2017	애족장	중국방면
김보원	金寶源	1888.3.11	1971.7.27	2019	대통령표창	국내항일
김복선	金福善	1901.7.27	모름	2015	대통령표창	3·1운동
김복선	金福善	1905.9.30	모름	2019	대통령표창	학생운동
김복희	金福熙	1903.10.20	1987.3.14	2019	대통령표창	3·1운동
김봉개	金鳳凱	1911	모름	2021	대통령표창	학생운동
김봉식	金鳳植	1915.10. 9	1969. 4.23	1990	애족장	광복군
김봉애	金奉愛	1901.11.18	모름	2015	대통령표창	3·1운동
김상녀	金上女	1912	모름	2019	대통령표창	학생운동
김석은	金錫恩	모름	모름	2018	대통령표창	미주방면
김성모	金聖姆	1891.3.24	1967.10.12	2019	대통령표창	국내항일
김성심	金誠心	1883	모름	2013	애족장	국내항일
김성애	金聖愛	1907	모름	2013	대통령표창	국내항일
김성일	金聖日	1898.2.17	1961	2010	대통령표창	3·1운동
김성재	金成才	1905.10.14	모름	2019	대통령표창	학생운동
김세지	金世智	1866	모름	2019	대통령표창	국내항일
김수현	金秀賢	1898.6.9	1985.3.25	2017	애족장	중국방면
김숙경	金淑卿	1886. 6.20	1930. 7.27	1995	애족장	만주방면

이름	한자	태어난날	숨진날	포상일	훈격	독립운동 계열
김숙영	金淑英	1920. 5.22	2005.12.13	1990	애족장	광복군
김숙현	金淑賢	1913	모름	2019	대통령표창	학생운동
김순도	金順道	1891	1928	1995	애족장	중국방면
김순실	金淳實	1903	모름	2018	대통령표창	3·1운동
김순애	金淳愛	1889. 5.12	1976. 5.17	1977	독립장	임시정부
김순이	金順伊	1903.7.18	1919.9.6	2014	애국장	3·1운동
김신희	金信熙	1899.4.16	1993.4.23	2010	대통령표창	3·1운동
김씨	金氏	1899	1919. 4.15	1991	애족장	3·1운동
김씨	金氏	1877.10.13	1919. 4.15	1991	애족장	3·1운동
김안순	金安淳	1900.3.24	1979.4.4	2011	대통령표창	3·1운동
김알렉산드라	金알렉산드라	1885.2.22	1918.9.16	2009	애국장	노령방면
김애련	金愛蓮	1906.8.30	1996.11.5	1992	대통령표창	3·1운동
김양선	金良善	1880	모름	2018	대통령표창	국내항일
김연실	金蓮實	1898.1.16	모름	2015	건국포장	미주방면
김영순	金英順	1892.12.17	1986.3.17	1990	애족장	국내항일
김영실	金英實	모름	1945.10	1990	애족장	광복군
김오복	金五福	1897	모름	2018	대통령표창	국내항일
김옥련	金玉連	1907. 9. 2	2005.9.4	2003	건국포장	국내항일
김옥선	金玉仙	1923.12. 7	1996.4.25	1995	애족장	광복군
김옥실	金玉實	1906.11.18	1926.6.2	2012	대통령표창	학생운동
김온순	金溫順	1898.3.23	1968.1.31	1990	애족장	만주방면
김용복	金用福	1890	모름	2013	애족장	국내항일
김용인	金用仁	1902	모름	2021	대통령표창	국내항일
김우락	金宇洛	1854	1933.4.14	2019	애족장	만주방면
김원경	金元慶	1898.11.13	1981.11.23	1990	애족장	임시정부
김유의	金有義	1869.1.17	1947.8.17	1992	대통령표창	3·1운동
김윤경	金允經	1911. 6.23	1945.10.10	1990	애족장	임시정부
김은주	金恩周	1905.8.5	1994.9.1	2021	건국포장	중국방면

이름	한자	태어난날	숨진날	포상일	훈격	독립운동 계열
김응수	金應守	1901. 1.21	1979. 8.18	1995	대통령표창	3·1운동
김인애	金仁愛	1898.3.6	1970.11.20	2009	대통령표창	3·1운동
김자현	金慈賢	1905.8.24	모름	2019	대통령표창	학생운동
김자혜	金慈惠	1884.9.22	1961.11.22	2014	건국포장	미주방면
김점순	金点順	1861. 4.28	1941. 4.30	1995	대통령표창	국내항일
김정성	金貞聖	1886	1944.3.26	2020	대통령표창	미주방면
김정숙	金貞淑	1916. 1.25	2012.7.4	1990	애국장	광복군
김정옥	金貞玉	1920. 5. 2	1997.6.7	1995	애족장	광복군
김조이	金祚伊	1904.7.5	모름	2008	건국포장	국내항일
김종진	金鍾振	1903. 1.13	1962. 3.11	2001	애족장	3·1운동
김죽산	金竹山	1891	모름	2013	대통령표창	만주방면
김지형	金芝亨	1911	모름	2019	대통령표창	학생운동
김진현	金鎭賢	1909.5.18	모름	2019	대통령표창	학생운동
김추신	金秋信	1908	모름	2018	건국포장	국내항일
김치현	金致鉉	1897.10.10	1942.10. 9	2002	애족장	국내항일
김태복	金泰福	1886	1933.11.24	2010	건국포장	국내항일
김필수	金必壽	1905.4.21	1972.12.4	2010	애족장	국내항일
김필호	金弼浩	1903.8.29	모름	2019	대통령표창	3·1운동
김해중월	金海中月	모름	모름	2015	대통령표창	3·1운동
김향화	金香花	1897.7.16	모름	2009	대통령표창	3·1운동
김현경	金賢敬	1897. 6.20	1986.8.15	1998	건국포장	3·1운동
김화순	金華順	1894.9.21	모름	2016	대통령표창	3·1운동
김화용	金花容	모름	모름	2015	대통령표창	3·1운동
김화자	金花子	1897	모름	2018	대통령표창	국내항일
김효숙	金孝淑	1915. 2.11	2003.3.24	1990	애국장	광복군
김효순	金孝順	1902.7.23	모름	2015	대통령표창	3·1운동
나은주	羅恩周	1890. 2.17	1978. 1. 4	1990	애족장	3·1운동
남남덕	南男德	1911	모름	2019	대통령표창	국내항일

이름	한자	태어난날	숨진날	포상일	훈격	독립운동 계열
남상호	南相好	1890.9.24	1936.3.25	2021	대통령표창	3·1운동
남영실	南英實	1913.1.16	모름	2019	대통령표창	국내항일
남윤희	南潤姬	1912	모름	2019	대통령표창	학생운동
남인희	南仁熙	1914.7.7	모름	2019	대통령표창	국내항일
남자현	南慈賢	1872.12.7	1933.8.22	1962	대통령장	만주방면
남협협	南俠俠	1913	모름	2013	건국포장	학생운동
노대근	盧大根	1875	모름	2021	대통령표창	국내항일
노보배	盧寶培	1910	모름	2018	대통령표창	학생운동
노순경	盧順敬	1902.11.10	1979. 3. 5	1995	대통령표창	3·1운동
노영재	盧英哉	1895. 7.10	1991.11.10	1990	애국장	중국방면
노예달	盧禮達	1900.10.12	모름	2014	대통령표창	3·1운동
노원효	盧元孝	1895	모름	2021	대통령표창	국내항일
단양이씨	丹陽李氏	1874	1908.3	2021	애국장	의병
동풍신	董豊信	1904	1921.3.15	1991	애국장	3·1운동
두쥔훼이	杜君慧	1904	1981	2016	애족장	독립운동지원
문또라		1877	모름	2019	건국포장	미주방면
문복금	文卜今	1905.12.13	1937. 5.22	1993	건국포장	학생운동
문복숙	文福淑	1901. 3. 8	모름	2018	대통령표창	3·1운동
문봉식	文鳳植	1913	모름	2019	대통령표창	학생운동
문응순	文應淳	1900.12.4	모름	2010	건국포장	3·1운동
문재민	文載敏	1903. 7.14	1925.12.	1998	애족장	3·1운동
미네르바 루이즈 구타펠	M.L. Guthapfel	1873	1942	2015	건국포장	미주방면
민금봉	閔今奉	1913.1.7	모름	2019	대통령표창	학생운동
민부영	閔富寧	1913	모름	2019	대통령표창	학생운동
민연순	閔年順	모름	모름	2021	대통령표창	학생운동
민영숙	閔泳淑	1920.12.27	1989.3.17	1990	애국장	광복군
민영주	閔泳珠	1923.8.15	2021.4.30	1990	애국장	광복군

이름	한자	태어난날	숨진날	포상일	훈격	독립운동 계열
민옥금	閔玉錦	1905. 9. 5	1988.12.25	1990	애족장	3·1운동
민인숙	閔仁淑	1912	모름	2019	대통령표창	학생운동
민임순	閔任順	1913	모름	2019	대통령표창	학생운동
민한나		1888.10.20	1952.9.4	2019	애족장	미주방면
박계남	朴繼男	1910. 4.25	1980. 4.27	1993	건국포장	학생운동
박계월	朴桂月	1909.5.12	1997.5.2	2019	대통령표창	학생운동
박금녀	朴金女	1926.10.21	1992.7.28	1990	애족장	광복군
박금덕	朴金德	1912	모름	2019	대통령표창	학생운동
박금숙	朴錦淑	1915	모름	2019	대통령표창	학생운동
박금우	朴錦友	모름	모름	2019	애족장	미주방면
박기옥	朴己玉	1913.10.25	1947.6.2	2019	대통령표창	학생운동
박기은	林基恩	1925. 6.15	2017.1.7	1990	애족장	광복군
박덕실	林德實	1901.3.4	1971.3.1	2018	대통령표창	국내항일
박두옥	朴斗玉	1913.3.14	1986.4.4	2020	애족장	국내항일
박복술	林福述	1903.8.30	모름	2012	대통령표창	학생운동
박선봉	林先奉	1910	모름	2019	대통령표창	학생운동
박성순	朴聖淳	1901.4.12	모름	2016	대통령표창	3·1운동
박성희	朴星嬉	1911	모름	2018	대통령표창	3·1운동
박순복	林順福	1888		2021	대통령표창	국내항일
박순애	林順愛	1900.2.2	모름	2014	대통령표창	3·1운동
박승일	林星嬉	1896.9.19	모름	2013	애족장	국내항일
박시연	林時淵	모름	모름	2018	애족장	3·1운동
박신애	林信愛	1889. 6.21	1979. 4.27	1997	애족장	미주방면
박신원	林信元	1872	1946. 5.21	1997	건국포장	만주방면
박신일	林信一	모름	1968.9.29	2020	대통령표창	중국방면
박애순	林愛順	1896.12.23	1969. 6.12	1990	애족장	3·1운동
박양순	林良順	1903.4.13	모름	2018	대통령표창	학생운동
박연이	林連伊	1900.2.20	1945.4.7	2015	대통령표창	3·1운동

이름	한자	태어난날	숨진날	포상일	훈격	독립운동 계열
박영숙	朴永淑	1891.7.20	1965	2017	건국포장	미주방면
박영옥	朴英玉	1898	모름	2020	대통령표창	3·1운동
박옥련	朴玉連	1914.12.12	2004.11.21	1990	애족장	학생운동
박우말례	朴又末禮	1902.3.13	1986.12.7	2011	대통령표창	3·1운동
박원경	朴源炅	1901.8.19	1983.8.5	2008	애족장	3·1운동
박원희	朴元熙	1898.3.10	1928.1.15	2000	애족장	국내항일
박유복	朴有福	1869.9.10	1919.4.2	1995	애국장	3·1운동
박은감	朴恩感	1857	모름	2018	대통령표창	국내항일
박음전	朴陰田	1907.4.14	모름	2012	대통령표창	학생운동
박자선	朴慈善	1880.10.27	모름	2010	애족장	3·1운동
박자혜	朴慈惠	1895.12.11	1943.10.16	1990	애족장	국내항일
박재복	朴在福	1918.1.28	1998.7.18	2006	애족장	국내항일
박정경		1896	1963	2020	대통령표창	미주방면
박정금		모름	모름	2018	애족장	미주방면
박정선	朴貞善	1874	모름	2007	애족장	국내항일
박정수	朴貞守	1901.3.8	모름	2015	대통령표창	3·1운동
박정인	朴貞仁	1912	모름	2021	대통령표창	학생운동
박차정	朴次貞	1910. 5. 7	1944. 5.27	1995	독립장	중국방면
박채희	朴采熙	1913.7.5	1947.12.1	2013	건국포장	학생운동
박치은	朴致恩	1880	모름	2020	애족장	국내항잉
박치은	朴致恩	1897. 2.7	1954.12. 4	1990	애족장	국내항일
박하경	朴夏卿	1904.12.29	모름	2018	대통령표창	학생운동
박현숙	朴賢淑	1896.10.17	1980.12.31	1990	애국장	국내항일
박현숙	朴賢淑	1914.3.28	1981.1.23	1990	애족장	학생운동
박혜경	朴惠敬	1899.7.21	1947.3.5	2020	대통령표창	미주방면
방순희	方順熙	1904.1.30	1979.5.4	1963	독립장	임시정부
백신영	白信永	1889.7.8	모름	1990	애족장	국내항일
백옥순	白玉順	1913.7.30	2008.5.24	1990	애족장	광복군

이름	한자	태어난날	숨진날	포상일	훈격	독립운동 계열
백운옥	白雲玉	1892.1.14	모름	2017	대통령표창	국내항일
부덕량	夫德良	1911.11.5	1939.10.4	2005	건국포장	국내항일
부춘화	夫春花	1908. 4. 6	1995. 2.24	2003	건국포장	국내항일
서귀덕	徐貴德	1913.6.16	1969.3.6	2020	대통령표창	학생운동
성혜자	成惠子	1904.8.27	모름	2018	대통령표창	학생운동
소은명	邵恩明	1905.6.12	모름	2018	대통령표창	학생운동
소은숙	邵恩淑	1903.11.7	모름	2018	대통령표창	학생운동
손경희	孫慶喜	1912	모름	2019	대통령표창	학생운동
손영선	孫永善	1902.3.3	모름	2019	대통령표창	학생운동
송계월	宋桂月	1912.12.10	1933.5.31	2019	건국포장	학생운동
송금희	宋錦姬	모름	모름	2015	대통령표창	3·1운동
송명진	宋明進	1902.1.28	모름	2015	대통령표창	3·1운동
송미령	宋美齡	1897.3.5	2003.10.23	1966	대한민국장	독립운동 지원
송성겸	宋聖謙	1877	모름	2018	건국포장	국내항일
송수은	宋受恩	1882.9.12	1922.7.5	2013	대통령표창	국내항일
송영집	宋永潗	1910. 4. 1	1984.5.14	1990	애국장	광복군
송정헌	宋靜軒	1919.1.28	2010.3.22	1990	애족장	중국방면
신경애	申敬愛	1907.9.22	1964.5.13	2008	건국포장	국내항일
신관빈	申寬彬	1885.10.4	모름	2011	애족장	3·1운동
신마실라	申麻實羅	1892.2.18	1965.4.1	2015	대통령표창	미주방면
신분금	申分今	1886.5.21	모름	2007	대통령표창	3·1운동
신성녀	申姓女	1853.8.17	모름	2021	대통령표창	3·1운동
신순호	申順浩	1922. 1.22	2009.7.30	1990	애국장	광복군
신애숙	申愛淑	1910	모름	2019	대통령표창	학생운동
신옥봉	申玉鳳	1914	1935.7	2021	대통령표창	학생운동
신윤선	辛潤善	1911.2.24	모름	2021	대통령표창	학생운동
신의경	辛義敬	1898. 2.21	1997.8.11	1990	애족장	국내항일
신일근	辛一槿	1913	모름	2019	대통령표창	학생운동

이름	한자	태어난날	숨진날	포상일	훈격	독립운동 계열
신정균	申貞均	1899	1931.7	2007	건국포장	국내항일
신정숙	申貞淑	1910. 5.12	1997.7.8	1990	애국장	광복군
신정완	申貞婉	1916. 4. 8	2001.4.29	1990	애국장	임시정부
신준관	申俊寬	1913	모름	2019	대통령표창	학생운동
신창희	申昌喜	1906.2.22	1990.6.21	2018	건국포장	중국방면
신특실	申特實	1900.3.17	모름	2014	건국포장	3·1운동
심계월	沈桂月	1916.1.6	모름	2010	애족장	국내항일
심상순	沈相順	1911	모름	2019	대통령표창	학생운동
심순의	沈順義	1903.11.13	모름	1992	대통령표창	3·1운동
심영식	沈永植	1896.7.15	1983.11.7	1990	애족장	3·1운동
심영신	沈永信	1882.7.20	1975. 2.16	1997	애국장	미주방면
안갑남	安甲男	1901.8.7	1992.8.28	2019	대통령표창	학생운동
안경신	安敬信	1888.7.22	모름	1962	독립장	만주방면
안맥결	安麥結	1901.1.4	1976.1.14	2018	건국포장	국내항일
안애자	安愛慈	1869	모름	2006	애족장	국내항일
안영희	安英姬	1925.1.4	1999.8.27	1990	애국장	광복군
안옥자	安玉子	1902.10.26	모름	2018	대통령표창	학생운동
안인대	安仁大	1898.10.11	모름	2017	애족장	국내항일
안정석	安貞錫	1883.9.13	모름	1990	애족장	국내항일
안정송	安貞松	1895	모름	2021	애족장	미주방면
안혜순	安惠順	1903.1.6	2006.4.15	2019	건국포장	중국방면
안희경	安喜敬	1902.8.10	모름	2018	대통령표창	학생운동
양방매	梁芳梅	1890.8.18	1986.11.15	2005	건국포장	의병
양순희	梁順喜	1901.9.9	모름	2016	대통령표창	3·1운동
양애심	梁愛心	모름	1990	2019	대통령표창	국내항일
양제현	梁齊賢	1892	1959.6.15	2015	애족장	미주방면
양진실	梁眞實	1875	1924.5	2012	애족장	국내항일
양태원	楊泰元	1904.8.29	모름	2019	대통령표창	3·1운동

이름	한자	태어난날	숨진날	포상일	훈격	독립운동 계열
양학녀	梁鶴女	1912	모름	2019	대통령표창	학생운동
어윤희	魚允姬	1880. 6.20	1961.11.18	1995	애족장	3·1운동
엄기선	嚴基善	1929. 1.21	2002.12.9	1993	건국포장	중국방면
연미당	延薇堂	1908. 7.15	1981.1.1	1990	애국장	중국방면
오건해	吳健海	1894.2.29	1963.12.25	2017	애족장	중국방면
오광심	吳光心	1910. 3.15	1976. 4. 7	1977	독립장	광복군
오수남	吳壽男	1910	모름	2019	대통령표창	학생운동
오신도	吳信道	1852.4.18	1933.9.5	2006	애족장	국내항일
오영선	吳英善	1887.4.29	1961.2.8	2016	애족장	중국방면
오정화	吳貞嬅	1899.1.25	1974.11.1	2001	대통령표창	3·1운동
오항선	吳恒善	1910.10. 3	2006.8.5	1990	애국장	만주방면
오형만	吳亨萬	1913	모름	2019	대통령표창	학생운동
오희영	吳姬英	1924.4.23	1969.2.17	1990	애족장	광복군
오희옥	吳姬玉	1926.5.7	생존	1990	애족장	중국방면
옥순영	玉淳永	1856	모름	2018	대통령표창	국내항일
옥운경	玉雲瓊	1904.6.24	모름	2010	대통령표창	3·1운동
왕경애	王敬愛	1863	모름	2006	대통령표창	3·1운동
왕종순	王宗順	1905.11.18	1994.3.13	2019	대통령표창	학생운동
유경술	兪庚戌	1911	모름	2019	대통령표창	학생운동
유관순	柳寬順	1902.12.16	1920.9.28	1962	독립장	3·1운동
유순덕	劉順德	1913	모름	2019	대통령표창	학생운동
유순희	劉順姬	1926.7.15	2020.8.29	1995	애족장	광복군
유예도	柳禮道	1896.8.15	1989.3.25	1990	애족장	3·1운동
유인경	兪仁卿	1896.10.20	1944.3.2	1990	애족장	국내항일
유점선	劉點善	1901.11.5	모름	2014	대통령표창	3·1운동
윤경열	尹敬烈	1918.2.29	1980.2.7	1982	대통령표창	광복군
윤경옥	尹璟玉	1902.11.27	모름	2019	대통령표창	학생운동
윤마리아	尹馬利亞	1909.6.28	1973.3.20	2019	대통령표창	학생운동

이름	한자	태어난날	숨진날	포상일	훈격	독립운동 계열
윤복순	尹福順	1911	모름	2019	대통령표창	학생운동
윤선녀	尹仙女	1911. 4.18	1994.12.6	1990	애족장	국내항일
윤순희	尹順嬉	1912	모름	2019	대통령표창	학생운동
윤신민	尹信民	1901.4.1	모름	2021	애족장	중국방면
윤악이	尹岳伊	1897.4.17	1962.2.26	2007	대통령표창	3·1운동
윤오례	尹五禮	1913.2.12	1992.4.21	2018	대통령표창	학생운동
윤옥분	尹玉粉	1913.12.1	모름	2019	대통령표창	학생운동
윤용자	尹龍慈	1890.4.30	1964.2.3	2017	애족장	중국방면
윤을희	尹乙姬	1911	모름	2019	대통령표창	학생운동
윤죽산	尹竹山	1865	모름	2021	대통령표창	국내항일
윤찬복	尹贊福	1868.1.5	1946.6.19	1990	애족장	국내항일
윤천녀	尹天女	1908. 5.29	1967. 6.25	1990	애족장	학생운동
윤형숙	尹亨淑	1900.9.13	1950. 9.28	2004	건국포장	3·1운동
윤희순	尹熙順	1860.6.25	1935. 8. 1	1990	애족장	의병
이갑문	李甲文	1913.8.28	모름	2018	건국포장	학생운동
이갑술	李甲述	1906	모름	2019	대통령표창	학생운동
이겸양	李謙良	1895.10.24	모름	2013	애족장	국내항일
이경선	李景仙	1914.14	모름	2021	애족장	국내항일
이경희	李敬希	1907	모름	2019	대통령표창	학생운동
이계원	李癸媛	1906	모름	2019	대통령표창	학생운동
이고명	李高命	1905	모름	2019	건국포장	국내항일
이관옥	李觀沃	1875	모름	2018	대통령표창	학생운동
이광춘	李光春	1914.9.8	2010.4.12	1996	건국포장	학생운동
이국영	李國英	1921. 1.15	1956. 2. 2	1990	애족장	임시정부
이금복	李今福	1912.11.8	2010.4.25	2008	대통령표창	국내항일
이기숙	李起淑	1913	모름	2021	대통령표창	학생운동
이남규	李南奎	1903.2.15	모름	2019	대통령표창	학생운동
이남숙	李南淑	1903.6.17	모름	2019	대통령표창	3·1운동

이름	한자	태어난날	숨진날	포상일	훈격	독립운동 계열
이남순	李南順	1904.12.30	모름	2012	대통령표창	학생운동
이다애	李多愛	1904.12.30	모름	2019	대통령표창	학생운동
이도신	李道信	1902.2.21	1925.9.30	2015	대통령표창	3·1운동
이동화	李東華	1910	모름	2018	대통령표창	학생운동
이만훈	李晩勳	1906	모름	2021	대통령표창	학생운동
이명시	李明施	1902.2.2	1974.7.7	2010	대통령표창	3·1운동
이벽도	李碧桃	1903.10.14	모름	2010	대통령표창	3·1운동
이병희	李丙禧	1918.1.14	2012.8.2	1996	애족장	국내항일
이봉금	李奉錦	1903.12.3	1971.7.5	2019	대통령표창	3.1운동
이부성	李斧星	1908	모름	2019	대통령표창	학생운동
이살눔 (이경덕)	李살눔	1886. 8. 7	1948. 8.13	1992	대통령표창	3·1운동
이석담	李石潭	1859	1930. 5	1991	애족장	국내항일
이선경	李善卿	1902.5.25	1921.4.21	2012	애국장	국내항일
이선희	李善希	1896.11.17	1926.3.6	2010	대통령표창	3·1운동
이성례	李聖禮	1884	1963	2015	건국포장	미주방면
이성실	李誠實	1894.4.3	모름	2019	대통령표창	국내항일
이성완	李誠完	1900.12.10	1996.4.4	1990	애족장	국내항일
이소선	李小先	1900.9.9	모름	2008	대통령표창	3·1운동
이소열	李小烈	1898.8.10	1968.10.15	2018	대통령표창	3·1운동
이소제	李少悌	1875.11. 7	1919. 4. 1	1991	애국장	3·1운동
이소희	李昭姬	1886	모름	2016	대통령표창	3·1운동
이송죽	李松竹	1910	모름	2019	대통령표창	학생운동
이수복	李壽福	1911	모름	2019	대통령표창	학생운동
이수희	李壽喜	1904.10.21	모름	2018	대통령표창	학생운동
이숙진	李淑珍	1900.9.24	모름	2017	애족장	중국방면
이순	李 順	1913.9.1	1991.11.21	2019	대통령표창	학생운동
이순길	李順吉	1891.3.15	1958.1.7	2019	대통령표창	국내항일
이순승	李順承	1902.11.12	1994.1.15	1990	애족장	중국방면

이름	한자	태어난날	숨진날	포상일	훈격	독립운동 계열
이순옥	李順玉	1913.3.18	모름	2019	대통령표창	국내항일
이신애	李信愛	1891.1.20	1982.9.27	1963	독립장	국내항일
이신천	李信天	1903.3.24	모름	2019	대통령표창	학생운동
이아수	李娥洙	1898. 7.16	1968. 9.11	2005	대통령표창	3·1운동
이애라	李愛羅	1894.1.7	1922.9.4	1962	독립장	만주방면
이영신	李英信	1908	모름	2019	대통령표창	학생운동
이영자	李英子	1912.11.15	모름	2021	대통령표창	학생운동
이영희	李英嬉	1912	모름	2019	대통령표창	학생운동
이옥진	李玉眞	1908	모름	2020	대통령표창	미주방면
이옥진	李玉珍	1923.10.18	2003.9.4	1968	대통령표창	광복군
이용녀	李龍女	1904.12.28	모름	2019	대통령표창	학생운동
이월봉	李月峰	1915.2.15	1977.10.28	1990	애족장	광복군
이은숙	李恩淑	1889.8.8	1979.12.11	2018	애족장	만주방면
이의순	李義橓	1895	1945. 5. 8	1995	애국장	중국방면
이인순	李仁橓	1893	1919.11	1995	애족장	만주방면
이정숙	李貞淑	1896.3.9	1950.7.22	1990	애족장	국내항일
이정숙	李貞淑	1898	1942	2019	애족장	중국방면
이정순	李正淳	1911.9.29	모름	2020	대통령표창	국내항일
이정현	李貞賢	1909.12.24	1990.3.26	2020	대통령표창	국내항일
이충신	李忠信	1911	모름	2019	대통령표창	학생운동
이태옥	李泰玉	1902.10.15	모름	2016	대통령표창	3·1운동
이헌경	李憲卿	1870	1956.1.30	2017	애족장	중국방면
이혜경	李惠卿	1889.2.22	1968.2.10	1990	애족장	국내항일
이혜근	李惠根	모름	모름	2019	애족장	노령망면
이혜련	李惠鍊	1884.4.21	1969.4.21	2008	애족장	미주방면
이혜수	李惠受	1891.10.2	1961. 2. 7	1990	애국장	의열투쟁
이화숙	李華淑	1893	1978	1995	애족장	임시정부
이효덕	李孝德	1895.1.24	1978.9.15	1992	대통령표창	3·1운동

이름	한자	태어난날	숨진날	포상일	훈격	독립운동 계열
이효정	李孝貞	1913.7.28	2010.8.14	2006	건국포장	국내항일
이희경	李희경	1894. 1. 8	1947. 6.26	2002	건국포장	미주방면
임경애	林敬愛	1911.3.10	2004.2.12	2014	대통령표창	학생운동
임메불	林메불	1886	모름	2016	애족장	미주방면
임명애	林明愛	1886.3.25	1938.8.28	1990	애족장	3·1운동
임배세	林培世	1897.11.7	1999.12.15	2020	대통령표창	미주방면
임봉선	林鳳善	1897.10.10	1923. 2.10	1990	애족장	3·1운동
임성실	林成實	1882.7.19	1947.8.30	2015	건국포장	미주방면
임소녀	林少女	1908. 9.24	1971.7.9	1990	애족장	광복군
임수명	任壽命	1894.2.15	1924.11.2	1990	애국장	의열투쟁
임진실	林眞實	1899.8.1	모름	2015	대통령표창	3·1운동
장경례	張慶禮	1913. 4. 6	1998.2.19	1990	애족장	학생운동
장경숙	張京淑	1903. 5.13	1994.12.31	1990	애족장	광복군
장매성	張梅性	1911.6.22	1993.12.14	1990	애족장	학생운동
장상림	張相林	1913	모름	2019	대통령표창	학생운동
장선희	張善禧	1894. 2.19	1970. 8.28	1990	애족장	국내항일
장성심	張成心	1906.11.26	1981.12.20	2019	대통령표창	국내항일
장인식	張仁植	1887	모름	2020	대통령표창	국내항일
장태화	張泰嬅	1878	모름	2013	애족장	만주방면
전그레이스		1882.6.13	1948.7.31	2020	애족장	미주방면
전금옥	全金玉	1914	모름	2019	대통령표창	국내항일
전수산	田壽山	1894. 5.23	1969. 6.19	2002	건국포장	미주방면
전어진	全於具	1911	모름	2019	대통령표창	학생운동
전연봉	全蓮峯	1912.10.21	모름	2019	대통령표창	학생운동
전월순	全月順	1923. 2. 6	2009.5.25	1990	애족장	광복군
전창신	全昌信	1900. 1.24	1985. 3.15	1992	대통령표창	3·1운동
전흥순	田興順	1919.12.10	2005.6.19	1963	대통령표창	광복군
정귀완	鄭貴浣	1913	모름	2019	대통령표창	학생운동

이름	한자	태어난날	숨진날	포상일	훈격	독립운동 계열
정금자	鄭錦子	모름	모름	2018	대통령표창	학생운동
정남이	鄭南伊	1912	모름	2019	대통령표창	학생운동
정막래	丁莫來	1899.9.8	1976.12.24	2008	대통령표창	3·1운동
정복수	鄭福壽	1903	모름	2018	대통령표창	3·1운동
정수현	鄭壽賢	1887	모름	2016	대통령표창	국내항일
정영	鄭瑛	1922.10.11	2009.5.24	1990	애족장	중국방면
정영순	鄭英淳	1921. 9.15	2002.12.9	1990	애족장	광복군
정월라	鄭月羅	1895	1959.1.1	2018	대통령표창	미주방면
정정화	鄭靖和	1900. 8. 3	1991.11.2	1990	애족장	중국방면
정종명	鄭鍾鳴	1896.3.5.	모름	2018	애국장	국내항일
정찬성	鄭燦成	1886. 4.23	1951.7	1995	애족장	국내항일
정태이	鄭泰伊	1902	모름	2019	대통령표창	학생운동
정현숙	鄭賢淑	1900. 3.13	1992. 8. 3	1995	애족장	중국방면
제영순	諸英淳	1911	모름	2018	건국포장	국내항일
조계림	趙桂林	1925.10.10	1965.7.14	1996	애족장	임시정부
조마리아	趙마리아	1862.4.8	1927.7.15	2008	애족장	중국방면
조복금	趙福今	1911.7.7	모름	2018	애족장	국내항일
조순옥	趙順玉	1923. 9.17	1973. 4.23	1990	애국장	광복군
조신성	趙信聖	1873	1953.5.5	1991	애국장	국내항일
조아라	曺亞羅	1912.3.28	2003.7.8	2018	건국포장	국내항일
조애실	趙愛實	1920.11.17	1998.1.7	1990	애족장	국내항일
조옥희	曺玉姬	1901. 3.15	1971.11.30	2003	대통령표창	3·1운동
조용제	趙鏞濟	1898. 9.14	1947. 3.10	1990	애족장	중국방면
조인애	曺仁愛	1883.11. 6	1961. 8. 1	1992	대통령표창	3·1운동
조종옥	趙終玉	1912.7.14	모름	2019	대통령표창	학생운동
조충성	曺忠誠	1895.5.29	1981.10.25	2005	대통령표창	3·1운동
조화벽	趙和璧	1895.10.17	1975. 9. 3	1990	애족장	3·1운동
주말순	朱末順	1915.2.13	2000.3.16	2019	대통령표창	학생운동

이름	한자	태어난날	숨진날	포상일	훈격	독립운동 계열
주세죽	朱世竹	1899.6.7	1950	2007	애족장	국내항일
주순이	朱順伊	1900.6.17	1975.4.5	2009	대통령표창	국내항일
주유금	朱有今	1905.5.6	1995.9.14	2012	대통령표창	학생운동
지경희	池璟禧	1911		2020	애족장	임시정부
지복영	池復榮	1920.4.11	2007.4.18	1990	애국장	광복군
지은원	池恩源	1904.8.9	모름	2019	대통령표창	학생운동
진신애	陳信愛	1900.7. 3	1930.2.23	1990	애족장	3·1운동
차경신	車敬信	1892.2.4	1978.9.28	1993	애국장	만주방면
차미리사	車美理士	1880. 8.21	1955. 6. 1	2002	애족장	국내항일
차보석	車寶錫	1892	1932.3.21	2016	애족장	미주방면
차은애	車恩愛	1914	모름	2019	대통령표창	학생운동
차인재	車仁載	1895.4.26	1971.4.7	2018	애족장	미주방면
채계복	蔡啓福	1900.10.10	모름	2021	애족장	노령방면
채애요라 (채혜수)	蔡愛堯羅	1897.11.9	1978.12.17	2008	대통령표창	3·1운동
천소악	千小岳	1913	모름	2019	대통령표창	학생운동
최갑순	崔甲順	1898. 5.11	1990.11.22	1990	애족장	국내항일
최경창	崔慶昌	1918		2020	애족장	국내항일
최금봉	崔錦鳳	1896. 5. 6	1983.11.7	1990	애국장	국내항일
최금수	崔金洙	1899	모름	2018	대통령표창	3·1운동
최능인	崔能仁	1903	모름	2021	대통령표창	국내항일
최덕임	崔德姙	1912	모름	2019	대통령표창	학생운동
최문순	崔文順	1903	모름	2018	대통령표창	국내항일
최복길	崔福吉	1894	모름	2018	애족장	국내항일
최복순	崔福順	1911.1.13	모름	2014	대통령표창	학생운동
최봉선	崔鳳善	1904.8.10	1996.3.8	1992	애족장	국내항일
최봉원	崔鳳元	1899	모름	2021	대통령표창	국내항일
최서경	崔曙卿	1902.3.20	1955.7.16	1995	애족장	임시정부
최선화	崔善嬅	1911.6.20	2003.4.19	1991	애국장	임시정부

이름	한자	태어난날	숨진날	포상일	훈격	독립운동계열
최성반	崔聖盤	1914.12.22	모름	2018	대통령표창	학생운동
최수향	崔秀香	1903.1.27	1984.7.25	1990	애족장	3·1운동
최순덕	崔順德	1897	1926. 8.25	1995	애족장	국내항일
최애경	崔愛敬	1902	모름	2018	대통령표창	3·1운동
최영보	崔永保	1899.2.28	모름	2019	애족장	국내항일
최예근	崔禮根	1924. 8.17	2011.10.5	1990	애족장	만주방면
최요한나	崔堯漢羅	1900.8.3	1950.8.6	1999	대통령표창	3·1운동
최용신	崔容信	1909. 8.12	1935. 1.23	1995	애족장	국내항일
최윤숙	崔允淑	1912.9.22	2000.6.17	2017	대통령표창	학생운동
최은전	崔殷田	1913	모름	2018	대통령표창	학생운동
최은희	崔恩喜	1904.11.21	1984. 8.17	1992	애족장	3·1운동
최이선	崔二善	1912	모름	2021	대통령표창	학생운동
최이옥	崔伊玉	1926. 6.16	1990.7.12	1990	애족장	광복군
최정숙	崔貞淑	1902. 2.10	1977.2.22	1993	대통령표창	3·1운동
최정철	崔貞徹	1853.6.26	1919.4.1	1995	애국장	3·1운동
최풍오	崔豊五	1913.11.13	2002.10.4	2020	대통령표창	학생운동
최현수	崔賢守	1911.12.24	모름	2019	대통령표창	학생운동
최형록	崔亨祿	1895. 2.20	1968. 2.18	1996	애족장	임시정부
최혜순	崔惠淳	1900.9.2	1976.1.16	2010	애족장	임시정부
탁명숙	卓明淑	1900.12.4	1972.10.24	2013	건국포장	3·1운동
하상기	何尙祺	1921	모름	2020	건국포장	독립운동지원
하영자	河永子	1903. 6.27	1993.10.1	1996	대통령표창	3·1운동
한덕균	韓德均	1896	모름	2018	대통령표창	국내항일
한도신	韓道信	1895.7.5	1986.2.19	2018	애족장	중국방면
한독신	韓篤信	1891.8.23	모름	2019	대통령표창	국내항일
한보심	韓寶心	1912.1.12	1988.7.24	2019	대통령표창	학생운동
한성선	韓成善	1864.4.29	1950.1.4	2015	애족장	미주방면
한연순	韓連順	1898.12.26	모름	2019	대통령표창	3·1운동

이름	한자	태어난날	숨진날	포상일	훈격	독립운동 계열
한영신	韓永信	1887.7.22	1969.2.20	1995	애족장	국내항일
한영애	韓永愛	1920.9.9	2002.2.1	1990	애족장	광복군
한이순	韓二順	1906.11.14	1980.1.31	1990	애족장	3·1운동
한태은	韓泰恩	1920.9.23	2006.2.27	2020	애족장	광복군
함애주	咸愛主	1913	모름	2019	대통령표창	학생운동
함연춘	咸鍊春	1901.4.8	1974.5.25	2010	대통령표창	3·1운동
함용환	咸用煥	1895.3.10	모름	2014	애족장	국내항일
허은	許銀	1909.5.9	1997.5.19	2018	애족장	만주방면
현덕신	玄德信	1896.1.12	1962.11.27	2020	건국포장	국내항일
현도명	玄道明	1875	모름	2018	대통령표창	국내항일
현호옥	玄好玉	1913.5.5	1986.9.28	2019	애족장	일본방면
홍금자	洪金子	1912	모름	2019	대통령표창	학생운동
홍매영	洪梅英	1913.5.15	1979.5.6	2018	건국포장	중국방면
홍순남	洪順南	1902.6.13	모름	2016	대통령표창	3·1운동
홍승애	洪承愛	1901.6.29	1978.11.17	2018	대통령표창	3·1운동
홍씨	韓鳳周妻	모름	1919.3.3	2002	애국장	3·1운동
홍애시덕	洪愛施德	1892.3.20	1975.10.8	1990	애족장	국내항일
홍옥인	洪玉仁	1909	모름	2019	대통령표창	학생운동
홍종례	洪鍾禮	1919	모름	2020	대통령표창	국내항일
황금순	黃金順	1902.10.15	1964.10.20	2015	애족장	3·1운동
황마리아	黃마리아	1865	1937.8.5	2017	애족장	미주방면
황보옥	黃寶玉	1872	모름	2012	대통령표창	국내항일
황애시덕	黃愛施德	1892.4.19	1971.8.24	1990	애국장	국내항일
황혜수	黃惠壽	1877.4.4	1984	2019	대통령표창	미주방면

참고문헌

【단행본】

《가슴에 품은 뜻 하늘에 사무쳐 : 서간도시종기 》 이은숙, 인물연구소, 1981

《간호사의 항일구국운동》 박용옥 감수, 대한간호협회, 2012

《광주학생독립운동의 진상 : 조선총독부 학무국의 광주학생사건에 대한 초기인식》
　　장우권, 김홍길, 박성우, 정근하 편역, 동인출판문화원, 전남대학교 학생독립운
　　동연구소, 2014

《광주항일학생사건자료》 강재언편, 풍매사, 1979

《경성트로이카:1930년대 경성거리를 누비던 그들이 되살아온다》 안재성, 사회평론
　　사, 2004

《기전80년사》 전주기전여자고등학교, 1982

《김마리아: 나는 대한의 독립과 결혼하였다》 박용옥, 홍성사, 2003

《대한독립대동청년단사건, 곽치문 선생과 박치은 여사 열전》 신능균, 농원출판사,
　　1977

《대한여자애국단사》 김운하, 신한민보사, 1979

《동래학원80년지(東萊學園八十年誌)》 동래학원팔십년지편찬위원회편, 1971

《러시아지역의 한인사회와 민족운동사》 한국독립유공자협회 엮음, 교문사, 1994

《마지막증언:여성독립운동가 오희옥 지사, 박숙현, 북스토리, 2019

《못잊어 화려강산: 在美獨立鬪爭半世紀祕史》 곽임대, 대성문화사, 1973

《미국독립유공자전집 '애국지사의 꿈'》 민병용, 한인역사박물관, 2015

《미국선교사와 한국근대교육》 한국기독교역사연구소, 2007

《미주이민100년》 민병용, 한국일보사 출판국, 1986

《미주한인사회와 독립운동 = (The)independence movement and its outgrowth
　　by Korean Americans. 1》 조영근, 차종환, 안기식, 민병수, 정진철, 잔서,

박상원, 모종태, 민병용, 김복삼, 김영욱, 이광덕, Los Angeles 미주한인 이민 100주년 남가주기념사업회, 2003

《백범일지》백범 김구 자서전, 김구 저, 도진순 주해, 돌베개, 1997

《서간도에 들꽃 피다》(시로 읽는 여성독립운동가) 1~10권, 이윤옥, 도서출판 얼레빗, 2011~2019

《서대문형무소역사관 '여옥사' 전시설계 · 전시물 제작, 설치 용역 중 서대문 형무소 수감 여성독립운동가 자료조사》서대문구, 서대문형무소역사관, 2012

《서울YWCA50년사》이원화, 서울YWCA, 1976

《성재 이동휘 일대기 : 조국광복만을 위해 살다 간 민족의 거인》반병률, 범우사, 1998

《수도자의 삶을 살다간 독립운동가 제주교육의 선구자 최정숙》박재형, 도서출판각, 2009

《수피아백년사》(1908-2008) 광주수피아여자중·고등학교, 2008

《숙명칠십년사》숙명여자중고등학교 편, 1976

《시대를 앞서간 제주여성》제주여성특별위원회 [공편], 제주도, 2005

《신사참배 거부 항쟁자들의 증언》김승태, 다산글방, 1993.

《신명백년사》신명고등학교 발간, 2008

《신성100년사 '사진으로 본 신성100년'》제주신성고등학교 발간, 2009

《신흥무관학교와 망명자들》서중석, 역사비평사, 2001

《심은대로 : 청해 박현숙 선생의 걸어온 길》박찬일, 숭의여자중등학교, 1968

《아직도 내 귀엔 서간도 바람소리가》허은, 변창애 기록, 정우사, 1995

《양양군지》(상, 하) 양양문화원, 2010

《연미당의 愛國千秋》편집자 연창흠, 애국지사 연병환·연병호선생선양사업회, 2013

《의병들의 항쟁》조동걸, 민족문화협회, 1980

《인물여성사》한국편, 박석분, 박은봉 공저, 새날, 1994

《여성운동》박용옥, 한국독립운동사편찬위원회, 천안 독립기념관 한국독립운동사

연구소, 2009

《여성조선의용군 박차정 의사》 강대민, 고구려사, 2004

《연동교회 애국지사 16인 열전》 연동교회, 2009

《柳寬順傳 : 殉國處女 》田榮澤 著, 首善社, 1948

《이화100년사》 이화100년사편찬위원회, 이화여자대학교, 1994

《일제하 조선노동운동사》 김인걸·강현욱, 일송정, 1989

《정신대실록》 임종국, 일월서각, 1981

《정신백년사》 정신백년사출판위원회, 1989

《조국을 찾기까지》(1905-1945 한국여성활동비화) 상중하, 최은희, 탐구당, 1973

《조선근대교육사》 박득준, 한마당, 1989

《조선미인보감》 조선연구회 편저, 민속원, 2007

《朝鮮女性讀本 : 女性解放運動史》崔華星, 百羽社, 1949

《재미한인오십년사》 캘리포니아, 김원용, 1959

《제주항일독립운동사》 제주도, 1996

《제주해녀항일투쟁실록》 제주해녀투쟁기념사업추진위원회, 1995

《중국조선족 독립운동사》 김동화, 느티나무출판, 1991

《차라리 통곡이기를》 조애실, 傳藝苑, 1977

≪創氏改名≫ 宮田節子·金英達·梁泰昊, 東京 ; 明石書店, 1992

《차미리사 평전》 한상권, 푸른역사, 2008

《출범(出帆)》 조애실, 시인사, 1979

《평창의 별 리효덕 전도사》 홍우준 편, 한국기독교문화원, 1980

《하와이 대한인국민회 100년사》 이덕희, 연세대학교 대학출판문화원, 2013

《하와이 이민 100년 : 그들은 어떻게 살았나?》 이덕희, 중앙M&B, 2003

《한국교회 전도부인 자료집(자료총서 제25집)》 여성사연구회, 한국기독교역사연구
　　소, 1999

《한국근대 민족운동과 의열단》 김영범, 창작과비평사, 1997

《한국근대민족주의운동사연구》역사학회, 일조각, 1987

《한국근대여성운동사연구》박용옥, 한국정신문화연구원, 1984

《한국근대학생운동조직의 성격변화》조동걸, 지식산업사, 1993

《한국기독교여성운동의 역사》(1910-1945) 윤정란, 국학자료원, 2003

《한국독립선언서연구》김소진, 국학자료원, 1999

《한국독립운동사》박찬승, 역사비평사, 2014

《한국독립운동사략》김병조, 아세아문화사, 1974

《한국독립운동사 속의 용인》용인항일독립운동기념사업회, 2009

《한국독립운동의역사, 한국독립운동사연구소편》천안독립기념관 한국독립운동사
　　연구소, 2013

《한국독립운동의 진상》 C. W. 켄달 지음, 신복룡 역주, 집문당, 1999

《한국독립운동지혈사》박은식, 성진문화사, 1975

《한국사회주의운동 인명사전》강만길·성대경 엮음, 창작과 비평사, 1996

《한국여성운동사》일제치하의 민족활동을 중심으로, 정요섭, 일조각, 1971

《한국여성독립운동사: 3·1운동 60주년 기념》3·1여성동지회 문화부 편, 3·1여성동
　　지회, 1980

《한국여성독립운동의 재조명》(1993-1997) 3·1여성동지회, 2003

《한국여성항일운동사연구》박용옥, 지식산업사, 1996

《한민족광복투쟁사》이현희, 정음문화사, 1990

《항일독립운동연구》신재홍, 신서원, 1999

《항일학생민족운동사연구》정세현, 서울일지사, 1975

《호박꽃 나라사랑: 여자애국간 총무 차경신과 그의 가족 이야기》차경수, 기독교문
　　사, 1988

《3·1여성》사단법인 3·1여성동지회, 2006

《3·1여성 45년사》3·1 여성동지회, 2012

【논문】

〈국채보상운동의 발단배경과 여성참여〉 박용옥, 《한국민족운동사연구》 제8집, 1993, 12

〈대한민국임시정부와 여성들의 독립운동〉 김성은, 부산경남사학회, 《역사와 경계 =History & the boundaries.》 제68집, 2008

〈대한민국임시정부와 여성 독립운동〉 이준식, 한국민족운동사학회, 《한국민족운동 사연구》(제61집), 2009

〈대한제국기 진명부인회의 조직과 사상〉 정경숙, 《대한제국연구》5, 이화여대 한국 문화연구소, 1986.

〈성공회 병천교회의 3·1 아우내 만세운동에 대한 기여〉 전해주, 성공회대학 석사논 문. 2006

<조선총독부의 신사보급·신사참배 강요정책연구> 손정목, 《한국사연구》 58, 1987

〈하와이 한인 여성단체와 사진신부의 독립운동〉 홍윤정, 《여성과 역사》 제26집, 2017,6

〈한국근대여성운동의 역사적 기원지 '여권통문' 결의 장소 발굴〉 윤정란, 《한국사연 구휘보》 제186호, 2019, 제3호

〈1920~1930년대 항일여성의열무장투쟁〉 박용옥, 《성신사학》 12-3, 성신여대사학 과, 1995.

〈1930,40년대 조선여성의 존재 양태〉 -'日本軍 慰安婦' 政策의 배경으로-, 이만열· 김영희, 《국사관논총》, 제89집. 2000.3

〈1896~1910 여성단체의 연구〉 박용옥, 〈한국사연구〉 6, 한국사연구회, 1971.

【신문 및 기타 인터넷 자료】

〈독립신문〉, 〈대한매일신보〉, 〈동아일보〉, 〈신한민보〉, 〈제국신문〉, 〈조선시보〉,
　〈조선일보〉, 〈조선중앙일보〉, 〈한겨레신문〉, 〈황성신문〉 외 다수

국가보훈처 공훈전자사료관 독립유공자공훈록 (https://e-gonghun.mpva.go.kr/)

국기기록원 독립운동 판결문 (https://theme.archives.go.kr//next/indy/view
　Main.do)

국사편찬위원회 한국사데이터베이스 〈신편한국사〉 외 기타 자료

국사편찬위원회 한국사데이터베이스 일제감시대상인물카드 (http://db.history.
　go.kr/)

찾아보기

인물로 보는 여성독립운동사

ⓒ이윤옥, 단기 4354(2021)

초판 1쇄 펴낸 날 4354(2021)년 8월 10일

지 은 이 | 이윤옥
디 자 인 | 명 크리에이티브
박 은 곳 | 명 크리에이티브
펴 낸 곳 | 도서출판 얼레빗
등록일자 | 단기 4343년(2010) 5월 28일
등록번호 | 제000067호
주　　소 | 서울시 영등포구 영신로 32 그린오피스텔 306호
전　　화 | (02) 733-5027
전　　송 | (02) 733-5028
누리편지 | pine9969@hanmail.net
I S B N | 979-11-85776-21-7

값 20,000원